语文阅读与写作教学新探

李金文　王义荣　著

湘潭大学出版社
XIANGTAN UNIVERSITY PRESS

图书在版编目（CIP）数据

语文阅读与写作教学新探 / 李金文，王义荣著．—
湘潭 ：湘潭大学出版社，2023.4
ISBN 978-7-5687-1049-7

Ⅰ．①语… Ⅱ．①李… ②王… Ⅲ．①阅读课－教学
研究－中学②作文课－教学研究－中学 Ⅳ．① G633.302

中国国家版本馆 CIP 数据核字（2023）第 060230 号

语文阅读与写作教学新探
YUWEN YUEDU YU XIEZUO JIAOXUE XINTAN
李金文 王义荣 著

责任编辑：渠珊珊
封面设计：悟阅文化
出版发行：湘潭大学出版社
社　　址：湖南省湘潭大学工程训练大楼
电　　话：0731-58298960 0731-58298966（传真）
邮　　编：411105
网　　址：http://press.xtu.edu.cn/
印　　刷：成都市兴雅致印务有限责任公司
经　　销：湖南省新华书店
开　　本：710 mm×1000 mm 1/16
印　　张：16.5
字　　数：342 千字
版　　次：2023 年 4 月第 1 版
印　　次：2023 年 4 月第 1 次印刷
书　　号：ISBN 978-7-5687-1049-7
定　　价：78.00 元

目录

CONTENTS

语文教师的阅读与写作理念

一个教师如果平时阅读面宽广，并勤于写作，他对于文本的解读自然不会局限于看教参、上网搜索别人思考的结果，未经内化而机械不知变通地把这些内容搬进课堂，他在教学之前的预设是高屋建瓴的，是聚焦于文本核心而不是僵化封闭的，是能自如运用的，是能依据学情又能依随课堂的进程随时做出调整的，是顺势能将学生的疑问引向纵深闪烁教学光芒的，是当堂能把学生的问题梳理归类后按难易排出先后引领学生向上攀登的。诚然，这对于广大教师而言有一定的理想主义色彩，但也说明教师对一堂课的预设能力，绝非一日之功，要想让教师的“教”与学生的“学”贴得更近，作为教师只有多读书，读杂书，再勤而笔之，方能将“教”与“学”融化得炉火纯青。

课如人生，人生如课

回忆是一件很奇妙的事，如同此刻，看着窗外的大雪，我的思想却游走于艳阳高照的江南躁热中。大脑成了一台放映机，以天地为幕，邂逅的一些人，经历的那些事，熙熙攘攘欢快地浮现在眼前。

一

成都，双流。

原本是一个汗流浃背的夏日，因这座城市一流的环居，我们一行步履匆促，可别人的脚步却是缓慢从容，公共汽车里吹出的冷气，上上下下只有一些稀疏的脚步，款款相遇，攀谈几句，让人顿时喜欢上了一路的景致。

此刻，有数千人由天南地北而来，相遇在这座城市，缘于一个个语文人对心中梦想的渴求追逐，一个个语文人走进《语文报》搭建的这个平台里，或在台上呈现他们对语文的解读，或在台下印证他们对语文的期许，栖居于属于自己的那一份诗意里。

参赛选手都是各省选派的，各有各的特点，各有各的优势。坐进棠湖中学的报告厅，我才明白，国家级的竞赛还真是有一套相应的赛课规则。公平，在赛课中尤为重要。之所以有如此感慨是源于平日里的赛课幕后令人啼笑皆非的滑稽之举。我曾目睹过有老师为了获得一个好的奖次，把赛课篇目从高一年级上到高二年级，如此赛课不说别的，累不累？我也曾目睹一些老师把一节课“瓦罐里倒核头”般一气上到底，喊了声下课时还剩近十分钟的时间，竟得到了一个不错的奖次！我还目睹了一些老师在提出一个问题后，学生根本不用思考便“哗啦啦”站起三四个同时抢着回答……

之所以提及这些原本已让时光涤荡而去的往事，是因为我觉得纵观这次大赛，那些选手在抽签选定了篇目时，不该有什么抱怨的。选手们应依据自己的优势，深入解读文本，让自己的体悟紧扣语文学科的特质，把一个充满个性化的文本设计，呈现在棠湖中学优秀学子与你共享语文之美味的甘饴里。

二

课如人生，人生如课，灿若星辰的总是寥寥无几。我不忍去否定那些经过数月从我记忆中已淡出甚或消失殆尽的同仁们的付出，因为我也是一名普普通通的中学语文教师，我深知把一堂课上到让人铭记是一件近乎登天的难事。

坐在棠湖中学的赛场里，我能想到那些来自天南地北的同仁们心中的焦虑，他们在倾其所有，把最光鲜的自己拿出来呈现在千人观摩的课堂中，可还是会有冷场。一如人生，我们鼓足劲想憋出一堆成绩，可到头来唯有沉闷的一响！时至今日给我最深印象的是那个西藏的女教师在走出课堂后，徘徊于会场外茕茕的身影，我能感觉到她内心的迷茫与无望。

三

人在历练中成长，课在反思中迈进。

面对一朵花的芬芳，我们即便不去随众人鼓掌，也应该学会欣赏。面对一株草的庸常，我们即便心存善念多一些呵护，也应该从那庸常中习得反思，促己成长。

其实，纵观那几节赢得人们好评的课，无一不彰显出执教者各自的文本解读功力。有了深厚的文本解读功力，文本便能点活了，有自己的气息，呈现在课堂中也能灵活自如。上善若水，好课亦如是。听了数十节课，有所获的也就三节，一节科普文，一节诗歌赏读，一节作文课。唯一记住的一个名字，是因为他独特，借用湖南卫视《爸爸去哪儿》把一堂作文课教得“一波三折”，有诗经《蒹葭》般的层层铺设，步步为营，化“充实”为鲜活，化“作文”为碧波，一波一波荡出一节课的涟漪漩涡。醉于童心，又言于为文者的生活。唯一的缺憾在于课上的点化欠些火候，故学生表现得不够出彩。我在想是不是他课前的“比另一个扬子江帅”等过于标榜自我的气氛镇住了学生；还是他急于完成教学任务，没有耐心去引领学生言说一些更有内涵的生活感悟；抑或是课前设问不够精细，课堂有些随意了？总之，他是一个有创意的教师，能给人以启迪，有这一点便够了。

国家级赛课理应有其相应的难度，平日里几节课完成的内容，放置进一堂课，即便是一流的学生，时间也是有限的，那么考验的便是执教者如何取舍。要想在众多选手中脱颖而出，更重要的是切入角度是否独特，平日里我们漠视文本解读，在这样的时刻便很快能一决高低。

课如人生，人生如课。在我看来，好的人生不能靠光鲜的外表，因为过不了多久那些靠外力赢得的光鲜便会黯然失色。好课亦如是，靠哗众取宠只能得意一时，那么最好的办法便是靠我们自己，去读去写，去品去悟，属于自己的才会愈久弥香，永不弃你而去。

教师要成为一介书生

毛主席在《沁园春·长沙》一词中曾写道："书生意气，挥斥方遒，指点江山，激扬文字。"眼下书生意气却并不为世人看好，但凡要用到某人身上时，也多带有戏谑口吻。"书生"一词中，那卷起千堆雪般的炽热真诚，那精卫填海般的担当执拗，那股子夸父逐日般的理想坚守，已快消失。

我也曾"书生意气"过，但在参加工作后的十余年间，已疲于五斗米之中。2014 年幸于机缘，走进了陇原名师霍军工作室。在研修中聆听导师们的讲座，游学时亲历才俊们的赛课，大为之前的虚度年华而悔恨，把自己放进导师推荐的经典书卷中任窗外月升日落。

陇原名师霍军曾在一篇文章中写道："我只是一介书生。"是啊，一个真正意义上的好老师，必定是一介书生，而且也甘愿只是一介书生，他虽不能指点江山，然而爱书，是一个纯正的读书人，那便是一个令人仰慕的幸福之人。

眼下，教师当成为一介书生，因为你的幸福来自书本，自你踏上讲台的那一刻起，你与书的缘分便绵延到了生命的尽头。

秉承着这份信念，假期之中，我又沐浴在冬日的暖阳中，再次手捧《教师如何读经典》，遨游于先哲们的智慧中。《教师如何读经典》是万千教育推送给一线教师的一本教育读本。这本书脉络明晰，由教师读经典的意义、经典列举以及如何读经典三个章节环环相扣而成。

作者霍军是我所敬重的导师。他坚守一线教学三十余年，是一位拥有独立人格，在多领域有所建树酷爱读书的人。他在仕途正当时，辞去教科研主任，潜心于书斋之内，欢喜于孩童之间，激扬于诗赋书画之中。

在《教师如何读经典》一书中，作者以酣畅淋漓的炽热言说，以精微细腻的独特体悟，带领读者去发现经典之中所蕴含的教育价值。作者娓娓道来的中外经典，呼唤捧读的那般殷切真诚，以及开阔广博的阅历见识，濡染诗意的纵情行文，无不令人翩然，遐思于心灵之上的尘垢，于掩卷中成长为另一个自己。

当下教师辛苦，可谓路人皆知。然而我们身处在一个信息爆炸的时代，唯有不断学习提升素质，才能适应新时代的教育教学要求。当下，很多学校四处求取

“真经”，可再多的模式、方法，仅仅是教师课堂操作中的“术”而已，唯有阅读经典，才是提升语文教师教育教学水平的“道”之所在。

但反观当下的现状，部分教师倾其心血将全部的精力用在了学生的课业辅导上，课堂低效甚至无效，只能用课下布置大量的作业去弥补。

但举目历史，岂有亘古？新课改伴随着中国经济的腾飞已全面开启。中国经济的增长方式已处于急剧转型期，高耗能低效益者必将全部淘汰出局，而节能环保高新技术者才能步入时代的前列。中国的教育也定当如此，伴随着经济的持续增长，也终将并轨于同一条道路。

凡有卓见者，定当从长远计。眼下，大部分中小学已处于发展的瓶颈期，从教育部出台的教师培训学分制等措施已可见端倪——提升教师的素质已迫在眉睫。在这样的契机下，我们要昂起头颅理直气壮地成为一介书生，勤于捧读，将积淀的智慧在 40 分钟里绽放出精彩！唯有这样，我们才能摆脱机械重复的教学之苦，在课堂上教得自如，在赢得学生欢喜之时，也丰盈我们的内心；我们才能从接踵而至的繁杂备课里抽身，为自己减负，留出更多的闲暇去看看眼前这个美好的世界。

唯有读书才是硬道理

伴随着现代信息技术的普及，近几年，“翻转课堂”在教育界成了一个热词，备受人们的关注。语文教学有没有必要实施、能不能实施以及如何实施“翻转课堂”？近日，金塔汽修中专以“翻转课堂”为主题开展了教研活动，白春丽老师运用“翻转课堂”的理念上了《林教头风雪山神庙》一课，引发了广大教师对“翻转课堂”的思考，如何切实提升金塔汽修中专教育教学水平。

追溯“翻转课堂”，最初是由美国的两位化学老师发起的，国外开展“翻转课堂”教学实验的学科多为理科类课程。“翻转课堂”是不是也适宜于我们的教学？是不是所有的教学内容都适合用“翻转课堂”的方式来呈现？当下还有不少争议，但“翻转课堂”基于现代多媒体下的学生自学，以及基于课堂上学生学情的学习是非常契合课改理念的，会给我们的课堂教学注入新的活力。

从白老师的这一节课来看，“翻转课堂”让学生课前运用现代多媒体技术进行预习，在与老师的互动中，这种预习效果十分显著，在后期的课堂研讨环节中充分体现了学生学习的自主性与个性，将课堂推向生生互动、师生互动的民主和谐氛围。此外，由于课前的充分预习，课堂上学生的学习显得更具针对性，当学生的前置预习助推了后续的学习时，学生有了成就感，尤其可贵的是学生个性化的质疑，提出了一些颇具价值的问题，如学生在课堂上质疑“鲁虞候等人推山神庙时未推开，难道心中不起疑惑”“林冲火烧草料场后为什么不径直离去”等，充分彰显了“翻转课堂”在教学中尊重学生遵循课改理念的厚积薄发功效。

“翻转课堂”对广大中小学教师而言还仅仅是一个概念而已，在我校的研究也刚刚起步，如何在教学中践行“翻转课堂”契合课改理念，如何让“翻转课堂”课前借用现代媒介更为高效，切实减轻师生的负担，如何让“翻转课堂”与传统教学中的精髓聚合起来等诸多问题，需要我们不断探索，寻找解决的良方。白老师的这节课为给我们带来了许多有益的启迪。

一、对“翻转课堂”前置预习的思考与建议

“翻转课堂”前置预习有别于传统课堂课前预习，主要在于现代信息技术的介入，但是学校学情千差万别，在前置预习阶段需要有相应的现代信息技术支持，这并不是所有学校都具备的。此外，教师在前置预习中如何以组织、引导、督促、校正等方式介入才能将预习落到实处，考验的是教师多方位的教学能力。预习中的层级该如何确立才能促进学生的整体进步？譬如如何让听课吃力、没有自主学习能力的学生，对预习产生兴趣，逐步培养他们自主学习的能力；对于学习能力居中的学生，如何让他们互补合作以期在预习中产生最大的收益；对于自主能力强、成绩优异的学生，教师如何引导训练，让他们在预习中发现更有学习价值的问题，以及如何带动能力中下的学生学习等诸如此类的问题是教师在“翻转课堂”前置预习中必须思考的。

“翻转课堂”中的前置预习之所以区别于传统课堂的预习，还在于学生能够借助现代信息技术平台将课文挖得更深、拓得更宽。假如教师的微课导学案等设计与传统课堂无异，依然是字词检测、疏通文义、相关背景了解、巩固练习等，是无法真正唤醒学生自主学习兴趣的，也很难在“后教”的环节中将课堂教学提升到新课标所要求的“情感、态度、价值观”层面。

从观摩学习白老师的这一节“翻转课堂”来看，教师在前置预习中耗费了大量的精力，设计导学案，印发助学稿，制定个性化的学习单，从数次录制微课到网上选取微视频，不仅使教师的“教”手忙脚乱，也给学生的前置预习带来沉重的负担。教师把大量精力投入前置预习的准备里，无暇静心深入研读文本，致使在后期的课堂研讨中出现了心有余而力不足的情形，面对学生个性化的质疑有些捉襟见肘，无力抓住学生颇具教学价值的疑惑，以点带面顺藤摸瓜引导学生将文本开拓至一个更深更宽的领域。

“翻转课堂”有传统课堂不具备的优势，但它不应建立在否定传统课堂的基础之上。无论哪一种教学模式，其根本都是为了学生的“学”，都应定位于文本解读之上，如果“翻转课堂”游离于文本之外，仅凭形式上的前置预习、小组互动、微视频观看、学生七嘴八舌的无序疑问、教师不加梳理提炼出有价值的问题，指向文本核心，逐层剖析，引领学生向文本更深处漫溯，这样的“翻转”是背离课改理念的。

二、对“翻转课堂”后教环节的思考与建议

传统课堂教学中，教师的预设与学生预习后的生成时常会发生分歧，在“翻转课堂”中，这种现象表现得更为突出。那么在教学中应如何避免或是应对这种情形呢？

教师在技术层面的预设是次要的，根本在于教师平时的阅读积淀与教师对所授课文的研读深度。一个教师如果平时阅读面宽广，并勤于写作，他对于文本的解读自然不会局限于看教参、上网搜索别人思考的结果，未经内化而机械不知变通地搬进课堂，他在教学之前的预设是高屋建瓴的，是聚焦于文本核心而不是僵化封闭的，是能自如运用的，是能依据学情又能依随课堂的进程随时做出调整的，是顺势能将学生的疑问引向纵深闪烁教学光芒的，是当堂能把学生的问题梳理归类后按难易排出先后引领学生向上攀登的。诚然，这对于广大教师而言有一定的理想主义色彩，但也说明教师对一堂课的预设能力，绝非一日之功，要想让教师的“教”与学生的“学”贴得更近，作为教师只有多读书，读杂书，再勤而笔之，方能将“教”与“学”融化得炉火纯青。

在读书与教书中收获幸福

坦白讲，我读的书不多。在上高中之前，除了课本，我只从同伴那儿借过两本小人书，而且只翻了一小半便被要回去了。上了高中，我订阅了《少年文艺》杂志，每期都看得格外认真。那些散发着油墨香的一个个汉字，连同空白处配上的几幅简笔画，翩翩然在我的脑海中浮现出一个个活灵活现的故事。每到寒暑假，家中有头老黄牛与我早出晚归，徜徉在沟渠边，或是湖边树荫下的那片草地上。深蓝色的天空下，银白色的日光照在我双手捧起的《少年文艺》上，刺得我睁不开眼，我于是闭目，遐想。不远处，老黄牛的舌头掠过湖畔的青草，传来沉闷而又清脆的声响。一只落单的麻雀在我头顶的杨树间上蹿下跳时，我正眯起眼想书中的那片金黄色叶子什么时候才能风干成我少年时光中的一枚书签。

现在想来，那些时光是我尤为怀念的日子，应该也是我的作文在课堂上常常受到老师表扬的缘由吧。

2002 年，当我走进河西学院的图书馆时，我才如饥似渴地开始了真正的阅读。那时候的河西学院管得很严，一开始晚自习辅导员要考勤，我们只能老老实实地待在教室里看白天老师上课时推荐的书。慢慢地，绝大多数人便养成了自觉读书的习惯，周末学校阅览室去得晚了便寻不到一处空座，只能回到宿舍看从图书馆借来的书。

那时候的娱乐方式不多，阅读途径单一。大部分人都爱好文学，若是在中文系主办的《陇上一叶》文学社，或是在学校图书馆主办的《书友》上发表几篇文章，便会得到同学们的敬重。我在竞选中文系主办的《陇上一叶》文学社副主编失利后，进入了学校图书馆主办的《书友》，在发表了几篇读书随笔后，接任了读书协会会长和《书友》主编的职务。在采访了尚延龄教授后，我对他研究的胡风等领域也有了进一步的学习，后来他亲笔书信为我的求职助力。还有学校图书馆的薛馆长，看我把读书协会打理得不错，把我推荐到学校电视台做文字方面的责任编辑，让我对新闻行业也有了更多的了解。大三时，我与学校另外三位同学联合出版了《拒绝者的身影》一书，获得了学校科研奖学金。毕业之际，我与薛馆长已结下了深厚的师生情谊，他多次力荐我留在学校图书馆，但因为我的学历而未能如愿。

我并不是在炫耀什么，只是想告诉大家，尚延龄教授之所以亲笔书信力荐我，薛馆长之所以不辞辛苦想让我留校，是缘于我们对书籍的那份挚爱，是同一个梦想把我们彼此紧紧地联系在了一起，让我们相互欣赏，彼此祝福！

弱水三千，吾取一瓢饮。因一份执念，我来到了金塔，有幸在全国模范教师、省级学科带头人马武元老师的指导下开始我的从教生涯。与马老师面对面办公的近十年间，我跟随他订阅了《中学语文教学参考》《语文教学通讯》等学术期刊，在他的潜移默化下，我也从一个读者慢慢地变成了作者。马老师身上的那份骨气，是在博览群书后凝聚起来的。马老师的为人，一如他案头高高垒起的书籍，棱角分明，富有书生意气。马老师的课，如大江大河，在惊涛拍岸中指点江山，激扬文字！还有指导过我的现教研室主任马振升，让我明白了当一个好老师应该要读“根子”上的书，务实一些才能让自己的课堂在有效的基础上富有广度，从马主任身上我看到了一名学者沉浸于学问的定力，对阅读的坚守与挚爱。2014 年深秋，我有幸加入了陇原名师霍军工作室，这是我从教生涯的又一个转折点，我从霍老师身上再次看到了无数教育前辈们的身影，他们的价值观、使命、愿景是在无数次的阅读中积淀出来的，他们一生都沉浸在阅读之中，阅读成了他们生活的一部分，阅读也赋予了他们别样的魅力人生！

阅读是为了遇见最好的自己

从呱呱坠地的那一刻起，我们便用一双黑色的眸子开启了阅读之旅。蓝天，白云，我们在牙牙学语、蹒跚学步间，尽情阅读大自然这部巨著——我们与鸟儿对话，与鱼儿嬉戏，冲青蛙跺脚，看蚂蚁搬家；我们会心疼一只受伤的燕雀，怜悯一束折断的花枝，我们视大自然中的一草一木为有情的知己。在这里，我们心生善念，呵护脚下的生灵，目送远去的鹰鸽，我们敬畏人世间有恩于我们的万物。

月落乌啼，雁阵南徙。当我们背起花书包时，泪洒秋菊，虫草不语。那是一个值得留恋的季节，也是我们阅读之旅的又一次开启。

手捧书卷，我们把小小的自己放进一个个方块字里，笔画歪斜，像我们的远古祖先，一次次走回洞穴，结绳记事。文字是指引我们走向远方的路标，我们从简化字溯流而上，在甲骨文中与我们的先祖相遇。回望一路上的政变屠戮，争权夺利，我们满目的生灵涂炭，于惊惧中转身奔跑时，才看清龟壳上跪着的那个人字在慢慢站立——我们听到了渭水河畔有人用两片树叶相吻，吹奏出动人的曲子，身旁那位女子的唱辞质朴真挚。我们又看到一位老者坐上牛车，在众弟子坚毅的目光中四处颠奔。他们的目光儒雅敦厚，伸向我们狂奔的路途。汨罗江畔，我们掬一捧楚水欲洗去满面的尘垢时，一位披发行吟的男子，仗剑立于楚水之侧，空气中弥漫着淡雅的芷香，我们张开嘴巴时他却纵身而去。一路上我们认识了太多这般从龟壳上挣扎着欲要起身的人，我们会记住他们的名字。那个“天生我材必有用”“安能摧眉折腰事权贵”的李白，给了屈缩在贝壳中的我们自信硬朗；那个“安得广厦千万间，大庇天下寒士俱欢颜”的杜甫，教会我们在困境中依然要有所担当……这样的名字太多了，一个个融入我们的血液，化为精神的脊梁。

数十载寒窗苦读，我们放下最后一本书卷，久不释怀。一路上，我们与那么多真诚的人相伴，与那么多高贵的灵魂相逢，“庄生晓梦迷蝴蝶”，那只蝴蝶可能就是我们遇见的最好的自己。

年少时，我们以为世界上最遥远的距离，靠自己的一双脚也能抵达。我们高瞻远瞩，胸怀天下，我们的目光抵达每一本使我们热血沸腾的书籍，我们的心仰慕于历史深处一个个倒下或未肯倒下的英雄之举。我们纵目眺望，试比青天，却唯独忘了自己，忘了我们到底能担当什么。光阴流转，适宜于我们的曾为我们不屑，我们读了太多的书，却把灵魂安放在一个遥远的地方，我们的心日益空虚，在平凡的世界里开始理直气壮地放逐自己。

人到中年，得开辟另一条阅读之路，不再是纵横八荒，而是找回自己。我们的阅读应从以前的向外扩张，转回向内守护的那个最初的真我，为融心舒魂而读。其实，半亩花田就够了，安放于我们的内心深处，手捧书卷让文字播撒雨露。自然之草木，为我们调节适宜的温度，这半亩花田也如是，让我们做最好的自己。苏轼说："吾安往而不乐。"这是他手不释卷为心灵播撒雨露结出的智慧果实——为官太小，苏堤却彰显出他的一份担当；一贬再贬，东坡肉却增添旅途之中的一丝惬意；痛失爱妻，十年生死两茫茫，发出人世间最为真挚的思念。

举目远眺，英雄至大至高，可他身后的阴影里不知埋葬了多少白骨，掩盖了几多真我。这个世界上毕竟凡人居多，我们于寻常中才能体味到更深更真的人间至爱，不为时势裹挟，会有大把大把的时间去手不释卷，为一朵花痴迷，为一片云喝彩，为一个微笑感恩满怀。至此，我们才会通悟，阅读原本是不为名不为利的，是为了遇见一个最好的自己，他看什么都新奇，看什么都迷恋，因为他心中只剩爱了。

当教师得有一个属于自己的文化圈

2017年3月25日，我们2014级艺术高考班任课教师一行三人，在兰州参加了2017年全省高考研讨会，尽管学生只有十人，但学校却派我们三人前往，足见学校对高考班教学的重视，我们也会倾尽全力不辜负学校的厚望。

培训为期一天。上半天，甘肃省教育科学研究院邀请外省专家进行研讨，下半天多为陇原名师的讲座。语文学科培训在兰州市第三十七中学举行，上午由宁夏高中语文教研室教研员做高考预测，下午由陇原名师霍军做高考复习专题讲座。报名参会的有二百多人，结果到会的却有三百多人，可见各个学校对于高考试卷结构即将调整的2017年高考的重视。

宁夏是最早进行课改实验的省份之一，因其课改成果显著，教育部最终选用了宁夏模式作为全国卷的一种命题形式。当下抢占先机尤为重要，套用热播剧《人民的名义》中的一句经典台词：高考资源特别金贵。宁夏高中语文教研室的专家，是从一线教育崛起的，据说有一年他上了一百多节公开课，借此历练自己。而今处在宁夏高中语文教研室教研员的位置上，正如他在报告中所说，他有了一个更加广阔的舞台，有了更多的平台资源去掌握高考命题动态。听他对2017年高考命题的预测，真有种仰望星空的感怀——参会者不远千里而来，一次次举起手中的相机，捕捉那一点一滴金贵的高考信息资源。

在2014年参加霍军的陇原名师工作室之前，我已经在网上与他相识了，那时我们也与已成为特级教师、从一个乡镇中学一步步迈进清华大学附属中学的王君，在博客中多有往来。进入霍老师的陇原名师工作室之后，我又深受他的激励与引导。霍老师的讲座更接地气，加上他如莲花般的口舌，一贯沉闷的专家型讲座变得生动有趣，掌声连连。从霍老师出示的一张张记载了他这一年高考复习的学生试卷讲评，以及精心精细的作文批阅来看，我深深明白了一位特级教师“特”在日常教学的细微之处，一位陇原名师“名”在无数个默无声息的明灯相伴中。

进入金塔汽修中专还不满一年，但我已深深地感受到这是一方充满活力的“圣土”，我们在开拓中务实，在创新中进取。在此我愿把一些不太成熟的培训感悟陈述如下：

（1）当教师得有一个属于自己的文化圈。在家，父母捧读，孩子才会效仿，让我们把家营造成一方读书的圣地。在外，也得有个兴趣，建议大家多参加一些与自己兴趣相关的活动，这样生活才会更加滋润与充实。在单位，除了教书育人，也别忘了做一些能提升自己专业能力的研究，这样你才会如白岩松的书名一样——《痛，并快乐着》。

（2）学校应该多给教师们提供一些成长与展示自我的平台。“学校好是因为我好”，这话说得真好，好在一所名校得有一个目光远大、锐意进取、勇于创新的领导班子，好在每一个教职工都能人尽其才，在各自的岗位上把工作干得有声有色。就我校目前的发展而言，学校领导班子已经充分展现出了他们的决策眼光以及创新魄力，我们缺的是一流的师资队伍。

（3）对于教龄在十年以上的教师，思考比读书重要。孔子曰：“学而不思则罔，思而不学则殆。”一个教龄在十年以上的教师，读过的书应该不在少数，此时最为紧要的便是思考，这是决定一个人会成为一位名师还是一辈子做教书匠的关键点。有了思考，必然会有把它写下来的念头，此时只要肯坚持，把自己在教育教学中成功与失败的教学案例记录下来，久而久之，思维会愈发敏捷，见解会愈发深刻，语言表达自然也会简洁精练，教师的教学风格也会在教师的不懈努力中慢慢呈现出来。

读书会后话读书

会水读书社是一群爱书人自发组建起来的读书沙龙，得到了金塔县教育局领导的大力支持，宁夏高中语文教研室主任马振升就是一位酷爱读书的助力人。近年来，马主任致力于指导县域内的教育教学研究，组织开展了一系列颇具特色的教研活动，激活了金塔教育发展的潜能。“会方塘之活水，润师生之心田，泽桑梓之杏坛”，这是马主任给会水读书社的定位。何为方塘之水？我想就是真正喜欢读书的人不多，但是“活水”，可以在流动中激荡起更多人的读书兴致，一起泽桑梓之杏坛，养会水之雅风。

会水读书社成立近一年来，已举办了三次读书活动，加入会水读书群的好友已有二百多人，他们或默默地关注，静静地专注于自己的阅读；或推荐美文与群里的大咖名师交流自己的读书感悟；或在一个个夜深人静之时，把对经典书籍的热爱与挚情糅合进自己的声音里，清凉一个难耐的三伏天。我想，无论大家是抱着一个什么样的目的加入会水读书群，都少不了让自己多一些成长的希冀。

从一个人成长的内驱力而言，读书是自己的事，别人是无能为力的。但是，起始的入门，他人的引领却也是至关重要的。就我个人而言，在会水读书群的好友中，引领我成长的人不少，在此我想说说让我受益最多的两个人——金塔汽修中专的王奎校长和陇原名师霍军。

在调入金塔汽修中专的两年间，我慢慢地对王校长有了了解，尤其是最近与他的一些交往，让我对王校长有了愈发清晰的认知。王校长的工作经历很丰富，层级式上扬，从小学到初中又至中专，每个工作过的单位都有数量相当的铁杆级粉丝。这些不是靠权力获得的。常言道：人走茶凉。王校长靠的是个人魅力，这种魅力对他人而言更多的是一种引领——工作方法、教育管理、知识更迭、自我激励。他样样都能走在人前，率先垂范，带头学习，“逼”你进步。他说，金塔汽修中专的每一位有所追求、不断学习的师生都是学校的贵人，作为校长，他要为师生创造更加优越的学习教学环境，搭建更多更为广阔的平台，助益于每一位师生的成长。在学校管理改革上，王校长有魄力，认真思考，不断学习，反复论证，时下的金塔职业教育之所以能走出困境，奋力向前，少不了他对教育事业的这样一颗拳拳之心，离不了他多年来对学习的专注与坚持，正因为如此，他才有魄力、有能力引领金塔职业教育向着更为广阔的天地阔步前行。

会水读书社第三次读书活动结束已近一个月，延续至读书群的“同读一本书，共抒教育录”活动如火如荼，我也一直在思考这一次读书活动于我而言的意义。第一次读书活动时，我们的发言都免不了有些紧张，陇原名师霍军在我们的面前，在属于他的那个舞台上，口吐玉言，步步为莲，是何等的潇洒自若，纵横风采！我们也是老师啊，我们也是每天站在三尺讲台，天天年年，为什么站在属于自己的舞台，反而哑巴了，语无伦次了，紧张了？

在读书群看了霍军老师的《我相信酒泉的语文课》后，我留言：“语言承载着思想，彰显出涵养，贯注了精神。当这一切聚焦于文本时，形式方涵盖于内容，语文才称其为大，赋其为美，乐其为学。”我恍然明白了，所谓的口才，其实是思想的承载，涵养的彰显，精神的风采，是天长日久的一种积淀，离不开读书与写作的一番历练，有了天天年年的这般历练，我们站在舞台上才会自信硬朗，才能让积淀的学识涵养外显为一种风采，才会真正拥有属于自己的舞台。

陇原名师霍军如是，我们在明白了这些后也当奋力向前！

思维才有力量

会水读书社阅读推广资深人士曹春梅老师让我为第五次读书活动推荐一本好书。作为读书社的发起人之一，能尽一份自己的绵薄之力，我倍感欣慰。

我在前面的读书会上已经交流过，当下我们缺失的不是阅读，而是有品质的阅读。与历史上任何一个时期相比，我们的阅读面已经够宽了，在这个知识爆炸、信息过载、瞬息万变的年代，我越来越感觉到“知识就是力量”的时代已经在慢慢消逝。时至今日，我依然记得2016年去上海参加中学生批判性思维培养与思辨读写实践研究课题年会时，86岁的语文界泰斗于漪先生的一段讲话：“教育改革到现在，很多事情都是有悖论的：既要个性发展，又要共同价值；既要为社会、为集体服务，又要个体发展；既要学科知识能力很扎实，又要具备创新能力。我们的教育就是在这种两难的、充满了悖论的情况下向前发展着。那么，原来的一些思想、思维方式能不能适应这样的要求呢？看样子是不能适应的。我想到多少年来教给学生的一句话：知识就是力量。但是，现在恐怕还要信奉：思维才有力量！”回味着于漪先生的这番话，我想给大家推荐的是一本关于思维方式培养的书——上海师范大学附属中学余党绪老师的《祛魅与祛蔽——批判性思维与中学语文思辨读写》。

先谈谈我对书名中“祛魅与祛蔽”的理解，简单来说就是不要一味地去崇拜他人进而遮蔽了事物本来的样貌，我们应该不断训练结合自己的阅历与所学知识形成对事物的观点的能力，再在比对中加以研判分析。

批判这个词很有威力，总能让人联想到一些过去的历史。有人认为批判就是挑错与否定，是批评与牢骚，其实这些看法与批判性思维的实质是相悖的，余党绪老师在书中用“多元、理性、温和”反复框定它的含义，指出多元是角度，理性是态度，温和是人格。

2016年，我第一次去上海，古老的建筑，繁华的街景，我看到的除了处处人潮涌动，也有幽静的小巷，诗意的酒吧，隐蔽在爬山虎深处的书屋。街道不是我想象中那般的大开大合，却不失格局，路旁店铺的建筑招牌极富特色，现代与历史，东方与西方，自然地融为一体。没有巨幅的政治标语，有的只是生活本真的样子。在回程的车上，在花灯初上的夜色里，东方明珠的霓虹引人深思，我一直在想余党绪老师框定的批判性思维的特点“多元、理性、温和”，是不是也是这座古老城市的特点?

三年后的今天，当我再次翻开《祛魅与祛蔽——批判性思维与中学语文思辨读写》这本书时，余党绪老师所说的“以公民姿态，就公共事务，做理性表达”又一次回荡在我的耳畔。多么平静深沉的句子！为什么我的心中却这般跌宕起伏？什么是公民？我是公民吗？公民的姿态应该是怎样的？我关心过公共事务吗？面对网络上热传的一个又一个事件，我能做出或做出过理性的表达吗？火车跨过了平静的长江直奔汹涌的黄河，我又听到了黄土高原上信天游的激情与豪迈……余党绪老师对语文的关怀是宽广的，重在思维的培养，重在现代公民的促成，他的思想厚植于长江水的清丽从容之上，厚植于一座古老城市历经千年的思想洗礼之中。

在批判性思维这个命题上，余党绪老师把自己放了进去，躬耕反思，砥砺从容，在温和谦卑中不断修炼自己的人格。在跟随余党绪老师做课题的两年间，我一直在想，通过培养批判性思维，我究竟要把自己以及我的学生塑造成什么样子？在一次次捧读余党绪老师的这本书时，答案也渐渐明晰起来——就是书中呈现出的那种思考者的样子，有公民的姿态，有专业的素养，有理性、有理想、有担当，不轻信、会反思、能说理的现代公民。

去读余党绪老师的这本书吧，它会让你成为一个现代公民，一个真正有益于社会文明进步的人。

没有阅读的专业就没有专业的成长

这个寒假，我很荣幸地参加了金塔会水读书社的读书交流活动，本次交流活动的主题是“读书与教书”，这与倡议书上的宗旨“会方塘之活水，润师生之心田，泽桑梓之杏坛”十分契合。

读书的重要性不言而喻，时下，其方式更为灵活、便利。我想眼下我们缺的不是阅读，而是有品质的阅读。如果说，“一个人的阅读史就是一个人的精神成长史”，那么我们靠喝大碗的“心灵鸡汤”是不可能长大的。成长伴随着痛苦，真正的阅读也是如此。如若我们选择了专业成长，那我们就应该清楚，我们选择的是一种挑战，选择的是一种属于自己的生活方式。

在本次读书交流活动中，宁夏高中语文教研室马振升主任希望我们多读一些“硬书”“根上的书”，他选取了小学语文教材中的一篇课文作为范例，从专业的角度进行了详细的讲解。虽是小学课文，但对于初中和高中的语文教师同样有方法上的指导。马主任还谈到了全国著名青年教师王君，一个从乡村小学奋斗进城市中学直至清华大学附属中学的有梦想且勇于拼搏的女子。教育界还有一匹黑马王开东，也是从乡村一直奋斗进城市，他的奋斗历程尤为艰辛，在《斜风细雨不须归》一文中有详细的记载，现为全国知名特级教师。

作为书社的发起人之一，我一直在思考，一位教师在他（她）的专业成长之路上要读一些什么样的书，在此谈一些自己的想法。

参加工作不足十年的教师，至少要订阅两份与自己专业相关的期刊，一份省级的优秀期刊，一份国家级的优秀期刊。之所以如此，是因为省级期刊大多侧重于教育教学实践，多是一些一线教师的经验之谈，而国家级期刊侧重于教育教学理论，多是教育界有一定知名度的专家或是个别一线教师的文章。两种杂志交互阅读，实践类文章可以借鉴使用，理论类文章可以慢慢提升自己的理论素养。在此期间，尽可能多地写一些自己的教育教学案例、教学反思，虽然不一定会发表，但不必灰心，这一阶段重在积累。

十到十五年是教师专业成长的一道分水岭。在此期间，多关注几个在教育界有示范引领效应的一线教师，多读一些他们的文章或是专著，他们有自己的教育教学理念。这一阶段可订阅中国人民大学主办的《复印报刊资料》，该期刊的特点是以专题型推出的文章居多，通过阅读，教师将自己的教育教学逐步向系统化过渡。如果有条件，最好申请一个省级课题，开始学习如何系统化研究问题，逐步提升自己的学术化语言表达能力，试着将研究中的一些所得撰写为学术论文，向期刊投稿。

十五年至二十年是教师专业成长的黄金期。在此期间，要有序地回头再读一读有代表性的中外教育家的专著，尽可能多地内化吸收其中的精华，融之于自己对教育教学的思考中。在平时的教育教学中，要习惯反思总结自己在教育教学中的得失并付诸文字，努力在省级、国家级期刊发表几篇有代表性的教学论文。在课题研究中，通过检索大量文献资料提高自己在教育教学理论研究上的能力。这一阶段，努力上出有一定含金量的教学观摩课，初步形成自己的一些教育见解。

二十年以上是教师专业成长的开花结果期。在此期间，除了阅读专业书籍外，教师已经有能力读懂、活用让自己的专业开花结果的“根部的书系”。在这里，我首推经典哲学书籍，其次为心理学书籍，再次是美学著作，当然也可以去读诗，诗是“文学王冠上的宝珠”，到那时你会明白倍感艰辛的这条专业成长之路，其实原本也是一首诗……

在名师的引领下创造

一

2015 年 3 月 30 日，天地万物在历经一个寒冬的沉思后再次复苏。在驱车赶往酒泉市第一中学的路途中，我仿佛听到蕴藏在泥土中的那些饱满稚嫩的根系，在周而复始的轮回中再次拔节而起。在这样一个特别的时节，20 位来自酒泉地区的学员，相聚酒泉市第一中学，在陇原名师霍军的引领下开始新的人生之旅。

根据研修安排，九点至十点半的研修内容为：剪彩挂牌、颁发证书、致辞、参观工作室。想来似乎也没什么新颖别致之处，可当那四个酒泉市第一中学的学子手捧叶圣陶先生的《创造宣言》纵情吟诵之际，空气中流动的已不再是单调的旋律，而是那四个孩子用青春为我们谱写的一篇华丽乐章。我们仿佛看到了天地间万物竞相生长，刹那间枝头便挤满了白色的花朵，那是每个人初来这个世上时生命的色彩，单纯而不炫目，自此以后我们便饱含激情地开始了创造。

从这个意想不到的没被安排进研修内容的惊喜里，我又想到了语文公社的导师们为这一次研修所做的种种努力，我也再一次看到了语文公社在摸索中前行，在前行中创造。

二

当天的所剩时间里，只有一个研修主题：学员交流个人成长经历。在半个上午和一个下午的聆听中，一个个同道学友的面容，缓缓地、鲜活地浮现于我的眼前——

敦煌中学李晓娟老师的内秀好学，非师范专业走上讲台后的不易与坚持深深地打动了我；吴雅丽老师的沉稳干练，热情好客，让我再次想起了去敦煌听课时敦煌人的涵养礼仪。瓜州中学李建斌老师心思之细腻，为师之用心，令我深感敬佩；于丽老师将柔美与豁达融为一体，于担当中尽显巾帼本色。我的大学同学周翠霞，与于丽老师有众多相似之处，二人在晚宴时相谈甚欢，恨这一相聚来之迟矣！实验中学文多华老师可谓人如其名，才华不可小觑；张彦斌老师的冷幽默令人甚为嫉妒，为师者有此撒手锏，看哪位徒儿还贪瞑目遐思？酒泉中学崔强老师被称为“阿崔”，当你走近他时便知“阿崔”之来历的魅力，更能体味出“阿崔”内心的那份诗意；刘俊林老师聪慧过人，通过自学获得了研究生学历，更为可佩处还在于他的“明眼世俗”；魏强老师显名师之端倪，这是他靠自己于艰难中的那般坚守沉思，靠自己的才华所赢得的；赵国兴老师笑容可掬，从中可以窥探其于世俗之中的那份豁然，蕴藏于内的涵养学识。肃州中学的陈荣老师是学员中最年轻的，她的资本最多，若是多加历练，她的前途必定光明无限；吕喜悦老师饱读诗书，功力自然不浅，且勤于思考，收获怎能不多。玉门市第一中学的两位老师曹雪峰、向耀华，虽同宿肃州宾馆，遗憾最后一日才有缘一谈：那般质朴、那般醇厚的情谊，令我为之动容，数十载立于三尺讲台，虽为教育之精英，却从不炫耀，实为难得。油田第一中学的刘建华老师和蔼可亲，不仅是学校的骨干，而且通过自己的努力走上了领导岗位；张升森老师诙谐风趣，骨子里充满了山东大汉的豪迈之气，为人棱角分明，不乏文人之傲骨。酒泉市第一中学的曹明福老师文采十足，于困惑中找寻出路，其独特的经历更能帮助他洞悉那些另类学生的所为所思；王亮老师虽未深谈，但我总觉得他是一个喜欢宁静之人，在课堂上有朱自清那般的情怀。

三

3月31日早上，酒泉市第一中学教导处主任刘瑛专家为我们进行了题为“留一份诗意给语文”的专题讲座。在此之前，我已拜读了由他主编的《教育教学通讯》期刊，为他那篇《不要让一个层次的坚硬，伤害了另一个层次的柔软》击节叫好，也从中感受到了一个教育者以内心的那份柔软来唤醒更多的教育者所应有的担当，明白了有了这份担当，“教育才会润物无声，润心无迹”。

刘瑛在开讲前的题记中写道：“‘留下’，是因为逝去，因为失去。逝去的，已不可挽回；失去的，所幸还可能觅回。”这句蕴含深意的开场白引发了我们的深思。

接下来刘瑛从四个方面对诗意语文进行了阐述：（1）充满劳绩，但人诗意地，栖居在大地上；（2）以文学滋养奠基诗意情怀；（3）以文学教育培育诗意课堂；（4）以文学心性成就诗意人生。

在讲解“诗意，是一种存在状态，一种精神生活方式”时，刘瑛指出，一般情况下，读者误以为“诗意地栖居在大地上”是海德格尔的名言，其实这一句出自荷尔德林《在柔媚的湛蓝中》一诗。接着，他为我们吟诵了其中的诗句，激起我们心中无数的涟漪，让人猛然间觉得：这个世界上，只要存在诗意，人们的心灵便是相通的，这一刻，不需要言辞的解释，沉默便是最好的心有灵犀。

在讲解“诗意，是我们感知与把握世界的方式”时，刘瑛提到了狄尔泰的“实在在那儿为我存在”，品味良久，我感知着这句话的魅力，由此领悟到打开把握世界的那个神秘端口其实就在我们心里。

在讲解“诗意，是我们教师人生的审美方式”时，刘瑛特别提到了“文学，使看不见的东西被看见”，唯有当我们走进文学时，才能明白文学于我们的司空见惯之处，引领我们洞悉人世间那些惊心动魄的情节。为此，刘瑛颇为动情地为我们解读了鲁迅先生《祝福》中“我”在鲁镇见到祥林嫂手中的那根竹竿、那口破碗，视角新颖，论述谨严而缜密。

在讲到“诗意，是我们语文教师的文学情怀”时，刘瑛动情地说：“诗，倾诉出伟大心灵的颤动。”从他那因情而起的肢体语言中，我们仿佛看到了一位坚定信念的教育理想主义者。随后，刘瑛为我们推荐了《文学死了吗》一书，其用心不言自明。

在讲解“以文学教育培养诗意课堂”时，刘瑛纵横捭阖，历数半个多世纪以来的语文教育。

在谈及“利用学生期待视野，设计阅读教学情境”时，刘瑛再次以《祝福》中的祥林嫂为例，为我们精彩呈现了如何在学生阅读文本已知祥林嫂死去时，激活学生的思考。刘瑛一步步深入解读，最后直指文本的主旨。紧接着他又以莫泊桑的《项链》《绳子》为例，为我们精彩演绎了文本阅读中的“情节契机”，解读深入浅出，深化了学员们对这一教学术语的理解。在讲解“召唤结构说与文本多元解读”时，刘瑛以陆游《钗头凤》为例，讲解了“错”字的召唤结构，并指出：凡是理解便有所不同。

在三个多小时的讲座里，刘瑛始终将理论阐释与实例解读相结合，既有理论深度又时时不忘观照课堂教学。讲者声情并茂，听者敛声屏气；学员们时而专注倾听，时而闭目遐思，时而聚神沉思，时而豁然开朗，心中荡起丝丝涟漪，惬意至极，快速记录着自己的所感所悟——这便是一个个聆听者对一位传道授业解惑者，无数次用心激荡起的无声喝彩，因为这样的讲座不能用巴掌去拍碎空气中弥漫的诗意，所以我们心有灵犀地把热烈的掌声留到了最后。

下午，我们有幸在陇原名师霍军的带领下至油田实验学校报告厅，聆听江苏省无锡市锡山高级中学特级教师寇永升专家的一节示范课，紧接着又听了一场题为“如何克服职业倦怠”的讲座。

寇永升专家的《雨霖铃》示范课给我的印象是：专家视域的教学预设，把一节中学语文诗词鉴赏课，提升到一个较高的层面，给人以“专而不涩”“广而不浮”“厚而不堆”之感，整个教学活动能紧扣细微的知识点，拓展延伸，滚动循环，有学生的切身参与，演练体悟，有教师的精准点拨，适时概括，从纵横两个维度，层层推进学生对文本的解读与感知，并相机从文本之中的一个知识点，推进至文本赏析，推进至古典诗词常识，推进至国学文化的高度，自然顺畅，层级明晰。

四

3月31日，我如往常般起了个大早，吃过早点，散步。看那些匆匆的步履，让古人那些“一寸光阴一寸金”的告诫，在我驻足闭目嗅出这个春日的花香之际，于惬意的慵懒中，甘愿大把大把地挥霍。

吾心真正惬意的另一个缘由在于——与陇原名师霍军的相遇。

其实，与陇原名师霍军的相识，源于他两年前的博客。我拜读了他的一系列著作——关于教育教学的，关于政治述评的，关于记录他生活里那些真切感人的文字的。寒假里我又从网上购买了他的《教师如何读经典》，拜读之下，深感自己的浅薄与无知。这次恰逢有缘相聚，且能聆听他三年的教诲，怎不为人生一大快事！

在两天的研修学习里，我早已觉出他不仅是基地班的主持人、酒泉语文公社的“班主任”，也是我们这个研修班的“班长”，事无巨细，非常认真。他能静心专注地倾听每一位学员的发言，时不时点头微笑加以鼓励，不管我们的发言如何，他都会举起双手给予热烈的、持久的掌声。尤使我难忘的是，在油田实验学校听完报告后，他陪我们在校门口等了很久才与我们一同坐车回去，在回去的路上又为酒泉城的规划建设扼腕叹息。其真心，其真情，试问：在眼下这个躁动与浮华并存的世道，有几人能具？

古人言：“大隐隐于市。”可在与霍老师相处几日后，我想把这句话改为“大隐隐于民”。在此我也想把对他的称呼改为“霍老师”。还记得河西学院吴浩军教授写过一篇文章《老师，是一个了不起的称呼》，是啊，当这一称呼发自内心深处时，他便是至高无上的，他是一个人实现更高价值的灵魂标杆、行动指南。

还记得王秋珍导师在点评交流学员读书心得时提及霍老师是如何读书的，我听了甚为汗颜，也明白了名师是如何炼成的。

在语文公社为期一周的学习里，我感受到了导师们的可亲可敬。刘瑛导师的玉树临风、才华学识、诗意情怀，令人仰慕；王秋珍导师的兰心蕙质、温婉知性、谈吐气质，令人羡慕；王永贤导师的润儒释道之精气，化清风明月于情怀，令人敬佩；吕积海、张团国、陈辉导师的沉稳敦厚、敏而谦逊、文而内敛，无愧为人之导师。

“五百次的回眸，才换来今生的擦肩而过。”我们有三年的相聚相知，不知是多少次回眸才换来的。学友们，请让我们彼此珍惜，珍惜这些可亲可敬的导师们为我们所做的一切，不枉费导师们的关爱与呵护，更不因虚度年华而麻木不觉！

语言与形式的分量到底有多重

一

近日，“语文阅读教学的正本与清源”陇原名师工作室教学观摩及研修活动在嘉峪关市酒钢三中举办。活动结束之后，我一直在思考，我们的阅读教学要正的“本”是什么？要清除哪些非语文的东西？

其实在加入陇原名师霍军工作室时，我的心中就已经有了答案。在读了童庆炳的《谈谈形式征服内容》后，我对这个答案有了愈发深刻的认识，也与陇原名师霍军不谋而合地达成了默契。

我曾是一个执着的文学爱好者，2005 年出版了长篇小说《蓝色母亲河》。最近几年，我又开始进行诗歌创作。结合自己的创作经历，特别是创作长篇小说，我对文学作品有了更为深切的体悟，有时候从作者脑海中跳出的一个人物形象，不是事先预设的，而是由语言或形式催生出来的。从某种程度上来说，写作主题一旦确定下来，语言形式便决定着作品质量的高低。

之所以言及这些与阅读看似无关的话题，是因为我认为阅读教学要正本、清源，首先必须明确：一个写作者在写作时，最看重、最苦心经营的是什么？

我的答案很明确：语言与形式的分量在此显得尤为重要。然而，这一点在文本解读和课堂教学中，被文本内容以及延伸出来的更多其他内容遮蔽了。

内容的理解很难吗？还是说表现内容的语言及形式不易于学生把握？在研修活动的“边秋一席谈”中，我一直在想，研修的主题是阅读教学，学生为什么不问如何阅读的话题？取而代之的却是写作？为什么写作让学生如此焦虑而头疼？在这个问题上，阅读教学该不该承担一部分责任？

二

《义务教育语文课程标准（2011 年版）》中反复强调语文课程的性质和理念，“语文课程致力于培养学生的语言文字运用能力”“语文课程是一门学习语言文字运用的综合性、实践性课程”。王尚文教授在《紧紧抓住“语文”的缰绳》中表示：阅读教学要关注的焦点是言语的形式，即“怎么说”，而非说什么。童庆炳教授在《谈谈形式征服内容》中，更是详细论述了形式征服内容的话题。

然而，从本次观摩课来看，目前的阅读教学还存在一些偏离言语形式的现象。

第一种是把阅读课上成拓展延伸内容的引经据典课，造成语文本原的扭曲。这样的课堂表面上看“高大上”，静心细品则“假大空”。有些老师为了迎合社会热点，在课堂上花大量时间讲解课文中某些内容与传统文化的衔接点，继而尽情展现自己的才学。如在教学陶渊明《归园田居》时，有些教师花了将近一半的时间介绍陶渊明的地位、生平以及文风，把课文肢解为有关语文知识的例证。

第二种是把阅读课上成内容理解课，造成语文本质的偏离。如《林教头风雪山神庙》的教学，教师致力于解读人物的性格，淡化了作者是运用何种方式来一步步表现人物性格的，致使学生对人物性格的认知，不是源于作者的表达方式，而是源于课文内容。教师在引导解析时，甚至让学生品味那血腥残暴的一幕，言者痛快淋漓，仿佛完成这一目的便尽兴了。这样的阅读教学似乎是在讲述一个故事，然而故事是以怎样的形式传递出来的，人物的性格是如何一点点从作者精心布置的那些“褶皱”里舒展开来的，学生不得而知，或许教师也未深入文本语言与形式的深层之处。学生深入文本只是为了印证一个“逼”字，这种“读懂”和“明白”仅仅是触及了文本的内容而已。

第三种是把阅读课上成了历史文化课，造成语文本位的迷失。教师为了突出文本中传递出的历史文化内容，忽视了对文本语言的咀嚼，以及对学生信息提取能力与归纳概括能力的培养。如《中国建筑的特征》的教学，教师上了一节文化气息浓厚，特别是建筑气息很浓的课，学生能够有所得，也许会因为这堂课爱上中国古代的建筑，可静下心来细想，这还是一节语文课吗？

偏离语言形式的阅读教学，究其根源是语文教师在看到一个文本时，不知如何通过解读文本，在语言和形式上教会学生写作。语文教师最重要的使命是要引导学生在文本语言的品咂、运用中，实现自身语言的感化、敏化和升华。学生通过借鉴把握文本内容呈现的别样形式，助益于自己的日常写作。如果语文教师不善于站在语言与文本内容呈现形式的角度去审视文本，发现独属于语文学科的教学价值，那么阅读教学的正本与清源便无从谈起。

三

其实，最先提出形式征服内容这一论点的是席勒。他在《美育书简》第二十二封信中指出："在真正美的艺术作品中不能依靠内容，而要靠形式完成一切。因为只有形式才能作用人的整体，而相反地内容只能作用于个别的功能。"席勒提出"靠形式完成一切"的思想，与他追求人的真正的"审美自由"观念密切相关，更与他在大量艺术创作中得出的经验有关。只要你拿起笔来开始写，你就会明白这句话的内涵。

苏联早期心理学家、艺术心理学家、艺术理论家列·谢·维果茨基在《艺术心理学》一书中说："要在一切艺术作品中区分开两种情绪，一种是由材料引起的情绪，一种是由形式引起的情绪。"语文阅读教学，更多传递出的是前者，至于后者很少有人触及。就拿这次观摩教学中《咬文嚼字》为例，我们"咬"出的结论是：句式不同，情感不同。这指的就是由不同的形式产生了不同的情感，这样的例子在教学中有很多，可惜大家把它当成了结论，而不是教学出发的起点。

关于阅读教学，如若需要一些从语言形式出发解读文本的法门，我现在还给不出一个明晰的回答。但我清楚，作为一名语文教师拿起笔来写，你会从中找出属于自己的答案。到那时，你也会明白研修主题"语文阅读教学的正本与清源"在教学中的价值。

关于阅读教学

随着教育改革步伐的推进，各种教改实验也在轰轰烈烈中以“高效”吸引着人们的眼球，许多教师已习惯于谈论一波又一波涌现出来的各种教学理论，并生硬地搬进自己的教学中，试图通过一种固化的操作，以“术”的方式博取高分，却将语文人的看家本领——文本解读，束之高阁，弃之不惜。

一位名师的造就，离不开文本解读的支撑；一位名师的风格，离不开彰显自身的个性化解读。因此，建构科学有序的文本解读体系，对于广大青年教师的成长有着极其重要、极为深远的意义。

文本解读中存在的问题

国外对于文本解读的探究，历史悠久，并形成了相应的文本解读理论。

国内关于文本解读的理论也早已有之。例如，孟子所倡导的“以意逆志，知人论世”等。

当下，国内诸如此类的研究依然兴盛，但就一线教学而言还存在诸多不足：一是缺乏与高中语文相适宜的理论研究；二是学院派的一些理论之作，针对性不强，难以践行于一线教学；三是来自一线教师的一些研究，多为分割式研究，方法单一，视域不够，鲜有对文本解读有效性进行的多维度跟踪研究，难以系统化引领青年教师走上专业化发展道路。

身处教学一线，新课改以来，各种教学理论、方法纷至沓来，令人目不暇接。我们一直在思考，如何从根本上提升课堂教学质量，解除教学中存在的如下问题：

其一，随着教育改革步伐的推进，各种教改实验也在轰轰烈烈中以“高效”吸引着人们的眼球，许多教师已习惯于谈论一波又一波涌现出来的各种教学理论，并生硬地搬进自己的教学中，试图通过一种固化的操作，以“术”的方式博取高分，却将语文人的看家本领——文本解读，束之高阁，弃之不惜。

其二，网络的普及，给教师的备课带来了极大的便利——下载教案、课件，便能轻松完成一节课的教学任务。对于文本解读，一则从以前的“唯教参”走向了时下的“唯网络”，二则忽视了教师个体对文本的解读，除了参赛课，鲜有对教材深入解读的。日复一日，我们用别人的解读替代着自己的思考，年复一年，我们的文本解读能力在弱化，一堂课表面上看非常热闹，可自己无法驾驭来自网络的文本解读，致使课堂流变为花拳绣腿的空架子。

其三，时下，部分教师对文本的解读，依然停滞于内容的解析，把语文课上成了文本信息的提取课，或是如何提取信息的技术示范课，为求一个好成绩急功近利，致使语文课完全萎缩成工具性之欲，荡然尽失人文性之育。如何让文本解读有效指向语文教学，兼顾人文性与工具性，在文本解读时应凸显语文之美味，传递进课堂，洋溢至师生的灵魂。

其四，一位名师的造就，离不开文本解读的支撑；一位名师的风格，离不开彰显自身的个性化读解。因此，建构科学有序的文本解读体系，对于广大青年教师的成长有着极其重要、极为深远的意义。

文本解读有效指向课堂教学的三个维度

优质的教学设计，源于高效的文本解读。文本解读对于一位教师的成长起着至关重要的作用，从某种程度上讲，一位名师的成长，是靠其文本解读能力的不断提升支撑起来的。那么，教师的文本解读如何才能有效指向课堂教学呢？

以人教版高中必修5第三单元为例，这个单元选编了朱光潜的《咬文嚼字》、林庚的《说“木叶”》和钱钟书的《谈中国诗》。下面从三个角度谈谈课题组在文本解读中的一些所做所思。

一、专题视域下文本解读的课程属性

本单元是五册必修教材中唯一的文艺评论和随笔单元。要让文本解读有效指向课堂教学，首先要思考：编者为什么选编这样一个单元并将其置于高中语文必修教材的收尾之处？

编者在选编这三篇文本进入教材时，也曾坦言，对于高二学段的学生，这三篇文章理解起来的确有一定的难度。同时又指出，经过小学、初中和高一阶段的学习，学生已阅读了一定数量的文学作品，储备了一些鉴赏文学作品的常识，是能够学好这个单元的。从编者的阐述中不难发现，在学生的文学鉴赏专业知识和艺术体验已有所准备的基础上设置这样一个教学单元，既是对学生往日习得文学鉴赏能力的一次检测，也是对当下学生在学习名家之作后文学鉴赏能力回归的一次提升。

在试图解析出编者选编这样一个单元的意图之后，还应该清楚文本一旦进入教材，就会成为一个专题的组成部分，在解读文本时，教师还需要考虑这些选文为什么能够组合成一个专题。

在《普通高中课程标准实验教科书语文必修5教师教学用书》中，编者已明确指出，这三篇课文尽管论题有所不同，但主要是阐述诗歌的欣赏。之所以这样编排，原因正如朱光潜先生所指出的：“要养成纯正的文学趣味，我们最好从读诗入手。能欣赏诗，自然能欣赏小说、戏剧及其他种类文学。”

单篇文本的解读，仅仅是专题视域下文本解读中的一个链条，整合并比较一个专题下的几篇文本，单元教学目标才会明晰。

综观三篇课文，细加分析不难发现：《咬文嚼字》讲的是如何炼字，《说“木叶”》“说”的是诗歌中的意象，《谈中国诗》主要分析的是中国诗的特征。正如编者所言，这三篇课文主要阐述的都是诗歌的欣赏。基于此，专题视域下文本解读的课程属性已明确了单元教学的目标指向。

二、文本层面上文本解读的专题属性

从文本层面来看，这三篇课文为什么依照现有的专题顺序排列学习，是一个值得深究的问题。

对于《咬文嚼字》，文章的核心内容可概括为：不断调整文字使其能更加精准地呈现出作者的思想。简言之，指的就是诗歌鉴赏中的炼字。对于教师而言，文本中观点的概括与提炼并不难，难点在于如何通过课堂教学提升学生的炼字能力。对于《说“木叶”》，编者明确指出：“对于大多数学生来说，这篇课文读起来并不轻松。”那么如何让学生在读这篇课文时轻松起来呢？这便是教师在解读文本时首先需要思考的问题。当下一些教师在解读文本时会解读出一大堆的知识，然后把这些知识呈现在课堂上，一节课马不停蹄地进行幻灯片展示。这样的课堂貌似很活跃，很有广度，然而缺乏一条主线的贯穿，便显得东一榔头西一棒，课堂看似处处是重点，实则只是文本内容的简单传递与毫无目标的机械训练。其实，编者在《说“木叶”》的教学建议中已经指出：“要指导学生尽可能掌握课文中的一些带规律性的东西。”在文本解读时，如何提炼出一些带规律性的东西，考验的是教师的文本解读智慧。笔者在文本解读时，提炼归纳出诗歌鉴赏“从物象到意象再到意境”的一般规律。对于《谈中国诗》，编者在教学建议中也已明确指出：“这篇课文对于高二学生来说，有一定难度。”原因在于“它谈的问题较大，又是从英文译为中文，语言风格有欧化的痕迹”。

综上所述，我们可以揣摩出编者依照现有顺序编排文本的缘由：其一，遵循了文本先易后难的规律；其二，从诗歌鉴赏的角度而言，先学炼字，再谈诗歌鉴赏“从物象到意象到意境”的一般规律，最后鉴赏中国诗的特点，遵循了从“点”到“线”再到“面”的认知规律。

三、文本层面上文本解读的文本属性

对于《咬文嚼字》，笔者将文本解读的问题定格在“一进一出”之间，即走进文本让学生习得（借鉴）咬文嚼字之法，走出文本让学生演练咬文嚼字之功。

明确了文本解读的核心问题，接下来要考虑的便是课堂教学切入点的选取。从宏观上梳理文本后，笔者有了一个新的想法——咬文嚼字的对立面不是套板反应吗？作者在文中不是“立”咬文嚼字这一谨严的治学态度，“破”套板反应造成的那些陈词滥调吗？何不采用变式结构，让课堂教学从套板反应切入，继而在一“破”一“立”之间化繁为简，给学生以更深的印象呢？

对于《说“木叶”》，笔者在文本解读时，提炼出“物象（树叶）——意象（木叶）——意境（九月寒砧催木叶，十年征戍忆辽阳）/物象（落叶）——意象（落木）——意境（无边落木萧萧下，不尽长江滚滚来）”，将核心问题定格在“意象”之上，作为重点，向前推进至“物象”，向后延伸至“意境”，继而提炼归纳出诗歌鉴赏“从物象到意象到意境”的一般规律，而后设题以“菊花”为例，让学生选择熟悉的诗歌进行鉴赏，最后让学生依据鉴赏习得大胆放手尝试诗歌写作。

《谈中国诗》是钱钟书先生于1945年在上海对美国人作的一次演讲。基于学生学习前两篇文本的基础，笔者选择了课堂教学的切入点——让学生以现有的诗歌常识，给一位没读过中国诗的外国朋友写一封信讲一讲中国诗的特点；接下来让学生把自己的文章与钱钟书先生的文章作对照，以提纲的方式写出从钱钟书先生文章中析得而自己没想到的中国诗的特点；最后把自己的书信体文本的语言同钱钟书先生在本文中表现出的语言特点作比较，结合《咬文嚼字》的学习，谈谈今后如何进一步提升自己的语言能力。

工欲善其事，必先利其器。教师对文本的深入解读，是达成有效教学的前提条件。所谓深入，不应是只见树木不见森林式的“奇思妙想”，而应是将文本置于课标之下、专题之中、文本之上的个性化解读。唯有此，教师的教学预设才有可能生成有效甚至高效课堂。

文本解读指向发展的两条路径

一、指向语言发展的文本解读

语文教材的解读是语文教学的起点，语文教学的本体是语言。学生语言能力的发展，取决于教师文本解读的有效指向。课题组通过文献研究、案例研究和行动研究的方法，从沉入词语、寻找缝隙和还原矛盾等解读策略入手，把握文本的关键点，直击情感的共鸣点，叩问文本的空白点，从而破解语言密码，掌握语言内核，促进语言生长。

（一）沉入词语，把握文本的关键点，破解语言密码

文论专家南帆指出，细读文本就是“沉入词语”。词语是语言的最小单位，“沉入词语”就是慢慢地、缓缓地没入文本的“水”中潜心涵泳，直抵语言的细微处，与文本全方位地亲密接触，逐词地咀嚼，细致、细腻地触碰语言，感受语言的温度与精妙。课文中有许多高度概括与内涵丰富的词语，这些词语对表达文章的主要内容起着很大的作用。很多课文都被某个关键词语牵动，在解读文本的过程中，引导学生从关键语句入手进行推敲与发掘，则能提纲挈领地总览全文，起到“牵一发而动全身”的效果。

在解读《穷人》一课时，锁定“忐忑不安”一词，联系上下文回旋品读“忐忑不安”，不仅帮助学生多角度、深刻地解读词语，还能使学生理解课文内容，直接获得语言经验。首先，引导学生存疑：邻居西蒙去世后，桑娜到底该不该抱回西蒙的两个孩子？问题抛出后，学生的读书热情一下子被点燃。其次，引导学生在文中寻找各自的理由。学生们的阅读积极性被调动后，便迫不及待地“沉入”文中，读读画画，圈圈点点。再次，引导学生汇报，抓住重点语句品读，读出渔夫顶着风雨、冒着生命危险出海打鱼的画面，品味桑娜一家生活的艰难，解读西蒙去世的悲惨，体会桑娜抱回孩子时的“毫不犹豫”和抱回后的“忐忑不安”。最后，引导学生反复朗读、品味，读出后悔、紧张、担忧与害怕的感受。整个解读过程紧扣“忐忑不安”一词，收到“提领而顿，百毛皆顺”的效果。

叶圣陶先生说：“一字未宜忽，语语悟其神。”文章由词语构成，细读文本

首先必须关注词语，词语总在纤手轻拨，细心的读者能听到它轻微的声响。只有“沉入词语”，关注词语，才能破解语言密码，做到“语语悟其神”。

（二）寻找缝隙，直击情感的共鸣点，掌握语言内核

复旦大学陈思和教授认为：“作品背后‘有一个完整的理想模型，但是作家没有能力把这个模型全部写出来’。”“有的作家把作品改来改去，就是因为没有达到他想要达到的那个完整的境界。这就有一个差距，所谓‘缝隙’就暗示了这种差距的存在。‘缝隙’里隐藏了大量的密码，帮助你完善这个故事。”“我们必须强调要直面文学作品，以赤裸的心灵和情感需求来面对文学，寻找一种线索，来触动文学名著所隐含的作家的心灵世界与读者参与阅读的心灵世界之间的应和。”

语言是情感的载体，情感是语言的内核。解读文本，“引发一种对语言的敏感”，寻找文本背后的“线索”和“缝隙”，引领学生深究文本，挖掘学生与文本情感的共鸣点，获得情感体验，受到情感浸润。课文《理想的歌声》，作者苏叔阳在“文革”期间遭受种种不公正的待遇，1994 年，他又因为胃癌被切除了部分胃，2001 年因为肺癌被切除了左肺，2004 年被切除了脾脏，同癌症抗争了 14 年，先后经历多次手术，可苏叔阳在 69 岁时仍笔耕不辍，积极乐观地过着每一天。在一次教研活动中，两位老师对《理想的歌声》一课进行“同课异构”。两位老师在深入钻研文本的基础上，站在不同的角度对文本进行解读，所收到的效果有所不同。第一位教师关注对文本内容的理解和感悟，针对内容泛泛而谈，忽略了语言的学习和运用。第二位教师沉浸文章，引导学生抓住人物语言、动作、神态进行阅读和感悟。特别是在对“放飞风筝”这一内容的感悟上，教师补充了写作背景以及作者的生活处境，通过语境中朗读、角色体验与音乐渲染等，把学生推进文本，让学生走进作者的内心。学生的情感与作者的情感得到了共鸣，课堂对话在情感的浸润中轻轻流淌。孟子说：“读其书，颂其诗，不知其人，可乎？是以知人论世也。”真正的文学作品都传达出一种强烈的生活感受，而文本往往又和作者的生活经历与写作意图紧密相连。文本解读中，找到文本的“缝隙”，直击情感的共鸣点，触碰语言的内核，对提升语言表达能力起到推波助澜的作用。

（三）还原矛盾，叩问文本的留白点，促进语言生长

留白是一种艺术，它能创造出一种“无画处皆是妙境”的境界。《周易》一书就有“书不尽言，言不尽意”之说。孔颖达在注《周易》“言不尽意”时，认为“意有深邃委曲，非言可写，是‘言不尽意’”。后来的南宋诗人严羽在《诗话》中也有“言有尽而意无穷”的说法。教材中的“言不尽意”就为文本解读打开了一扇窗，也给教师与学生留下了一个个耐人寻味的“空白”，留下了无限的遐想空间。

语文教师要“在学生忽略掉的、以为是不言而喻甚至是平淡无奇的地方发现精彩，而且揪住不放，把问题提出来，也就是把矛盾揭示出来”。“矛盾还原分析法”的关键就在于充分运用想象力和联想力，运用想象或联想能使学生感知的事物形象更加具体、生动和鲜明，产生如临其境的审美感受，更能使学生突破时空限制，对感知的形象进行补充和延伸，感受到更为丰富的内容，促进语言的生长。

《一夜的工作》是一篇经典课文，很多老师在解读文本时，很少注意到文中的“宫殿”一词。著名特级教师王崧舟老师执教这一课时，就在这一平淡无奇的地方发现精彩，他抓住“宫殿”这个很容易被忽略的词语，引导学生以“宫殿”为核心，通过上下文联系、追问和想象，对文本进行辐射性的解读。首先，老师引导学生穿越历史长河还原这间宫殿中原本的陈设：名人字画、文物古董、西洋沙发、黄金美玉、奇花异草、山水盆景……然后，老师引导学生回到文本中，对比感受现在这间宫殿的主人周总理的办公陈设却极其简单：一张不大的写字台，两张小转椅，一盏台灯，如此而已。最后，老师揪住“宫殿”不放，继续追问：“总理在这间宫殿中办公，应该还有些什么陈设？”引导学生再次展开想象，继续填补空白。一间宫殿，不仅让人想起了它过去的主人与陈设，而且强烈地反衬出现在的主人与房间的陈设。王老师的这段对“宫殿”辐射性的解读，上连下缀，力透纸背，把文本解读得如此“饱胀”。

综上所述，文本解读的过程不仅是一个学生凭借书本在教师的指导下获取知识的过程，更是一个学生联系生活，凭借自己的情感、直觉和灵性等去感受、体味和领悟的过程。文本解读“要还原到言语生命体中，破译他的遗传密码，感悟文字背后的一个独特的言语生命存在，从中汲取言语生命的智慧和能量，以滋养、激活自身的言语生命”。实践证明，沉入词语、寻找缝隙、还原矛盾是行之有效的策略，能帮助师生直抵文本核心，破解语言密码，掌握语言内核，促进语言生长。

二、指向思维发展的文本解读

语文教育不能丢失提升学生思维能力这个核心目标。教师在听说读写的教学过程中，应该强调信息的发现与搜集、内容的提炼与概括、表达的准确与精当，引导学生充分感受语言，跟文本对话。

当前，无论是阅读习惯的培养，还是日常的语文教学，似乎都不太关注聚焦思维、感受思维、提升思维。教师常误以为思维能力是不需要培养的，是自然天成的，是不教也会的。于是，各种言语陋习屡见不鲜，追根溯源，当然是语文教育存在的诸多弊病所致——长期以来，语文教育丢失了提升学生思维能力这个核心目标。对此，教师在听说读写的教学过程中，应该充分落实聚合、深化、迁移、辨析等思维过程，不仅着眼于学生形象思维能力的培养，还要立足于学生逻辑思维能力的提高。课题组以为，可以从以下四个角度聚焦思维力的提升。

（一）笼而统之：让思维有聚合的过程

不会阅读的人在阅读时常常“眉毛胡子一把抓”，看似处处“收获”，实质零零碎碎、散散落落，好似沙漏，最终什么也没抓住。学生面临一个文本或者多个文本的庞杂内容时，常常会一下子无所适从。因此，教学中教师须让思维有聚合的过程，尤为强调信息的发现与搜集、内容的提炼与概括、表达的准确与精当。

（二）感而悟之：让思维有深化的过程

有些学生在阅读时，没有充分感受语言，没有跟文本对话，缺乏体会经典细节、关键词句表情达意的作用的能力。换一种说法，即阅读的感受力不强，本质上就是阅读的“消化力”不强，这是需要“治疗”的。常言道，“得法于课内，得益于课外”，阅读感悟之法的获得理所当然地成为语文教学的首要任务。

（三）推而广之：让思维有迁移的过程

简单地说，所谓的发散思维，就是举一反三，触类旁通。教育学强调，如果所学知识成为“不能搬移的废物”，那头脑就成了“仓库”，最多只能“散装”“零售”。而当下的语文教学，片面强调感悟、感想的有之，漫无目的、不着边际者有之。因此，语文课堂中的正向迁移便尤显重要。

（四）体而察之：让思维有辨析的过程

当下很多语文课堂，阅读主体“离席”，文本解读“逆袭”。阅读与表达，本质上是读者、文本、作者、环境共同参与对话的过程。所谓参与，那一定是各方都在其中。任何作品只有在它被创作的那一刻才体现作者的真实意图，至于作者事前对作品的构想和事后对作品的回忆，都不足为据。因此，阅读时，要以文本为界，既要对其敬重与敬畏，又要对其质疑与重构。当然也不可歪想、过度解释。所谓思辨，不是非感性，而是超越直觉、超越想象。

感有门道，悟有章法。语言能力的提升要摆脱纯感性的模糊状态和狭隘经验的影响。理性参与的程度越深，语感、能力便越强。需要强调的是，语文思维能力的培养理当服从语感体验，为言语感悟提供动能，切不可喧宾夺主，把语文学科简单视同于思维学科。

文本解读成果的课堂转化

教师、学生、教材、环境多方参与，相互作用，积极地、富有创意地建构文本意义的过程，就是文本超越性解读的最佳课堂展现过程。教师文本解读成果怎样转化为课堂教学成果呢？王荣生教授有个观点，合宜的教学内容，有效的教学设计，是语文教师备课的两个关注点：第一，依据体式来确定教学内容；第二，根据学情来选择教学内容。课题组在研究中认为，要遵循成果转化的基本原则、路径和方法。对于语文课堂教学来讲，既有不同体式文本的阅读要求，不同文体也存在着不同的教学策略和方法，教师要熟悉这些基本要求及方式和方法。从这个意义上说，教学也存在着“教什么”和“怎么教”的问题。在教师选择“教什么”正确的前提下，作为“教者”的教师还要对文本解读有关内容进行选择、判断、转化，从而最终使教师文本解读的成果转化为语文课堂教学成果。教师的文本解读成果要转换为课堂教学成果，提高课堂教学的效益，就必定存在着一个路径选择、判断、设计、生成的问题。

一、内容的选择

鲁迅先生在《拿来主义》中说：“拿来主义者‘要放出眼光，运用脑髓，自己来拿’。”这三项基本原则，课题组以为同样可以用作文本解读选择的原则。

第一，“放出眼光”，教师在选择前要视野开阔，通过读《义务教育语文课程标准（2011 版）》、读文本、读教参、读与文本解读有关的相关资料，把书读厚。这种“博观”是“约取”的必要前提。要向“大家”学习，这样做的目的是开拓自己的文化视野和教育视野，防止自己一下子掉入狭小的圈子。教参为教师的教学提供了众多教学资料和参考意见，也为教师教学提供了重要的抓手。但现在的问题是，很多教师在教学过程中，把教参当作唯一的、离不开的资源，甚至到了唯“参”是从的地步，离开了教参，许多教师就不会上课，这是一种把教参神圣化的可悲现象。要多读与课文有关的书籍，如要对《边城》这篇课文进行备课，教师必须熟读《边城》这本书，还要读有关沈从文的文章，这样才能丰厚自己的知识背景和文化底蕴。可惜的是，真正能做到这样的老师不是很多。期刊是教师“放远眼光”“拿来”的重要资源，对指导自己的教学和文本解读有很重要的启示意义。同行教师对文本的解读是教师自己对解读文本的重要参照和资料来源，同时学生也是教师解读文本重要的资源。教师习惯性地认为学生解读文本的能力差，其实这种认识是错误的。

第二，“运用脑髓”，教师在选择时要准确判断。在纷繁复杂的文本解读成果中，教师做出恰切的选择，必须本着一定的选择标准，“精要”“好懂”“管用”就是选择最恰切的标准。“精要”“好懂”“管用”仍应是当下选择文本解读成果的基本标准。“精要”是指要选择对“听说读写”中某项学习任务的完成起关键作用的文本解读内容。教师在短短的一节课中要选择精要的教学点，扎实落实语文教学任务。“好懂”指教师文本解读的成果知识的内容、呈现、组织等均容易被学生接受，如果不被学生理解、掌握和运用，这些知识只是以新奇的术语出现而不能准确界定其内涵，不能普遍运用到学生日常的语文活动中，那么这些知识的引入只是增加学生的学习负担。“管用”，既指够用，又指好用。师生在教学时，容易理解，通过一定的训练便能熟练地迁移运用。课程改革应该使得课程内容简要、明确、适合教学，而不是越改越繁难、含混、远离现实。教师要对自己的所学所悟进行分析、归纳，提出自己对文本的独到见解。教师要选准课堂教学的最佳切入点，确立解读的基本路径，这是一个创造性思维的提升过程，不能人云亦云，不能拾人牙慧。

第三，“自己来拿”，教师要主动选择、转换、应用。语文教师要有自觉的课程知识建构意识。一方面，要着眼于学生的“学”，找准学生在文本解读中的地位，从学生的视角进行文本解读，发现学生在“听说读写”等方面缺乏的知识与能力。另一方面，要对文本解读出的各类知识进行研读，然后加以甄别、选择，看哪些该淘汰，哪些可利用。“研”主要是指课堂教学设计研究，要把自己确立的教学思想和教学切入点落实到课堂教学中，教学设计研究是必不可少的。“用”是指通过课堂教学验证自己的教学思想、教学设计的过程。在课堂教学中，教师要实现自己的教学思想和教学设计，就要认真审视课堂教学中的变化与生成，关注课堂教学的细节。

二、价值的判断

文本解读恰切之后，教师就要考察文本解读成果在实际教学中是否有用。判断的标准是其在教学过程中和结束后对学生的知、情、意等各方面的发展是否产生正向的效果。教师文本解读成果对学生来说，只是为学生的学习准备了搭建教学支架的基础材料，是课堂教学得以实施的第一要件，这些材料是否合用，还要看课堂的具体实施。对文本解读成果转化为课堂教学成果的判断，需要语文教师具备较高的专业知识和专业素养。

一方面，语文教师要具备文章体式方面的知识，如果不具备这些知识就很难准确地理解文本。《“国培计划”课程标准（试行）》中对文章体式有这样的论述：“文学理论与语文教学：文学类和文体特征，散文的独特性，叙事话语与抒情话语，文学作品的多元理解。阅读与学习阅读：阅读的观念，阅读过程及阅读中的‘理解’，文章体式与阅读方法，阅读规则和策略。”因为小说、诗歌、散文、剧本及其他应用文体各有不同的体式，只有根据这些不同文本特有的体式方面的知识，才能运用相应的理解方式（方法）。《“国培计划”课程标准（试行）》中还说：“文本的教学解读及其要领：依据文本体式选择教学内容，根据学生学情确定教学内容，案例分析。”阅读教学往往就是凭借范文让学生掌握这些知识，然后让学生在以后解读同类体式的文章时能够熟练地运用这些知识（将知识转化为能力的构成要素），所以这些知识对解读任务的完成起着至关重要的作用。

另一方面，教师要根据学情确定教学内容，没有学生参与的教学是教师的一言堂。教师应将课堂教学的关注点放在学生读文本的学习过程上，而不应将教学的关注点放在教师的解读和事先的学习预设上。

三、路径的设计

文本解读成果的恰切判断是教师为课堂教学做好基础材料的前提，教学设计就是用此材料为学生的“学”搭建合理、科学、实用的支架。课堂教学设计是教师文本解读成果转化的“牛鼻子”。课堂教学能否得以恰切地实施，其核心就是教师的教学设计。要想让课堂教学效果得以呈现，学生的语文素养得以提升，教师就一定要抓住课堂教学设计这个核心。教师的文本解读应是内容的选择，价值的判断，再到教学设计的过程，是从问题意识到问题逻辑的过程，是有效实现教学目的的过程。教学设计有以下基本原则。

（一）目标性原则

《“国培计划”课程标准（试行）》对“教学设计”有着这样的论述：“语文教学设计的要点及教案设计样式：确定教学目标，选择教学起点，设计 2~3 个教学环节，台阶状教案样式。”以文言文教学设计为例，对设计要领进行了这样的要求：“强调诵读，着力于文言文的章法考究处、炼词炼句处，依原则处理文言文中的字词。”

就一篇课文的教学而言，教师首先要给这篇文本定位，分析这篇文章在语文课程（教材）中的地位，究竟是定篇、例文、样本，还是用件。找准其于一套、一册、一单元之中的位置，然后再确定具体而明确的教学目标。整个语文课程目标是一个“纲”系统，单篇课文的教学目标必须与整个系统协调一致。从语文课程到一册书、一个单元、一篇课文，目标应逐渐具体、明确而单一。而单篇课文又是一个综合体，要求教师依据课程标准和教材要求对教学内容做出选择和取舍，舍弃次要的枝节内容，存留主要的重点内容，然后根据选择的结果对教学内容进行重构，为下一步的教学设计做好准备。

其次是明确目标。在制定教学目标时，教师很容易犯的一个错误就是教学目标的空泛，大而不当，面面俱到。大而不当的教学目标容易使教学的指向性不强，造成课堂教学效果的消弭。课堂教学过程中，“教”与“学”的活动应紧扣教学目标而展开，目标达成度高，才会有好的教学效果。在课堂教学中，教学目标是“教”与“学”的指向标，是教学顺利成功开展的关键所在。教师需根据教学内容、教学目标与学生实际来制订具体而明确的教学目标，以有效调控课堂，为教学活动与学习活动指明方向。教师要在教学目标方面做到既精细又明确，既有梯度性，还要切合学生学情的实际。

（二）层次性原则

已建构出来的目标，必定要通过恰当的教学策略来实现，如果教学目标没有被学生所接受，这种目标仍旧是无用的。这就要求教师要选择恰切的教学起点，学生认知、思维、学力的层次性决定了教学设计的层次性。教学目标的达成不可能一步到位，它必须有所铺垫，逐层推进，渐进实现目标。课堂教学设计的层次性是由学生的认知特点决定的，而学生认知由共体到抽象、由感性到理性、由易到难。文本解读成果的有效转化要求教师必须对教学目标进行结构优化：一是知识结构的优化；二是课堂结构的优化；三是教学策略的优化。如何设计课堂教学的层次，方法是多样的，但标准只有一个：使达成教学目标的过程最优化。这里有两层含义：一是每个层次都必须指向目标；二是层次安排必须从学生的认知特点出发，与学生学习的过程同步，充分调动学生学习的积极性和主动性，从而达到教学的最优化。

（三）迁移性原则

倘若语文“学习”的过程分为“学”与“习”两个阶段，那么语文教学的现状是：教学多止于“学懂”还远未能“习会”。学而时习，“习”不单纯是复习，而是一种训练，动用知识，形成能力，科学地、适时地、全面地练习、训练，是掌握作为“教材”（例子）文本的主要途径。“习”的过程就是一个正迁移的过程，是一个将所学进行运用的过程，是一个学会用“例子”的过程，同时也是语文能力的形成过程。“学”和“习”的过程，都应是有难度的“学”和“习”，不是简单机械地重复模仿。

四、效果的生成

教师文本解读成果的课堂转换要讲究一定的策略。也就是说，教学设计必须基于恰当的策略，通过恰当的路径，才能实现文本解读成果的课堂有效转化。

学生的学习经验和教师的文本解读成果，在其形成源头、形成过程和形成效用上，存在着矛盾，因此两者之间在实践和理论上，总是处于一种看似相对的地位，教师难以把握两者之间相互转化的方式。由于学习经验和教师文本解读成果之间存在着张力，所以，它们都对彼此进行着调节。在状态上，学生的学习经验可以显现，教师文本解读成果可以再生，两者之间存在着转化的可能。学习经验和教师的文本解读成果之间有两种转化形态：教师的文本解读成果经验化和学生学习经验课程化。一方面，教师文本解读成果要发掘其自身的学习经验，强调对学生的“学”及发展的意义；另一方面，教师文本解读成果应赋予学生学习经验，便于学生学习和发展。教师文本解读成果经验化的前提就是要针对不同的学习对象，不同的文本解读成果，找到学生学习经验和课程内容的衔接点，延展课程内容，还原学生的学习结构。

文本解读不是教师的独角戏，教师文本解读须与学生的文本解读有效结合才能产生最大正向效应。作为“教者”的教师，应关注学生解读文本生成的问题。如何使学生产生明确的文本解读生成意识，与教师文本解读成果进行有效对接呢？文本解读中激发问题意识的具体实施方法有很多，课前需要教师做一定的准备工作，教师还要尊重学生的问题生成意识。学生生成问题后，教师还要对学生生成问题的导向进行明确把握。学生文本解读生成的问题面可能非常广，既有文本本身的问题，也有文本与现实的联系而衍生出来的问题，还有学生思想深处的疑虑和一知半解的困惑，更有随时出现的课堂生成问题。教师在问题导向的把握上，要注意帮助学生选择恰当的角度解析问题，至于有些“伪问题”，也要善于评析问题的实质，以提升学生提问题的水平，形成正确的问题意识。对于一些“伪问题”也要加以辨析，是学生没有提问好，还是问题本身不成立。文本“是什么”的问题，一般意义上，学生完全可以通过自学解决，问题的核心应着力转向“为什么”和“怎么写”，只有这样才能真正提高学生的提问水平、思维层次。

教师应建构以“主问题”为基本主干的教学框架，然后不断地解析问题。例如，余映潮老师倡导的“主问题”教学法就是建构以“主问题”为教学框架的教学设计。从教学方法看，教师注重文本解读过程中从问题意识到问题逻辑的路径，合理引导学生，实质上凸显了文本解读的理论支撑和方法实施。教师站在学生的角色、立场上，设身处地、将心比心，以学生的问题为抓手，才能选取合宜的方法。

总之，教师文本解读的成果转化过程，学生文本阅读的过程，都是“从问题意识到问题逻辑”的过程，只有两者在课堂上完美契合，才能成为教材文本顺利转化为学生内在需要的必然路径。教材文本体系是相对静态的，教师的文本解读则是动态的，学生的学习和我们面对的生活世界也是动态的。因此，教师文本解读成果要实施有效的转化，应在内容的选择、价值的判断、路径的设计、效果的生成之间，不断提升、凝练、实施，再提升、再凝练、再实施，直至达成教师文本解读成果的有效转化。

阅读教学课例：《说木叶》

一、选中教学切入点，化繁为简

师：从题目看，课文写的内容是——

生齐：木叶。

师：文章选自《唐诗综论》，“说”的是木叶，而且“说”得专业，预习课文时是不是觉得不好理解？

生点头。

师：那就让我们化繁为简，一步步走进文本。哪位同学先说说文中“木叶”的字面意思？

生：树叶。

师：我们日常生活中说的树叶，为什么在文中称木叶了？它们是同一个事物吗？

生：好像不是，又好像是。（生笑）

师：感觉不一样，却是同一个事物，只不过用了两种不同的表达方式。你是不是这么想的？

生：是的。

师：两种不同的表达方式，能说具体一些吗？

生：树叶常用于我们的日常生活，而木叶则出现于诗人的笔下。

师：在鉴赏诗歌时，我们会给“木叶”这类词一个专业称谓，称它为——

生齐：意象。

师：“意象”一词，很早就出现在我国古代典籍中了。简单地说，意象就是诗人心中的物象。“物”是个外延极广的概念，除了诗人“我”而外，天地间的万物，甚至是人，都会成为诗人眼中的“物”。物原本是客观存在的，不带有任何情感，可一旦进入诗人的眼中，就蒙上了一层主观色彩，正如古人讲的“登山则情满于山，观海则意溢于海”。下面，请找出文中你喜欢的一句诗，结合本文的论述，谈谈你的理由。

生：我喜欢屈原《九歌》中的“袅袅兮秋风，洞庭波兮木叶下”。我在想屈原立于洞庭湖畔，怅望着秋叶飘零于清冷的碧波间，他的内心是多么的孤独啊！

师：这种孤独你是从什么地方感受到的，能说具体一些吗？

生：深秋。清冷的湖水，飘零的黄叶。

师：你感受出了深秋的寒，湖水的清冷，以及透着黄色的叶子，并且用“飘零”修饰叶子。谁还有不同的感受？

生：我觉得那些叶子已经干枯了，在风中正发出飒飒的声响。

师：哦，你已经听到木叶的声响了。

生：屈原独立寒秋，让我不禁想到了文中我喜欢的诗句“无边落木萧萧下，不尽长江滚滚来”，我觉得屈原也有相似的感受，满天飞舞的木叶仿佛一块块巨石般压在了诗人的心头，使他艰于呼吸视听！

师：你用“艰于呼吸视听”形容诗人的感受，不仅让我们感触到了一种自然氛围，而且还让我们触摸到了两位伟大诗人的内心感受。

生：我能嗅到洞庭湖畔，飘落在地的每一片叶子上，似乎都浸满了伟大诗人屈原的幽怨与愤懑！（生笑）

师：大家非常敏锐。正是因为意象中蕴含了作者的情感，如同本文所说的诗歌语言具有暗示性，才给我们提供了如此丰富的想象空间，才有了大家别样的精彩感受。

二、选中教学演练点，感知品味

师：下面请同学们再找一句文中你喜欢的诗句，仔细品味其中的意象，思考其蕴含了诗人怎样的情感？并把你的品味写在课堂笔记本上。

生：我喜欢曹植的“高树多悲风，海水扬其波”。我们常说，树大招风。“高树”，会有更多的枝丫，更加繁茂的叶子，树上的叶子越多，风吹过，诗人的悲情也就愈加沉重，情感便表现得愈发饱满。

师：高树有更多的枝叶，枝叶让你又想到了什么？

生：一个人的才华。譬如曹植，正是因为他才华过人，才被他哥哥妒忌，一再想置他于死地。

师：高树之上的片片叶子，就像诗人笔下的华丽辞藻，诗人以其荣也因其悲啊！

生：我喜欢“秋月照层岭，寒风扫高木”。一个“扫”字，让人心头顿冷，树上的叶子被“扫”光了，把枝丫又“扫”得生痛。一方面写出了晚秋月下的天高地阔，一方面又蕴含了诗人的孤寂落寞。（掌声）

师：真乃才女也！你能说说“木”与“树”在诗中出现时，它最显著的特征是什么？

生：木与落叶紧密相连，木中含有落叶的意味。

师：这也正是作者在文中得出的木的一个艺术特征。

生：我喜欢曹植《美女篇》中的“美女妖且闲，采桑歧路间；柔条纷冉冉，落叶何翩翩”。这是一幅多么迷人的画面：美人精心打扮一番后，觉得无聊，于是提上绿萝，走过逶迤的小道，停在了一株桑树前，伸出纤纤素手欲采摘桑葚；柔嫩的枝条也怕伤了美人的玉指，纷纷舒展开来，就连那坠落的叶儿，也翩翩迷恋，轻轻地，轻轻地，在空中盘旋。（掌声）

师：须眉也发力了，欲与巾帼比高低。那碧绿柔嫩的叶儿，还未曾一睹美人的容颜，怎就心甘情愿地落到地面？

生：我喜欢司空曙的“静夜四无邻，荒居旧业贫；雨中黄叶树，灯下白头人”。这让我想起了游子的漂泊，离人的叹息。雨中与灯相对，灯下的读书人在仕途之中，不也苦雨逼身。白头人，不就像雨中的黄叶树吗？渐至生命的尽头，空悲切，一事无成。（掌声）

师：原来这“黄叶树”也如同“木叶下”啊，吟不尽的是落魂仕人的忧愤，道不完的是科举不第的悲痛！

三、选中教学拓展点，读写并进

师：赏析了这么多的诗句，能看出大家已经有了一定的诗歌鉴赏能力。不知同学们想没想过一个问题，诗是怎么写成的，看能否找出一点规律。

（生沉默不语）

师：结合这篇文章看，“说木叶”，实际上是谈论诗歌中的意象。写诗之前，我们应选定一个或多个物象，然后把自己的情感融入其中，就有了意象，在表达情感时要委婉含蓄，学以致用本文论述的诗歌语言的暗示性，再结合《咬文嚼字》中善用联想意义的例子，把所选意象连缀点化为读者眼前的一幅图景。简言之，诗歌的创作可分三步，从选取物象到寓情之中再到连缀点化，即从物象到意象再至意境。下面，请同学们选取一个或多个典型的物象，融入自己的情感，写一首小诗。体裁不限，基本押韵即可。

生（投影展示）：

菊　颂

袅袅兮秋风，云低百花霜压。
萧萧兮东篱，天高黄花淡雅。

这是我写的一首赞颂菊花的诗，写作动机来自我们刚刚赏析过的屈原的诗句，诗中选取了“秋风”“云”“百花”“霜”“东篱”“天”“黄花”这些意象，通过对比突出菊花的不苟于世俗，以及面对名利时的从容淡雅。诗中的“百花”需要修改，可一时找不到合适的词，只能求教于大家。

生：改为“繁花”如何？

生：能表现出一种曾经的不可一世，而今却被“霜压”，既可指政权交替，也可指人走茶凉，繁花落幕。

生：好是好，可“百花”“黄花”读起来别扭，还是让老师帮我改改吧。

师：“群芳”。大家想想看，可否？

生：这个词好，一方面押韵，另一方面暗含了在朝堂之上遭受“霜压”的往往是那些忠贞不渝敢于直谏的大臣。（掌声）

师：精辟！你的一番分析，让诗的整个格调都变了。出仕还是入仕，这个两难问题其实一直困扰着数千年来的知识分子。

生（投影展示）：

胡杨赞

层层叠叠
叠叠层层
延伸到天尽头的
不只是流沙
还有你躯干上的年轮

这是我写的一首赞颂胡杨的现代小诗，我想通过“流沙”“胡杨”“时空”，来表现身处戈壁胡杨林时的感受。

师：能具体说说你的感受吗？

生：我也说不清。

师：可从题目看，你的感受应该很明确啊？

生：我是要赞颂胡杨，可写着写着就掉进一个由时间与空间交错而成的巨大漩涡中去了。

师：出不来了？（生笑）是因为你凝眸于背景，陷入沉思，而忽视了真正的主体应该是胡杨，其余都是它的陪衬，是为了更好的凸显它的某种品质或精神。

生：我明白了，应该在最后点题，这样前面的铺垫也能显示出威力了。

师点头：大家想想，这画龙点睛的一笔该如何写呢？

生：书写着你的坚贞！

生：烙满了你的坚强！

生：铭刻着你的不屈！

师：最后，老师也想“点”上一笔，来结束这节课的学习。（师投影）

胡杨赞

层层叠叠
叠叠层层
延伸到天尽头的
不只是流沙
还有你躯干上的年轮
染红的那一片岁月啊

阅读教学课例：《声声慢》

【教学目标】

1. 采用“六一涵养法”的“激情点评一则”了解作者及有关背景，理解作者的情感。

2. 采用“六一涵养法”的“独立品析一句”“纵情吟诵一段”品味诗句语言，体会诗作风格。

3. 采用“六一涵养法”的“用心仿写一句”“讲给同桌一听”对诗歌进行细读赏析，品读评价。

4. 采用“六一涵养法”的“纵情吟诵一段”“提取素材一例”背诵名句，升华情感。

一、提取素材一例——激发兴趣，导入新课

师口述导入：她以平民之身，思公卿之责，念国家大事；以女人之身，求人格平等，爱情之尊。无论是对待政事、学业还是爱情、婚姻，她决不随波，决不凑合，这就难免有了超越时空的孤独和无法解脱的悲哀。她背着沉重的枷锁，集国难、家难、婚难和学业之难于一身，凡封建专制制度所造成的政治、文化、道德、婚姻、人格方面的冲突、磨难都折射在她那如黄花般瘦弱的身子上。一如她的名字所昭示的，“明月松间照，清泉石上流”。

这段文字写的是宋代婉约派女词人李清照，本节课我们就采用文本解读中的“六一涵养法”学习探讨她的代表作《声声慢》，一起走进这位“乱世中的美神”。

师：请同学们记住她，并作为素材运用到自己的写作中，定能妙笔生花，像李清照一样有文采才华。

二、提取素材一例——走近作者，走入文本

师：下面让我们跟随第一小组的同学去了解这位乱世中的绝代才女，并带我们朗读感知、走入文本。有请他们！

（一）走近作者：第一小组一学生展示（投影卡片 1）

李清照（1084—1155），号易安居士，济南人，她通晓音律，长于诗词，工散文，能书画，是位才华出众的女词人。李清照的一生以南宋高宗建炎元年（1127）为界，可分为前后两个时期，南渡前，其作品主要是对大自然的描绘，对真挚爱情的抒发，清新明丽，意境优美。南渡后，悲伤于自己的身世和失去的幸福，又面临着民族的灾难，故而其作伤时感世，悼亡思乡，沉郁感伤。有《易安居士文集》《易安词》，已散佚。后人有《漱玉词》辑本。

师：想必大家有深入了解这位旷世才女的冲动，课下查阅更多相关的资料，摘录下来，或写成随笔、读后感等，参加文本解读后的习作品评活动。

（二）纵情吟诵一段——自主朗读，走入文本

师：这么优美的词作，只有在品读中才能体会它的美，让我们仔细欣赏第一小组带给我们的朗读。

1. 第一小组一学生范读。
2. 任意点出举手的两学生朗读。
3. 老师朗读最后一句，适时激趣。

师：脍炙人口的经典之作，只有纵情吟诵，才能体味形式和内容两方面的美，请大家课余利用班级“语文角”活动时间，每组推选选手，举行一次诵读竞赛。

三、独立品析一句——研读课文，疏通文义

师：我说过，深入鉴赏诗词，必须“独立品析一句”。首先请第二小组的同学引导我们去了解词作大意。在了解词作大意的基础上，请同学们对照注释准备 3 分钟，把“独立品析一句”的鉴赏性文字写出来，最后在班内展示交流！

第二小组两同学主持，先投影展示词作大意（投影卡片 2），让同学们对词作有个整体的把握。

在同学们“独立品析一句”准备 3 分钟后，由第二小组主持的同学任意提问举手同学，说出对词作中某一句的独特理解。

生 1：首句“寻寻觅觅，冷冷清清，凄凄惨惨戚戚”极写悲愁凄冷，早已超出了一位闺阁女子的私愁，而是夹杂着国破、家亡、夫死的家恨国愁，感情更深沉也更博大。

生 2：首句“寻寻觅觅，冷冷清清，凄凄惨惨戚戚”，诗人先“寻觅”，寻觅的是国家、丈夫、金石，还是丧失的青春，抑或是人间真情？也许各种悲愁一并袭上心头，寻觅不到，内心及周围一片“冷清”，看到的只是“淡酒”“晚风”“归雁”“黄花”“梧桐雨”“黄昏”，顿感“凄凉惨淡悲戚”。为了恰切地传达出这种情感，连用叠词，不仅富于音乐美和韵律美，而且把个中愁情抒发得淋漓尽致。

生 3：我先不准备发表自己“独立品析一句”的观点，却有疑惑向同学们求助：“雁过也，正伤心，却是旧时相识。”请问，为什么“却是旧时相识”？

教室里鸦雀无声，同学们面面相觑。

师：请问哪位同学能解答一下生 3 的问题？

生 4：这是移情于物的手法，“雁过”却没带来家乡的消息，当然“伤心”，这“雁”是当年给诗人和丈夫传书送信的那一只吗？我认为肯定“是”，因为作者是旷世奇女子，是“一代词宗”，这只“雁”早已带上了作者的感情色彩，“以我观物，物皆着我之色彩”，既是“旧时相识”，自然愁肠百结。这是我对“却是旧时相识”的粗浅理解。

教室里爆发出雷鸣般的掌声，经久不息……

四、用心仿写一句——细读鉴赏，深化理解

师：我说过，鉴赏诗词“用心仿写一句”，才能把文本解读对内容的理解内化成自己的能力。请第三小组的同学带我们通过仿写去鉴赏这首千古名篇，有请他们！

同学们争先恐后地仿写自己最欣赏的句子，课堂上生生互动、师生互动，气氛异常活跃。同学们仿写的妙语佳句，博得了阵阵掌声。特别是一位同学仿写了《声声慢》词一首，抄录于此。

声声慢·读书郎

追追求求，迷迷茫茫，清清冷冷寂寂。欲进还退时候，甚是失意。三言两语劝慰，更引得，愁肠千回。叶落矣，已销魂，正是年年风季。　　凌空霜花飞舞，寒气森，斯人怎经得起？捧着书儿，敢问路在何地？孤灯伴着残影，至深夜，稀稀离离。那心境，真叫个凄苦难耐！

五、激情点评一则——介绍背景，体会情感

师：鉴赏完这首优美的词作，请第四小组的同学介绍时代背景。结合时代背景，同学们激情点评其中一则，并概括出本词的思想感情（主旨）。

第四小组同学展示时代背景（投影卡片3），并引导同学们概括本词的主旨。

1. 学生自主展示背景：《醉花阴》这首词是李清照前期的怀人之作。婚后不久，丈夫赵明诚便“负笈远游”。深闺寂寞，她深深思念着远行的丈夫。恰值重九，人逢佳节倍思亲，便写了这首词作寄给赵明诚。

《声声慢》写于南渡之后。金兵南侵，北宋灭亡，志趣相投的丈夫也病死在任上，南渡避难时夫妻俩收藏的金石文物又丢失殆尽。这一连串的打击使她尝尽了国破家亡、颠沛流离的苦痛。从此以后，李清照孤身一人辗转漂流于杭州、越州、金华一带，独处异乡，品尝着背井离乡之苦和国破家亡之悲，在孤苦中度过了晚年。《声声慢》就是这种深愁惨痛的最真实写照。

2. 知人论世：学生引导，激情点评一则，自主讨论归纳出本词的情感（主旨）（投影卡片4）。

生1：激情点评“寻寻觅觅，冷冷清清，凄凄惨惨戚戚”，可见颠沛流离、失魂落魄之苦。

生2：激情点评“雁过也，正伤心，却是旧时相识”，可见孤独之悲、丧夫之痛。

生3：激情点评“这次第，怎一个愁字了得！”，可见国破家亡夫死之千古愁情。

“激情点评一则”之后，水到渠成，学生自主归纳情感（主旨）：这首词通过秋景秋情的描绘，“寻寻觅觅，冷冷清清，凄凄惨惨戚戚”，表现了作者孤独寂寞的忧郁情绪和动荡不安的社会环境，反映了作者在国破家亡、孤苦凄惨的情况下产生的凄苦心境，表达了作者的颠沛之苦、丧夫之痛和亡国之恨的愁情。

六、讲给同桌一听——随堂测评，夯实基础

师：对于这首优美的词作，同学们学过以后颇有感触，下面请第五小组带领我们检测一下大家对基础知识的掌握，并通过“讲给同桌一听”的方法深化文本解读，有请他们！

1. 第五小组展示测验题，同学们举手作答，夯实基础，检测理解背诵情况。

2. 同桌之间互相发问、大胆质疑，互释难点，讲给同桌一听，共同提高。

七、提取素材一例——演唱词作，升华情感

师：同学们，词是用来演唱的，如果仅仅停留在读的层面，便总觉意犹未尽。可喜的是，我班的才女们已经给这篇绝世佳作谱上了优美的旋律，将当堂演唱给大家听。在演唱中我们更能加深对李清照的深刻认识，更能牢固地“提取素材一例”，也能在文本解读后的随笔和读后感以及平常的中自如运用。让我们用最热烈的掌声有请她们！

一女生拟李清照：惜惜窈窕流年，换不回你回眸一眼

师拟赵明诚：回首繁华如烟，不如你眉间朱砂一点

一女生：寻寻觅觅，寻不见你的身影

师：凄凄惨惨，悲不过生死经年

一女生：我在三生河畔，凝望你来生的容颜

师：我种下一地黄花，与君相约，来生再见

五女生合唱《声声慢》全词，歌唱完后

一女生：玲珑骰子安红豆，入骨相思知不知

师：直道相思了无益，未妨惆怅是清狂

下课！

阅读教学课例：《赤壁赋》

《赤壁赋》是北宋文学家苏轼创作的一篇赋，全赋的布局与结构安排中映现了其独特的艺术构思，情韵深致、理意透辟，并对之后的赋、散文、诗产生了重大影响，让学生从景、情、理三个方面受到熏陶，是很好的文本解读范例。下面是师生对文本解读之后，学生学习文本中的“由景生事，由事生情”的第三自然段，学习“由景明理，由理及情”的“客”的问答，学习第四段的“苏子曰”的人生感叹，学习全文景、情、理融为一体的精妙，学习善于取譬、独具匠心的构思，从而写出的部分文本解读感悟以及合作互评，附以教师教后反思。

品东坡赤壁之佳作　悟世间万物之奇妙

高一13班　高术涵

苏东坡，一个伟大的人，或许我们可以这样称他。何为伟大，即品德高尚，令人尊敬。抑或是一个出色的人，能够思考人生的哲理，品味世间的真理。他或许正站在当时金字塔的顶峰，思考当代人难以触及的真理。

他最著名的作品之一——《赤壁赋》，充分体现了他的哲学思想，等到西方人发现了许多人们难以想象的事的时候，蓦然回首，苏轼早有触及。正如他所写的“客亦知夫水与月乎？逝者如斯，而未尝往也；盈虚者如彼，而卒莫消长也”。苏轼认为月亮时圆时缺而不亏损是因为光沿直线传播。现在想想，才更能体会古人的伟大，这是近现代的世纪发现，却在古人的文章中有所涉及。

苏轼的人生是坎坷的，是遍布挫折的，或许正是这些挫折和磨难才造就了他不平凡的一生，此之谓“故天将降大任于是人也，必先苦其心志，劳其筋骨，饿其体肤，空乏其身，行拂乱其所为，所以动心忍性，曾益其所不能”，他虽生前遭人排挤，郁郁不得志，但他的成就却是不可否认的，所以他死后被追封为太师，谥号文忠。苏轼这种大起大落的仕途人生使他具备了艰难玉成的意志品质，浪漫旷达的性情使他拥有了豪放超拔的情怀风骨，信笔纵情的骄人才华使他有了“一吟成杰作，一叹成绝唱”的非凡能力。

苏轼的《赤壁赋》犹如他的人生一样，喜中有悲，悲中衬喜，写景使人流连忘返，抒情又扣人心弦，其中还掺杂了不少哲理性的知识，读来朗朗上口。他的“寄蜉蝣于天地，渺沧海之一粟”一句写出了在他眼中人生的短暂和渺小。是啊！生离死别是人之常情，人生的短暂更是有目共睹，世界上会有很多人“哀吾生之须臾，羡长江之无穷”，那么我想说，与其怨天尤人地叹息人生短暂，何不好好把握当下的时间呢？“自其不变者而观之，则物与我皆无尽也。”或许你已经在世上消亡了，但是你的子子孙孙又会延续你的生命，那么你还有什么值得叹息的呢？

对于那些只会说却懒于去做的人，我更欣赏苏轼这种敢说敢做、敢爱敢恨的人。他的赤子之心照耀在宋代盛衰上，化为一腔怒火，燃尽腐败和丑恶。他的诗篇铭记在人们心中，化作一股热泪，洒遍祖国河山。

是你，凝望庐山，道出了“不识庐山真面目，只缘身在此山中”的哲理；是你，遥望苍穹，唱出了“西北望，射天狼”的气概；是你，对饮明月，吟出了“但愿人长久，千里共婵娟”的人间祝福。你，不仅心系祖国，更胸怀人间真情。

【学生互评】

标题用了对偶的手法，对仗工整。开篇即点出苏轼是一个伟大的人物，直抒胸臆，直接表达了自己对苏轼的敬重之情。然后结合对《赤壁赋》的理解，以自己的见解评价苏轼，形象生动，逻辑思维严密，以苏轼作品中的不同词句讲述了苏轼一生的遭遇，屡遭坎坷却始终不屈于现实，表现了苏轼豁达开朗的人生态度，高度赞扬了苏轼。特别是与苏轼文本中的警句结合紧密，体现了文本解读的独特。

清风对明月　鲜鱼请好友

高一17班　常永兴

早上的清风吹得人生冷，周边全是白茫茫的雾，衣服已经潮湿，贴在身上很是难受，东方已经泛起了鱼肚白，太阳把天边的云彩映成层层的淡紫色，我伸出手欲去碰触，可是怎么也感觉不到。

我提醒旁边的客人，唤他的名字：“启程回去吧，天色已经亮了！”他坐了起来，揉揉自己惺忪的睡眼，手叉开挡着太阳刺眼的光芒，良久，他才适应过来：“是个人都是渴望阳光的，我一直都希望能有个机会看太阳升起的过程，感受内心的平静，感受太阳的生命，感受万物的苏醒。你说，太阳每天东升西落，日复一日，年复一年，它是否已经疲倦，早已成了一个无心傀儡呢？每天做这同样枯燥的事，早已对生活失去了希望呢？”我躺在船上，望着逐渐转白的天空，想了想，对他说：“不，太阳是有生命的，有心的，虽然每天都重复着同样的事，可是每天都看着不一样的风景。你看，天有时阴，有时晴，说明它也是有心情的，心情好时阳光灿烂，普照大地；心情忧郁时，细雨连绵，乌云遮天。你大可不必杞人忧天，人间这大好风景，足够他细细品味。”客人听罢开心地笑了起来，我们两个人便启程回去。

回来的路上，阳光越来越暖和，照在身上舒服极了，衣服也慢慢干了，划着划着我们便唱起了熟悉的歌谣，我扣着船舷：“桂棹兮兰桨，击空明兮溯流光，渺渺兮予怀，望美人兮天一方。”此时心情再也不是昨晚那样悲凉了，生活还在继续，美人在天的另一边，那我就更加努力地朝那个方向行走，但梦想的基础是要过好当下，乐观地面对每一天。想着便向客人提议，要不我们捕些鱼回去，客人转过头来与我会心一笑。时间的小马车飞驰而过，一眨眼，烈日当空，烤得人皮肤生疼，头发也烫得不可言喻，我说：“我们收网回去吧，家人该担心了。”“好啊，我的肚子也饿得咕咕叫了。”少顷，我们将各自的工具收好，将捕来的鱼放到袋子里，挽起袖子将网拉起来，也算得上是满载而归了。上了岸，我们沿着小路跑回家，将鱼放下，贤惠的妻子早已将饭菜做好，摆在桌上了，平淡的饭菜在我们眼里如同盛宴一般，不一会儿便一扫而光，吃饱喝足的我们便去休息了。

傍晚，妻子将捕来的鱼煲了汤，还烤了一条鱼供我们吃，清风对明月，鲜鱼请好友，生活便就是这样的美好吧。

【学生互评】

文章借鉴了苏轼《赤壁赋》中虚写的表现手法，以第一人称描写苏轼，使文章更生动鲜明，更具有亲切感，词句中充满诗意，一幅恬静的画面跃然纸上，表达出作者希望一个人不要发无病之呻吟，不要做一个无心傀儡，不要去追求那种看似超脱尘世却并不现实的幻想境界，而是应该适应现实，在目前这种宁静恬适的环境里，陶醉于大自然的怀抱之中，这正是苏轼一贯的生活态度。

鲲鹏展翅　年少激扬

高一17班　李姿萱

观苏轼之《赤壁赋》，感先贤之豁达美。叹今昔之浮华世，惋瞬逝之少年心。

苏子与客泛舟赤壁，佳肴与酒尽兴得之。清风白露飘然若见，明月星宿朗照乾坤。扁舟一荡散若飞仙，衣袂一飘洒脱自得。良辰美酒与客共享，哀思愁绪埋于肺腑。洞箫呜呜却把苦楚牵引，美酒樽樽又携豁达抒怀。

苏子者，百劫千难志犹坚。归仕途，然节节遭贬；赋诗歌，然获罪入狱；展宏图，然壮志难酬；归田园，然心有余憾。于江上清风与山间明月予以慰藉，于肴核糟酒与诗书简答付之哀伤。然，志犹未馁，旷达依旧；言，非吾之物，一豪莫取。

今昔者，百劫千难难坚贞。归仕途，然苟同徇私；做学问，然轻贱怠慢；展宏图，然日不过三；归田园，然视之低贱。于酒池肉林与奢靡浮华予以“慰藉”，于Wi-Fi平板与王者吃鸡付之年华。然，仍未悔过，一错再错；言，父母之过，师长之责。

无曹操之大志，亦无苏子之豁达。

苏子曰：“盖将自其变者而观之，则天地曾不能以一瞬；自其不变者而观之，则物与我皆无尽也，而又何羡乎？”然吾生短暂，虽无力与先贤一争，但仍有壮志豪言于心。不敢托荫于先辈，苟全于人后。愿做鲲鹏扶摇而上九万里，愿为雄鹰展翅高飞袭九霄，愿为砥柱百劫千难兴中华，愿做白鸽正义担肩传良善。

年少时，怒马行，踏九州，观沧海。携苏轼豁达于身，携李白洒脱于行，携曹操之志于心，携杜甫爱国于生。

舞象年华，当自强不息，厚德载物。

【学生互评】

文章以古文的形式展开叙述，文笔清晰明朗，才华横溢。内容豪放大气，切合实际，由景生情。“鲲鹏”“雄鹰”“砥柱”“白鸽”四个意象，透露出伟人苏轼内心远大的抱负，展示了苏轼豪放大气的形象。苏子启迪小作者对社会人生展开深入的思考，社会是现实的，是残酷的，是美好的，是需要我们慢慢适应的，但我们必须要有博大的胸怀、高远的志向、坚定的本心，这是本文最值得称道之处。

风起云涌者　时势造英雄

高一17班　高维杰

说起《赤壁赋》，那就不得不提苏轼了，因为这就是他提笔而写之人间精华，给后代留下的文化巨资，可谓是“取之不尽，用之不竭”。当然，这更是对人生精神的启发，值得一代一代人传承。

《后赤壁赋》，乃苏轼被贬黄州，寄山水之情来排解心中之愁苦、郁闷之情而抒发人生之道理、人生之感悟与《前赤壁赋》之一道也。而两者之所不同，乃景之所不同，寄物之所不同也。但同一便是思想、道理。作者为何要重游赤壁，为何触景生情，从而悟出人生之道？

我非常赞同一句话，那就是“时势造英雄”，英雄并不是一定要打打杀杀才能称之为英雄，被人们所认同、尊敬才能称之为英雄。大家都说曹操乃一代奸雄，但我认为并非如此，我认为他也可称上一代之英雄。跑题了，跑题了，让我们重回苏轼，因为有了“乌台诗案”，苏轼才会有此之作为，他虽政治上失意，行动上不自由，生活贫困，心情极度苦闷，但这也更加体现了磨难的人生更加美丽。文章中苏轼喝清酒，吃鲈鱼，随舟之飘，放荡江心，饮酒而醉，醉便梦仙，仙即而来，此仙化鹤，此鹤便是作者心中的象征，它象征的便是孤鹤本就乃独自，它就是作者，这充分告诉我们人生便就是这样，有些苦就是要一个人承担，这也并非毁灭你，而是去造就你，就像苏子，如不是此案，他会来这吗？不会，更不会以鹤自喻写出这千古不朽之作，也正是这一经历，让他涉足所不能之领域，留不泯灭之传奇！文章最后说：“我知之矣。”他不仅知道了鹤的由来，更知道了朝向未来的路在何方。

故曰：风起云涌者，时势造英雄。做此随笔，吾知陋文，多有问题，理解不周，还望吾更深学习，写更佳文章。

【学生互评】

开头将《前赤壁赋》和《后赤壁赋》作比较，提出疑问激发读者思考。主体内容中，一句“跑题了，跑题了”幽默含蓄，之后讲述自己对苏轼的评价和苏轼政治失意后的生活，以及苏轼面对挫折仍旧乐观的态度和顽强的生命力。一度被贬的苏轼，一度引起政敌们的议论，然而他们没有意识到苏轼有如此顽强的生命力，因为苏轼就是时势造出的英雄。本文的小作者生发苏轼的思想，告诫我们：欲望太多，烦恼就越多，要像苏轼一样，什么功名利禄、荣华富贵，都不如江上的清风与山间的明月。

活在当下

高一17班　付欣

自从东晋的陶潜逐渐名扬天下，世人就开始认为，大自然是医治创伤的良药。清风徐来，水波不兴。白露横江，水光接天，泛舟秋江，清风和明月交织，露珠和水色辉映，幽雅而宁静，苍茫而朦胧。诗人苏轼遭遇乌台诗案后那颗无法平复的心，渐渐融进了眼前那无边的风月与如画的秋景中，甚至产生了飘飘乎羽化登仙的欢情。私利社会的种种污秽，在大自然中是不存在的；生活中重重叠叠的无奈，在大自然中是不重要的。清风会荡涤迷失的心灵，绿水会平息炙热的欲望，且留下淳朴天真、恬静和一颗净化的灵魂。

经乌台诗案，苏轼连遭贬谪，远至黄州。失意中的他借酒浇愁，寄情山水，生命一度陷入孤寂的荒野。无意间，赤壁闯入了他的视野，平静的江水涤荡了他的胸怀，心也释然了。纵一苇之所如，凌万顷之茫然，生命与宇宙相融，烦闷宦愁随风飘散，随着精神的高蹈出世，他实现了生命的突围。

泛舟赤壁，面对月出东山、水光接天的江上清景，客感伤唏嘘："哀吾生之须臾，羡长江之无穷。"而苏子莞尔一笑："盖将自其变者而观之，则天地曾不能以一瞬；自其不变者而观之，则物与我皆无尽也，而又何羡乎！"苏子没有沉溺于感性的认知，而是以理性的哲思，烛照了人类生存的奥义，于是诞生了流光溢彩的《赤壁赋》，于是演绎了"一蓑烟雨任平生"的洒脱人生。

人生苦短，有人哀吾生之须臾，羡长江之无穷，以消极无为的态度放逐生命，而苏轼虽屡遭贬谪，却体悟出"自其不变者而观之，则物与我皆无尽也，而又何羡乎"，与其无谓地感伤生命的短暂，莫不如珍惜当下的每寸光阴，享受江上之清风，与山间之明月。数百年后，海峡彼岸的林清玄宣扬着一种理念：快乐地活在当下，尽心就是完美。冥冥中，两颗心已跨越时空，融合在最深邃的思想中。

自然常常如此奇妙：它轻轻抚摸着疲惫之心，于疲惫之心中又充满活力；它慢慢洗濯着尘俗之身，于尘俗之身中又变得洁净。当苏子与赤壁相逢，白露横江，水光接天，自然以无比轻柔的手抚摸着苏子疲倦的身心，于是浮华散尽，宠辱皆忘，唯有清风徐来、水波不兴的浩然清澈，唯有冯虚御风、遗世独立的超然洒脱。

【学生互评】

开篇由原文的自然景象讲述大自然的美及对人生的感悟，以景喻情悟理，内容切合实际，句句蕴含着深刻的道理，读起来令人精神振奋。结尾呼应开头，结构完整。现在的我们，处于一个新时代，虽不曾有那么多动荡不安，但充满了人世险恶。我们不能逃避，只能无理由地选择面对，与其整天面无表情地度过自己的一生，还不如每天对自己微笑，对他人微笑，开心地面对生活，面对不开心，面对困境。相信，美好的未来一定属于目光远大的人。一定要记住本文的劝导：要活在当下，抓住眼前的分分秒秒。

江山如画　逝者如斯

高一13班　焦桂琴

北宋时期，作为"保守派"的苏轼极力反对"激进派"的王安石的改革变法，也不同意司马光废除新法，因而受到朝堂大臣官员的排斥。后来又因"乌台诗案”被贬黄州，担任团练副使，这一文官又怎能担任武官的职责呢？其实只是一个虚名而已，领一份口粮罢了。

人生何苦沉浸于悲痛之中，就是一生的道路坎坷不平，政治上失意受挫，精神上寂寞孤苦，豁达乐观的苏轼面对接二连三的诬陷和打击，也未曾被击垮，他将内心的惆怅孤苦和愤懑不平，化作清风消散在世俗纷争之中。“浩浩乎如冯虚御风，而不知其所止；飘飘乎如遗世独立，羽化而登仙。”苏轼来到这仙境般的地方，敞开心扉，让悲痛消散，让欢乐和希望埋入星海中。面对万古奔流不息、汹涌澎湃的长江，作者触景生情，想到自己的抱负和希望，像长江东流到海不复回，内心的愁苦油然而生。

“其声呜呜然，如怨如慕，如泣如诉，余音袅袅，不绝如缕。”萧瑟凄凉的曲调，让苏轼回忆起曾在赤壁之战中失败的曹操，曾经挟天子以令诸侯的曹操，如今却在哪里呢？作者深感悲伤和惋惜，曾几何时，自己倍受皇帝信任和重用，如今被贬黄州，抱负和希望接二连三破灭，自己的智慧和才略无用武之地，不该被世俗埋没，不屈于悲痛之中，只能将自己脱胎换骨幻作游者漂流在山水之间。

“且夫天地之间，物各有所主，苟非吾之所有，虽一毫而莫取。”正如苏轼所说，世间万物各自有其主宰，不是自己的东西终究得不到，我们追求自己喜欢的物质和理想的生活，不受世俗风浪的左右，用现实的眼睛看见世间万物，追求自然界中无穷无尽的宝藏，实现自己的人生价值。身处逆境，我们要学会站起来，与世俗风浪搏击，将灵魂沉浸在欢乐之中，放在通往成功的彼岸，热爱生活，享受自然，时刻保持积极乐观的心态，面对挫折，不屈不挠，勇往直前，克服困难，豪迈而过。

豪放超拔的情怀风骨，信笔纵情的骄人才华，使苏轼拥有了“一吟成杰作，一叹成绝唱”的非凡能力，留下了不朽的千古名篇。

【学生互评】

苏轼来到这凝结着历史的地方，将愁苦化成清风消散，虽不能得到重用，但自然中还是有很多值得自己留恋的东西，为什么不把满腹的愁苦消去，来享受这大自然无穷无尽的宝藏呢？文章结合作品背景，引出苏轼人生道路的坎坷不平，而他却未曾被击倒，从而表现了苏轼性格的坚韧，最后道出世间万物都各自有主宰的道理，并呼吁我们身处逆境时要学会站起来，达到以人明理、就事说理的目的。跨越空间，古今相融。

命运坎坷　豁达开朗

高一13班　王甜

苏轼因“乌台诗案”被贬黄州，名义上任团练副使。他内心愤慨不平，政治上失意彷徨，精神上孤独苦闷，但生性旷达的苏轼在山水之乐中求得解脱，自号“东坡居士”。在这里，他经常来赤鼻矶，望着滚滚江水，想到功业抱负如水东流，俯仰古今，感慨万千，写下了《念奴娇·赤壁怀古》。同年，苏轼先后两次舟游赤壁之下的长江，写下了著名的《前赤壁赋》和《后赤壁赋》。

听说苏轼刚来到黄州时将“赤鼻”听成“赤壁”，这才有了千古传唱的“三赤”。苏轼在政治上不得志，精神上孤独苦闷的情况下，却依然有着热爱生活、热爱文学的积极乐观的人生态度。

“是我的，一定是我的，别人抢不走；不是我的，我抢也抢不来”，说的就是“苟非吾之所有，虽一毫而莫取”。这些道理告诉我们做人要知足，不要有太多欲望，想要的东西越少，活得就会越轻松，越开心，生活也就会更幸福。要从多个方面来思考，“天地万物一刻不停，万古江山相对永恒”。要用长远的眼光看待人生，这样的人生才更精彩。

《赤壁赋》中苏子对人生的感悟引起了众人的兴趣，大起大落的仕途人生，使苏轼具备了艰难玉成的意志品质；浪漫旷达的性情使苏轼拥有了豪放超拔的情怀风骨；信笔纵情的骄人才华使苏轼有了“一吟成杰作，一叹成绝唱”的非凡能力。面对诬陷、围攻他的政敌，他毫不退缩。

生前“命”与身后的“名”是不一样的，生前命运好，名声也好的人是有的，但并非人人都能如愿。“有的人活着，他已经死了；有人死了，他还活着。”孔子“活”了几千年，鲁迅的精神与世长存，他们的生命被岁月收割，但他们有的不仅仅是生命，他们有知识，有值得我们学习的地方，他们留下了传颂千古的大成就、大名声。从苏子诗赋中，可见其虽悲愤，却拥有旷达情怀。他若是一味排遣蝇营狗苟、狭隘不能自拔之情，纵然文丽辞美，也没有那等豪放的气息，又怎能成为杰作，更流传不到今天。

【学生互评】

文章以苏轼的遭遇开篇，照应题目“命运坎坷”，又引用《赤壁赋》中的诗句，加上自己的见解，点出苏轼虽遭遇不幸，但仍保持着豁达开朗的心态，最后以“生前‘命’与身后的‘名’是不一样的”结尾，由事生情，由情及理，写出了自己独特的见解。小作者把文本解读向课外拓展，让我们明确：“苏轼刚来到黄州时将‘赤鼻’听成‘赤壁’，这才有了千古传唱的‘三赤’。”这种探究是难能可贵的。

读赤壁

高一13班　雒凯

读“赤壁”并不是历史上闻名的古战场，而是读东坡的《赤壁赋》，说起苏东坡，大家都应当不陌生吧!

“天地之间，物各有主，苟非吾之所有，虽一毫而莫取。”

苏东坡因“乌台诗案”被贬黄州。看来生前“命”与身后的“名”，从来不是一回事。有的人生前飞黄腾达，大紫大红，身后却瞬间灰飞烟灭，再没有人想起、提及；有的人生前大起大落，甚至连遭大灾大难，最终却艰难玉成，留下了传颂千古的大成就。落难中的苏东坡“孤舟出没烟波里”，游饮江上，身临赤壁，伤感怀古。面对万古东流、惊涛拍岸的浩浩长江，他心中也被满腔的不白、不公、不平掀起巨大的感情波澜。他遥想起当年赤壁之战时，时势何等风起云涌，一时多少豪杰，“而今安在哉?”于是，“苏子愀然”扣舷而歌：“大江东去浪淘尽，千古风流人物。”一吟成杰作，一叹成绝唱。

面对那些围攻他、诬陷他的政敌，他的态度是超拔的，不屑于同对手打那些是是非非的笔墨官司。他没有打黄盖，没有借东风，也没有草船借箭，只是用了几分酒力而信笔纵情写赤壁。

【学生互评】

“生前‘命’与身后‘名’从来不是一回事”，苏轼生前人生道路坎坷，面对政敌，态度超拔，从不参与钩心斗角，仿佛是一个碌碌无为的平庸之辈，但却只是用了几分酒力就信步纵情于赤壁之间，留下千古流传的佳作，广为人传颂。文中对苏子的文本加以拓展，同时结合时代背景，借鉴即事明理的手法，读后让人对苏轼及其《赤壁赋》有了更深的理解。

【教后反思】

苏轼的《赤壁赋》是其代表作，也是非常典型的古代散文范本，作者采用汉赋的主客问答方式来阐述思想认识，这种虚拟的叙述方式，对后世散文产生了很大的影响。此赋记叙了作者与朋友们月夜泛舟游赤壁的所见所感，是思想性与艺术性完美结合的文言范本。但以前学生对于古文的学习走的是讲析结合的老路，难以引起他们的兴趣，教学效果也大打折扣，这也就给老师的文本解读有效性课题研究带来了极大的机遇。先解读文本，再针对文本中的思想内容和艺术特色写出读后感和随笔，表达自己对文本和生活的感悟，这种方式极大地提高了学生对文本的学习兴趣，加深对文本的理解，既高效地积累了文言知识，也极大地提高了语言表达能力。

老师带领学生有效地解读文本，了解相关背景，感受作者在那个时代所经历的苦难，升华了对陷入苦难时应有的博大胸襟的认识。有的同学在习作中认为，一代文豪被贬黄州，即便心中有万般苦闷，但生活还在继续，于是他以“清风对明月，鲜鱼请好友”为题，把自己虚拟为苏轼本人，以主客对答的形式表达出他们生活的惬意，并在最后点出“一个人不要发出无病呻吟，不要做一个无心傀儡”的观点；有的同学在习作中认为，苏轼是一个伟大的人，亦是一个出色的人，他不仅在文学方面有极大的成就，而且还精通自然科学，极早地提出了“水循环”和“光沿直线传播”的理论；有的同学在习作中认为，“生前‘命’与身后‘名’从来不是一回事”，苏轼生前大起大落，郁郁不得志，身后却留下流传千古的佳作。

在同学的感受中，我又从不同的角度体会到同学们幼小的心灵仿佛具有了像苏轼那样屡遭坎坷却不屈于现实的乐观豁达，他们在纸上信手写下自己的文字，毫无拘束地表达自己的思想，让我受益匪浅。所谓教学相长，可能就是如此。我又从同学身上看到了一些不同的东西，一些在文本中看不到的东西，那是他们灵魂深处发光的思想，是一千个读者心中的一千个苏轼！

阅读教学课例：《短歌行》

一、教材：对教材的分析处理

（一）教材的地位和作用

这个单元的诗歌属于高中学生学习诗歌的第一阶段。单元内容包括：《〈诗经〉两首》《离骚》《孔雀东南飞》《汉魏晋诗三首》。按照诗歌发展的历程，汉魏晋五言诗这部分的教学内容是学生在学习了《诗经》和《离骚》的基础上接着学习的，为以后学习唐诗打下良好的基础。

（二）教学目标

在第一课时，给学生梳理《汉魏晋诗三首》（即《迢迢牵牛星》《短歌行》《归园田居》）的思路及基础知识，从对基础知识的掌握上升到对能力的培养，把曹操的《短歌行》作为一个突破点，上一节知识扩展和探究的活动课。

根据新《普通高中语文课程标准》的要求，这节课应达到两个教学目标：一是注重语文应用、审美、探究与迁移能力的培养，促进学生均衡而有个性地发展；二是提高学生的语文素养，发挥语文课的育人功能。

（三）教学的重点和难点

1. 教学重点：注重古体诗对学生的文化熏陶。让学生在查找资料、综合展示表达中体验古体诗的情感魅力和艺术趣味；让学生在迁移阅读名著《三国演义》中了解个性独特的诗人曹操。

2. 教师指导学生在找到资料后尽量多分析，筛选出自己需要的资料，然后围绕主题进行综合，在上课的时候按照思路来展示自己的收获。这是教学的难点所在。

二、教法

通过扩展探究、展示表达、迁移阅读和交流提高的活动环节，培养同学们语文学习的兴趣和运用语文的能力，提高他们创造性的审美和探究学习的综合素养。

1. 依据：在学第二单元的时候，学生已经试过了自己查找资料介绍名人。有了初步的经验，这次可以增加难度，要求学生自己进行分析。

2. 目的：采用活动课的形式学习诗歌，不仅能扩展学生的知识面，还能培养他们的动手能力。

3. 教学手段：多媒体展示。

三、教学程序

（一）课前探究准备阶段（分好学习小组，6 或 7 人 / 组，共 8 组）

在古典诗歌单元的教学结束以后，布置以下探究活动作业：

（1）自选或编辑一段乐曲，进行曹操诗作《短歌行》的配乐朗诵。

（2）查找资料，制作 PPT、Flash 等形式的电脑课件，介绍诗人曹操和他的诗歌作品。

（3）查找关于“曹操”的故事，课下相互交流。

（以上作业要求学生在一星期内独立完成，也可另外自选形式）

此环节设计目的：通过探究活动巩固课内学习的知识，发挥同学们的个性优势，在扩展课外知识能力的同时，形成独特的情感态度和价值观。

（二）课内展示表达和比较阅读阶段

步骤一：教师在音乐声中导入

（1）导语设计：毛泽东在《沁园春·雪》说道：“惜秦皇汉武，略输文采，唐宗宋祖，稍逊风骚。一代天骄，成吉思汗，只识弯弓射大雕。”诗中的秦皇、汉武、唐宗、宋祖、成吉思汗，都是中国历史上叱咤风云的英雄人物。但是历史上还有一个人也可以站在这样的高度与他们相提并论，这个人就是魏武帝曹操。

（2）歌声渐稀，教师点明主题：这是一节知识扩展和探究的活动课，需要同学们的积极思考和参与。（这节展示课的目的和意义）

（3）由两位学生主持展开

步骤二：课内展示（分两部分展示，基本上由学生组织完成）

第一部分：

（1）学生展示曹操诗作《短歌行》的配乐朗诵。（抽查一到两个组）

（2）教师简单归纳小结，并播放《短歌行》的名人朗诵，让学生从中找出差距。

第二部分：

（1）按照自己的理解介绍曹操和他的诗歌作品。（抽查一到两个组）

（2）教师归纳小结，对同学们的探究活动过程和作品作启发性的点评。

步骤三：比较阅读

（1）节选《三国演义》中能表现曹操鲜明个性的章节（分发给学生），让学生进行个性化的点评。老师不作统一的答案，而是鼓励学生对人物形象的分析形成自己的独立见解。

（2）播放简短的有关曹操的影视片段，加深学生对这个人物的印象。

（3）教师总结，并提出思考题作为作业：曹操的文才在历史上素有争议，人们对他是褒贬不一的，你对他又有什么看法？查找相关的资料后写成一篇评论性的文章。

三步骤设计的目的：通过课堂互动的形式，提供更多参与学习的机会，让学生真正变成学习的主人；在学生展示、点评的分析和表达过程中，培养其运用语文的能力。

（三）课后交流提高阶段

课后交流，针对作品和个人评出以下奖项的活动形式展开：

最具个性创意奖

最具配乐完美奖

最具诗人气质奖

最具演讲口才奖

此环节设计目的：使课后交流学习提高不流于口头形式，让没能出来展示作品的同学也有机会参与交流学习和提高，他们可以不断完善自己的作品，利用课余时间把自己的作品展示给同学们观看，争取更多的选票。教师也可以根据他们评选出来的结果了解到自己的教学效果。（教学反馈）

附选票（样式）

奖项	最具个性创意奖	最具配乐完美奖	最具诗人气质奖	最具演讲口才奖
作品（填学号）				

注：签名确认投票的同学已观看以上作品才算有效选票！

评委签名：____________

阅读教学课例：《老人与海》

一、教材分析

新课程改革之后，《老人与海》安排在人教版必修 3 第一单元（小说单元）中，它是作为一篇自读文章出现的。本单元是高中阶段的第一个小说单元，在现行高中语文教材中共有 2 个小说单元，必修 3 和必修 5 各一个。可见，本单元在整个高中小说教学中占有极为重要的地位，它既是初中小说学习的焊接点，又是整个高中小说学习知识技能的伸展点。

二、教学目标

【三维目标】

1. 知识目标：了解海明威其人及其作品风格。
2. 能力目标：鉴赏老人的形象，体会学习本文的表现手法。
3. 情感目标：学习老人永不服输的精神品质。

三、教学重难点

【教学重点】

1. 引导学生对重点段落和人物的内心独白进行细读，揣摩小说的语言和行文特点。

2. 培养不屈服于命运，凭着勇气、毅力和智慧在艰苦卓绝的环境里进行抗争的精神。

3. 结合文中人物的经历和语言分析小说人物形象的精神蕴含及其价值意义。

【教学难点】

文中人物内心独白的特点、作用，以及东西方小说在人物刻画方面的异同。

四、教法学法

1. 情境导入法

结合作家本人富有传奇色彩的人生经历及其硬汉形象，播放电影版《老人与海》的精彩片段，让学生直观地感受男主人公桑地亚哥的血性与无畏，从而进入作者为我们创设的情境之中。

2. 自主合作探究法

教师通过问题的设置和富有感染力的语言引导学生思考、讨论、探究，使学生在自主合作、交流中，逐步加深对文章主旨的理解和语言风格的把握。

3. 学情分析

相比较散文、诗歌、戏剧体裁来说，学生对小说的兴趣还是比较高的，并且经过初中三年的学习，他们已经有了一定的小说阅读理解能力，但生活阅历上的欠缺，使得他们在理解《老人与海》这种具有很强象征性和哲理意味的小说时，很难深入挖掘小说文字表层之下所潜藏的意蕴。于是，以《老人与海》为例，尝试引导学生学会挖掘小说故事情节的外延与蕴涵。

4. 教学准备

多媒体课件。

5. 课时安排

1 课时。

五、教学过程

1. 情境导入

他是一个酷爱打猎和钓鱼的作家
他曾在两次世界大战的战场上冲锋陷阵
他的身上中过 237 片弹片
他的头上缝过 57 针
他在非洲两度飞机失事
严重的脑震荡使他的视力和健康每况愈下
他用笔塑造了一系列打不垮的硬汉英雄
他用枪结束了自己的生命拒绝成为生活的弱者
他就是美国的文坛硬汉、美利坚民族的精神丰碑——海明威

“一个人并不是生来要给打败的，你尽可以把他消灭掉，可就是打不败他。”——《老人与海》

展示电影海报，播放电影片段。

2. 情节梳理

（1）请一生简述课文节选部分故事情节（课文预习检测）。

（2）请一生补充简介《老人与海》一书故事情节（假期整本书阅读回顾）。

《老人与海》的情节并不复杂。一个名叫桑地亚哥的老渔夫，连续84天没捕着一条鱼。后来，他独自一人出门远航，在海上经过三天两夜的搏斗，终于捕到一条足有一千五百多磅的大马林鱼。然而，在归途中，一条条鲨鱼陆续围了上来，尽管老人奋力拼搏，但还是没能抵挡住凶猛鲨鱼的进攻，等他回到海岸时，大马林鱼只剩下了一副巨大的骨架。

3. 细读领悟

学生活动一：速读课文，分组思考问题，多媒体课件显示：

（1）选文的主要情节是什么？

（2）老人与鲨鱼搏斗的场景一共出现过几次？哪次给你的印象最深？

（3）老人是在什么情况下与鲨鱼接二连三地进行搏斗的？

（4）老人不顾一切搏斗的目的是什么？目的实现了吗？在这个过程中，老人有没有动摇过？

学生活动二：投影显示老人捕鱼的画面

教师提问1：通过刚才的几个问题，一个血肉丰满的老人已经向我们走近了，但毕竟是感性的，谁能用准确的语言将老人理性地展示出来呢？

教师提问2：大家将最美的花环戴在老人桑地亚哥身上，但也有人说：老人失败了。大家怎么看待这个问题？

学生各抒己见，教师结合老人的内心独白点评：

人类是伟大的，然而伟大并不仅仅在于事业和业绩，人类的伟大应该具有更深的内涵，那就是人的自信、自尊和自强。

关于失败，有这样一种解释：丧失信念，放下武器。

看看桑地亚哥，他同马林鱼战斗了两天两夜，又同各种鲨鱼进行了五次漫长的战斗，在这个过程中，老人丧失过武器，但他从未放下武器。老人留下了血水，却从未流过泪水。他身上始终有一种面对困难不服输的品质。困难、挫折愈大，拼搏劲就愈强。他是意志上的伟人，行动上的巨人。这样的人顶天立地，他是一个胜利了的失败者，一个失败了的英雄。

4. 读写演练

（1）请你给海明威写一篇简短的颁奖词。

（2）从他身上你获得什么启发？如果有一天厄运来临，我……

5. 难点突破

文中的内心独白有什么特点，在文中起什么作用？东西方小说在刻画人物方面有什么异同？学生在文章中找出并分小组讨论。

教师点拨：本文除了有关老渔夫桑地亚哥与鲨鱼搏斗场面的描写，还有大量人物的内心独白，它们忠实地记录了桑地亚哥的内心活动，写出他在海上漂泊的这几天的心态，通过自由联想的方式，真实地再现了老人的思想与感受。这些内心独白不仅深刻揭示了主人公内心的自豪感、坚毅以及寻求援助的孤独感，而且闪烁着深邃丰富的哲理光彩，丰富了小说的思想，构成小说的重要特色。海明威早期小说中的硬汉子多是“哑巴公牛”，言语不多，缺乏思想，而老渔夫桑地亚哥却具有丰富的内心世界，具有坚强的理性，是用思想支配行动的人，因此成为海明威小说中刻画最为成功的人物形象之一。

6. 课后拓展

在课后的积累阅读过程中，进一步思考东西方小说在人物刻画方面的异同。

推荐阅读：《太阳照常升起》《永别了，武器》《丧钟为谁而鸣》

六、板书

硬汉精神：“一个人并不是生来要给打败的，你尽可以把他消灭掉，可就是打不败他。”

他是一个胜利了的失败者，一个失败了的英雄。

内心独白：揭示了主人公的思想情感，闪烁着哲理的光彩，丰富了小说的内涵。

与陇原名师霍军关于文本解读的对话录

与李金文讨论写作

霍军：

金文沉思，可见写作的美好体验。语文老师能把这种体验传递给学生，并让孩子们享受到这种写作带来的创造性的、丰富的、深厚的美感体验，就是巨大的成就。

若能通过写作形式的把握，让孩子们写出眼前任何事物——用文字的美体验一切，我们和学生，就会一起变成生活艺术家。世上无不可写之事，因此，语文变成了一种充分体验生命的手段。

李金文：

距霍老所言之境界，路漫漫其修远兮，然吾将率三五弟子上下而求索之！

与李金文讨论王君课堂艺术

李金文：

推荐大家再忙也一定听完这节课，看看个性化深度文本解读在语文教学中的魅力，直指灵魂深处！（李金文推荐特级教师王君课例《老王》）

霍军：

这老王，是小王的重课。其实小学、初中语文课，最足为高中教师效法。比如窦桂梅、于永正。问题似乎是，我们尚未把握高中生的特点。

李金文：

这些学生的水平已达到甚至超过了一般的高中生水平。霍老所言极是，高中语文应多借纳小学、初中优秀教育者的教法，在此基础上扣住高中生特点及学段特性，构建更科学、体现工具性与人文性的教法。

这不是一节常规课，这样的课难以复制，更不易效仿，但好课给人的启迪应是一种对待语文、学生及人生价值的态度。

霍军：

我们的矛盾是，一眼盯着高考卷，惦记效率，一眼盯着初中、小学语文课的灵动；一面想让学生开口表达，一面不能不颓然而叹：他们无动于衷。他们很焦虑，他们很现实，他们很疲倦，他们已过了出头博老师一赞之年龄，但他们正在思辨，正在深沉，正在往里边走，却时时被成绩榜、排名、模拟卷打扰。面对他们，我们的语文如何教？我们在夹缝里，我们在探索中。似乎，唯有深度解读文本，找到它与这样一代孩子的心之间的幽深通道，方有出路。

李金文：

于高中语文而言，高考唯分数论当下还难以避之，行之有效的训练肯定会更快提升学生的成绩，我们无能为力，特别是高三。因此，这样的解读若是学生配合不契，便只能望而叹息。论此也只是我们在沉闷的现实中探身吸一口新鲜空气而已！

“言”与“文”本一体

——跟李金文讨论文言文教学中“文”与“言”的关系处理

霍军：

金文，关于文言文教学“言”与“文”的关系在教学中的把握，我跟你一样，都在困惑中。

首先说说这两者之间的基本关系。

第一，跟一切语文文本一样，文言文既有具体的语言构成问题，如语法、词法、句法、章法等，也有语言的表现力问题，如语言表达的艺术性，从每一个字眼到一句话的腔调，再到各种笔法使用和篇章构成构思等。

第二，文言文的特殊性，使它作为一种已经几乎完全脱离日常语言习惯的语文，需要在阅读时转换成当今语言，以便让我们习惯了现代汉语思考和审美的大脑接受其中传递的信息和美感。

第三，文言文作为中国古典语言的典范，是我们现代汉语的根、源头水，虽然在日常生活中已经几乎不再使用，但是它的大量优秀词汇（如成语）和部分句子（如格言），还有它记载过的大量史事、典故，依然在现代汉语中发挥着巨大功能。它的特殊味道（简约、含蓄、言简意赅、典雅精致、齐整有韵等）依然是现代汉语写作的借鉴之源。它从过去的背景上制约着现代汉语无限“俗化”，使之保持着跟口语相当的距离，克服着口语的随意和过分多义，从而保证了书面语言的精致、规范、高雅。必须说明：文言文的简约风味，比如它的处处存在的省略句，它的特殊语法（词类活用和句法），它对音韵的讲究，既是“言”的特色，更是“文”的魅力。在这里，言文是一体的。

第四，文言文的“读懂”，首先便是文言到现代汉语的转译问题，出于继承中国古典语言文学的需要，当今语文教学必须首先解决学生的阅读障碍——教会学生能够“转译”浅显文言文或古文。因为这个任务变成了高考中占有相当比重的试题，而文言文中的艺术表现力几乎跟试题无关（古诗阅读算一点儿），所以在应试环境中，人们格外重视“言”，而特别不在乎“文”，两个本来互为一体的东西，变成了教学中的对立物。可以说，“言”“文”比重问题，是当今考试中的一个异化物。

第五，问题是现实的，关键是如何处理二者在教学中的关系。基于以上梳理，我认为，在教学中可以从四个方面去把握这一矛盾。

1. 老老实实，先解决言，再解决文。不论是教师翻译，或是部分教师领译，部分学生自译，或是将课内教师主译、课外学生笔译相结合，或是学生自主口译，提出问题教师重点解决，都必须先让学生读懂文义，而这需要花费大量时间。当然，在翻译基础上展开的各种文言词法、句法练习，对考试格外有帮助，自然会让很多教师青睐，最后甚至取代了整个文言文阅读学习。这一倾向是今日症结所在。没有两者之间的动态平衡，就没有完整的文言文教学。

2. 必须重视文言文“文”的艺术性美感学习。窃以为，离开了这一点，文言文教学几乎就没有价值——我们不是为了读懂古文才学习文言文的，而是为了获得古文的历史价值、精神价值和美学价值才学习它的。但是，如何将文言文天生的言与文一体的关系处理好，其实是文言文教学的关键。

必须认识到，文言文的独特美感正是它的语法特征的体现。比如“句读之不知，或之不解”作为宾语前置句，并不是跟现代汉语的“不懂得句读，不明了疑问所在”简单对应，韩愈这样写，主要目的在于突出“句读”和“惑”的位置，它的修辞含义是：“连句读这样的小问题不懂，人们都去拜师，可是人生疑惑这样的大问题，人们却懒得拜师。”再比如“莫我肯顾”，突出的是“我”——在剥夺的时候，你根本没看见我这个人。

情感表达致使句法变样。比较典型的如：“明星荧荧，开妆镜也；渭流涨腻，弃脂水也。”不能简单翻译成“当宫女们打开梳妆镜的时候，只见阿房宫中一片明亮的星星闪烁；当宫人们倾倒洗脸水的时候，只见渭河上漂浮着一层油腻”。要知道，这里的倒装是一种艺术效果——只见明亮的星星到处闪烁，啊，原来是宫女们打开了梳妆镜啊。故意写成错觉，是为了强调阿房宫的华丽豪奢生活。正如苏东坡写他夜访石钟山：“又有若老人咳且笑于山谷中者，或曰此鹳鹤也。”不是为了写鹳鹤这种鸟的叫声，而是为了突出自己的惊恐心境：突然听得一种怪声，像一个老人在空旷的山谷中一边咳嗽一边笑（我吓坏了），这时旁边才有人说：这是鹳鹤鸟，别紧张。如此一来，我们便明白，夜访石钟山不是一般人做得到的，因而它产生钟声的原因，就不为人们所知。东坡夜访，带着多大的勇气啊。东坡由此才能阐发后面的哲理——“事不目见耳闻，而臆断其有无，可乎？”同样的例子还有姚鼐的《登泰山记》写山顶景象：“稍见云中若樗蒲数十立者，山也。”——渐渐看见云中有数十个好像赌具那样的木牌立着的东西，（仔细看去）原来是山呀。以此突出山的陡峭直立的样子。这一类例子，就可以在解决倒装句的时候，一并解决“文”的问题。

3. 最重要的是，类如《史记》《战国策》的许多文章，本身包含叙事技巧、人物形象塑造等问题，还包含对文中刻画的历史事实和人物的评价问题，由此让学生既能培养审美能力，又能得到相关的思辨练习。所以，仅靠语言细节分析是不够的。在这里，文，就变成了章法问题，变成了一般文艺表现的技巧问题。它们已经不再是文言文的独有特点了，而是跟一切包含艺术性的文字一样，是纯粹的“文艺”问题。这样的问题，即便是现代汉语作品的教学，也是重中之重，何况文言文？

4. 窃以为，“言”“文”还是需要比例的分配，但是可以根据年级的增长变成一个变化的曲线。高一年级，“言”的比重当加强，当多花时间。高二“言”“文”参半，但主要渗透“言”“文”一致的理念。到了高三，文言语言练习是必须进行的，但是教师个人在执教时，完全可以做到在“言”中融合渗透“文”。

最后说说长文短教。

我认为教材是个例子，可以有多种处理办法。在一个单元中，必须有一课打硬仗，从“言”到“文”，不惜工本全力以赴。其他各课，则选择重点各有突破，示范翻译一段，其他留给学生完成。或者让学生自读，教师直接进入“文”的讨论，在讨论中让学生呈现“言”的理解困惑和偏差，从而准确把握文意，做到鉴赏理解两不误。

绝对意义上讲，不存在长文短教的说法。长文就得多花点儿力气，这是必然的。但这并不意味着将一部《红楼梦》整个儿揣摩一遍，而是，找一些点入手。而课文选篇，已经是这样的东西了。在这儿还要取巧，就太不够意思了。

还有一个想法是：语文的魅力存在于每一篇具体的经典文本中，你在一篇里边用功夫，其实解决的是所有篇目共同的阅读问题。一篇吃不透，篇篇都生锈。

现在的语文教学，打硬仗的功夫，其实不够。全国公开课，比的都是巧劲儿，聪明劲儿，而不是真功夫。这就造成一种印象：谁的课上得小巧完整，谁就厉害。真正的语文教师应该坚信，你跟学生一块儿“混”三年，这才是一堂完整的观摩课。可惜没有观课的捧场者。如果想到我们上来上去无非是为了孩子们好好读书、写作、说话，为了精神健康、成长发育，那么，管他一节、半节课呢？一肚子语文的真材实料，还怕在三年间，不能给学生实实在在的语言启迪吗？

这些都是我的随想，还须认真思考实践啊。

李金文：

经霍老一番点拨，收获颇丰。看别人写的那些课堂实录，觉得他们的学生水平太高了，难以企及。

霍军：

今后当多写课堂挫折。

认真看了四个课例，确实，人家的学生很优秀，比如主动去翻阅《古文观止》，主动看《红楼梦》全书，自己能看出一段初步接触的骈体文中间一段的四个层次，且大多口齿伶俐，能言善辩，发言主动且能抓住要害。这样的学生，最适宜跟优秀的语文教师展开对话，谈出有质量的内容。

但是，前两位上古文课的教师，有个共同的长处，就是明白一点：文言文学习中，“言”是为“文”服务的，他们用文意的推断，文眼的赏析，文辞的品味，带动了学生对“言”的准确理解和把握，从而做到了“言文一体”。而做到这一点的关键，是他们打破了传统教学中先诵读、读注释、集体翻译，再欣赏文辞章法的步骤，而是一开始就让学生接触文章的核心问题：表达了什么？如何传达？为了传达这个意思，作者是怎么写出来的？你理解不准确是因为哪个字、哪个词没有准确理解？

这样的教学，我们也可以尝试。这就是用生成的眼光看待课堂的方式，即：一切随着情势走。也就是说，让学生充分展现他们对文章的困惑，然后因势利导。

不怕学生不理解“言”，而是让他们说出阅读中遇到的问题，在帮助他们解决问题的过程中，从“文”到“言”，再到“文”去解决问题，从而做到了“言文一体”，高效省时。

讲《林黛玉进贾府》那个老师，刚一开始就让学生接触林黛玉碰见的第一个重要人物王熙凤，很快便开始了关于人物描写的赏析，省去很多多余环节。

但是，在这样的讲授中，必须兼顾全体，必须考虑到很多同学缺乏外围知识，缺少相关了解，他们需要按部就班，一层层攀升。开门见山固然省时间，但是，没有了按部就班的渐进，一部分同学如堕五里雾中，成了课堂上的看客，成了惊羡别人的傻瓜，成了干脆不闻不问精神游离的边缘人。

没有绝对的“长文短教”，但是也未尝不可在一个单元中设计一两节这样的课。

以上是我个人的浅见，希望各位请洒潘江。

2016 年 1 月 13 日

李金文转毕飞宇文章，借此谈文本解读及霍军自身上课《呼兰河传》（节选）案例

霍军：

顺便做一个分享。

毕飞宇说得好：“对小说家来说，语言风格不仅仅是语言的问题，它暗含着价值观，严重一点说，也许还有立场。”

诗人韩东的说法是：“诗歌到语言为止。”

他们都强调了文本语言的重要性——语言其实就是文本的思想。

昨天上萧红小说《呼兰河传》的节选《小团圆媳妇之死》。

我在简介小说内容，让学生读了十分钟后，大致整理了故事情节。然后直接提出我的问题——开头第三段，原文说：“看热闹的人，络绎不绝地来看。我和祖父也来了。”在这里我们改一改，因为句子好像有些啰唆了。咱们改成这样——

“看热闹的人，包括我和祖父，络绎不绝地来看。”

或者这样——

“我和祖父跟看热闹的人，络绎不绝地来看。”

行不行？

这是个纯粹的语言练习。

有的孩子说行，有的说不行。他们迷茫着，他们在猜。猜谜的话，需要寻找蛛丝马迹。

我们一起分析：如果从讲故事的角度看，这不过是个陈述，是说小团圆媳妇洗烫水澡前，人们为了看热闹正在赶来。句子已经说清楚了意思。很多时候，我们都这样说着、写着，好像表述清楚就可以了。很多时候，我们追求的是合乎语法、合乎逻辑，讲究语言流畅。甚至有些时候，表面上用几个排比、对偶、比喻，也能得到表扬。

可是，萧红不是这样。好的作家似乎不把流畅地说出来当作终极目标。重温毕飞宇的话：“对小说家来说，语言风格不仅仅是语言的问题，它暗含着价值观，严重一点说，也许还有立场。”毕飞宇这几年写《青衣》，写《玉米》《玉秀》《玉秧》，写了《推拿》，讲了好多故事。但是写了差不多的故事的人很多，比如写农村女孩子的人生故事，写了的人有多少？农村出身的女人，讲讲自己的往事，也多得是。但，写得好的，人们承认的还是毕飞宇。因为毕飞宇手里有一样别人没有的利器——语言。我记得他写《玉秀》，开头是写她姐姐玉米嫁

给公社干部郭家兴续弦，郭主任没有亲自来娶媳妇，而是派了一辆小快艇。拥有乡村绝对权力的郭家兴不在场，可毕飞宇这样描述：

“人们看见小快艇的挡风玻璃上贴了两个大红的剪纸双喜。司机猛摁了一阵喇叭，小快艇已经靠泊在石码头了。小快艇在夹河里冲起了骇浪，波浪是‘人’字形的，对称地朝两岸哗啦啦地汹涌。它们像一群狗，狗仗人势，朝着码头上女人们的小腿猛扑过去。女人们一阵尖叫，端着木桶退上了河岸。船停了，浪止了，秘书钻出了驾驶舱。”

那艘船就是郭家兴啊，多厉害。权力多厉害！

这就是毕飞宇的语言，这也是他的立场——揭示权力在中国农村的内涵，揭示玉米三姐妹的悲剧命运，不从这个东西入手，作为今天一代写“文革”的作家，等于什么也没写。

语言就是立场，或者如韩东所说，诗歌到语言为止，正好体现着萧红作为一个真正觉醒者的作家的经典水准。

萧红在这儿要展现的是呼兰河边人们麻木恣睢愚顽的生活状态和精神风貌。萧红要“怒其不争”。比如那个有二伯，以穷不死自傲，那样无赖冥顽。比如小团圆媳妇的婆婆，花钱制造热闹，表演为媳妇儿治病的闹剧，跟我们今天看到的某些所谓孝子的哭丧表演，几乎一模一样。萧红要揭开这种生活的表象，让人们看见民族精神里的痼疾——麻木、冷漠、愚昧、专制、粗鄙。

萧红的办法是借用一个小女孩儿的视角来展现一切。在这个孩子童真清澈的眼睛里，那个童养媳根本没病。而包括富有理智的祖父在内的成年人，却全部认为这个活蹦乱跳的小姑娘有病。小说因此采用了两种视角对比的方式展开。在大段描写中，萧红都用了括号，特意将小女孩儿的观察感受圈出来——用现象学派的说法，是将词语悬置起来，让我们回到事实本身。

“在你们学过的作品中，有这样写法的吗？”

孩子们当然都想得起来——安徒生！《皇帝的新装》！只有孩子清澈无尘的眼睛能够看见事实本相——那女娃娃没病，婆婆强横地要她“有病”，然后用一场巫神大戏折磨死了她。

因此孩子们也都辨析出来，小说里边，除了悲剧主角小团圆媳妇，还有两种人——我（小女孩儿）、祖父，跟制造闹剧的人、看热闹的人群。

因此孩子们必须明白，开头的陈述性描写，使用的语言是总括性的，要将两种人分开。

如果写成“看热闹的人，包括我和祖父，络绎不绝地来看”或者“我和祖父跟看热闹的人，络绎不绝地来看”，那就将两种人混为一谈，那就不是萧红清醒明晰的叙述了。萧红很准确，一下子将人们分成了两伙儿，这就为后面的所有对比性描写奠定了基础。萧红用“看热闹的人，络绎不绝地来看。我和祖父也来了”总括下文，小说的结构在这儿奠定了基础。

在提出修改意见，并对下文进行了一番观照辨析之后，我们的思路达成了一致。我们明白了本片段的结构和故事讲述方式，我们明白了好的语言不动声色就展示了作者的思想情感立场。

因此，在今天一起赏析了小说中重要的几种人之后，我要求同学们完成课后思考第二题：跟鲁迅的作品相比，萧红的小说里，是怒其不争多一点儿，还是哀其不幸多一点儿？

我看见了同学们眼睛里的困惑。那好，这就可以就地利用自己的教学成果：在语言的细微处发现作者的立场。

我说，请大家赏析小说最后，“我”（小女孩）对有二伯说话的语气。把这个语气搞清楚了，也就明白萧红的立场了。

小说后面，小团圆媳妇被折磨死了，有二伯和老厨子去埋人，却喝得红头涨脸回来，酒足饭饱快乐无比，“我”好奇那个媳妇的境况，问有二伯，有二伯却大着舌头说一通“人死不如一只鸡”的胡言乱语，很粗鄙。于是，“我”说：“有二伯，你多咱死呢？”

很明显，小女孩儿十分不满有二伯的无情，她的问题很大胆，很不客气，带着明显挖苦的味道——别人的死你一点儿都不在乎，像你这种没有感觉的无赖，自己死的时候会怎么想？

这是小女孩儿的抗议，是她的谴责和讽刺。这其实就是萧红的抗议和愤懑。这就是萧红的“哀其不幸”——连对自己的死都没有感觉的家伙，你只有无边的悲凉了。

你看有二伯那一套无赖穷鬼的人生哲学吧——

“你二伯死不了的……那家有万贯的，那活着享福的，越想长寿，就越活不长……上庙烧香，上山拜佛的也活不长。像你有二伯这条穷命，越老越结实。好比个石头疙瘩似的，那儿死啦！俗语说得好：‘有钱三尺寿，穷命活不够’。像二伯就是这穷命，穷命鬼阎王爷也看不上眼儿来的。”

这就是他对人生苦难的思考方法。因为这种愚妄的解释，他只能是个混着活的穷鬼。

萧红在替他们唱着挽歌。

我期待孩子们明天做出的赏析。

荐读马少军文章并与学员李金文谈

霍军：

各位老师，像这样写得结实又灵动的记叙文，足可以常常推荐给学生。

有时候，也许不需要我们讲得多精、多细、多妙，而是看似无意地把我们看过的好东西用各种方式放置在学生能看得见的地方，比如，打印出来贴在教室后墙上，随手放在讲台上，顺便送给某个学生，上课前拿出一篇精短的文章念一下，时不时提到这个作家的作品、那个作家的好文章……凡此种种，请相信，都会影响孩子们的阅读量和质量，都会生发影响力。

如果，能够像马老师这样，写那些自己记忆里想忘也忘不了的事情，则影响又当如何？

语文教育，常在连绵不断的语言文章的滋润中。

李金文：

我们当下的教育制度是鲜明的“大一统”制度，具体的学校学制、教学大纲、教材、教学方法、考试、升学、职称评审办法、科研规划等都是上级教育主管部门一手掌管，缺少“大教育”所需要的自由宽松的土壤，也绝少产生真正有教育理念，追求教育真理，并对教育发展做出贡献的教育者，有的只是一大批勤勤恳恳埋头苦干的教学匠。曾有人这样开玩笑，教师的专业性和医生有天壤之别，医生中绝无“代课医生”，而且是越老越有“市场”，教师恰恰相反。这说明大多数教师工作还处于干“体力活”的状态，只会死命地“抠”分数。

霍军：

谢谢金文分享。

在这种时候，如果教师还是知识分子，就必须这样思考——靠着成绩榜的光辉，人性的光辉还能不能有自己的明亮？

我相信这些年所有掌管过教育大权的人们，绝对比我们还要明白应试思维带来的对人性和人的创造潜力的扼杀。他们拥有那么多资源，信息灵通，许多人也是来自教学前沿，不会不懂得教育的基本特性原理。

因此我要说，今天的语文教师如果还是一个人文主义者，留给我们的道路依旧是“孔孟老庄”。

今天怎么办？看来还是屈原的吟唱——民生各有所乐兮，余独好修以为常！

只能如此，非得如此，自我救赎吧。

不再想着大晴天，只管埋头吟诗篇。

窗外金榜亮闪闪，我教孩子说经典。

自己的大晴天，在内在的深处晴光灿烂。这个时候，手握一卷，气定神闲，教咱的，写咱的，念咱的，乐在其中，禄亦在其中——为自己加冕：我是我自己，我担心什么？

霍军：

顺便附上我的一篇牢骚文章，大家一笑。

《满地应试怎么办》（略）

李金文：

霍老所言极是！我们若是看清了，就不会被那金榜闪闪的光芒席卷而去。赏花、观物、吟诗、写字，当然这些个人趣事，也会助益于我们守护好那一亩三分地。

霍军：

金文，你的写作和思考，已经是自由本身。

李金文：

这篇大作早已拜读！读来痛快至极！

教育不仅教人知识，更教人们形成这样的精神涵养——认识自我进而认识他人，认识人类本质，最后能够成为爱人类的仁者。

我相信这样的仁者教育在每一节课里都有机会进行。我更相信每一节语文课，即便是高考语文复习课，也可以饱含这样的人文主义因素。在这个意义上，讲什么真的不重要，重要的还是在于“怎么讲”。相信那些精神和灵魂浸润在人道主义光辉里的教师，他们的课无论讲什么，都会散发出人性的光辉，充满唤醒的力量。

关于作文教学

由于课堂上时间有限，我们一般把作文留在课下，可繁重的作业，让学生无暇认真完成，甚至抄袭以应付老师的检查。久而久之，不仅未能提升学生的作文能力，反而促成了学生的坏习惯。因此，当堂作文让学生养成良好的写作习惯势在必行。

我们常说好文章是修改出来的，可眼下有几个学生能有耐心（时间）把一篇作文改来改去？我们试图通过量的积累来提升作文的质，全然没有耐心或者说没有时间引导学生去反复修改一篇习作。因此，让修改重新回归作文教学本身，是提高作文教学质量的一条有效途径。

当下作文教学中存在的问题

“十二五”期间，我们承担了省级规划课题《作文分层教学实践研究》和《文本阅读与写作训练整合式教学实践研究》两项课题的研究。经过几年的艰苦探索，课题研究取得了预期的结果，促进了学校的教育和教学工作。反思这两个课题的研究过程，我们感到其中还有许多空间值得我们进一步去思考与探索。

“作文分层教学”的研究视点，主要是在作文教学中面对有差异的学生，实施有差异的教学，促进有差异的发展。这方面的研究是从“分层递进教学”入手的，但是在研究过程中我们发现了“分层递进教学”还存在一些问题：一是在处理“教”和“学”的关系上，仍立足于“教”；二是对学生进行“分层”，“层”里面还有“个”，“个”的问题并没有得到解决。所以研究到后期，我们又进一步思考，要在教学中逐步实现“学生的个性化写作”，即在处理“教”和“学”的关系时，立足于“学”，为每一位学生提供适合于“他”的作文资源、作文条件和作文机会。但是这样的研究，在上述课题中并没有完成。

“文本阅读与写作训练整合式教学”的研究，主要是通过文本阅读与写作训练之间的整合研究，秉承“以读促写，以写促读”的新理念，让文本阅读与写作训练成为语文教学中的一个有机整体，不彼此分割，进而提高学生的读写能力。这些研究，对于促进我校的语文教学工作确实产生了一定的影响。但是，这样的研究仅仅是停留在教师如何更有效地“教”上，教的系统性也不够，并且不能从根本上让学生动起来，激发他们的学习兴趣。

在上述两个课题的研究中，我们方悟人的认知与思考犹如一个圆，这个圆越大，我们触及的领域与面对的问题便越多。这几年，课题组一直在思考作文教学中仍存在的如下问题：

其一，相当一部分学生对作文不感兴趣，究其原因在于我们的作文教学本身，传统的作文流程是“命题—辅导—写作—批阅—讲评”，在这几个环节中，学生其实并未真正参与到写作流程中去，只是被动地接受写作、辅导与评阅。近几年虽有教师意识到问题之所在，尝试让学生互评作文，可这种分割式研究治标不治本，还是难以唤起学生的作文兴趣。因此，凸显学生的主体地位，让学生参与到整个写作流程中去势在必行。

其二，我们的作文训练缺乏科学有序的体系。我们总是热衷于找寻快速作文的秘籍，却忘了唯有科学的循序渐进，才能厚积，才有为文之时的薄发。因此，建立一个循序渐进、科学有序的写作体系势在必行。

其三，由于课堂上时间有限，我们一般把作文留在课下，可繁重的作业，让学生无暇认真完成，甚至抄袭以应付老师的检查。久而久之，不仅未能提升学生的作文能力，反而促成了学生的坏习惯。因此，当堂作文让学生养成良好的写作习惯势在必行。

其四，我们常说好文章是修改出来的，可眼下有几个学生能有耐心（时间）把一篇作文改来改去？我们试图通过量的积累来提升作文的质，全然没有耐心或者说没有时间引导学生去反复修改一篇习作。因此，让修改重新回归作文教学本身，是提高作文教学质量的一条有效途径。

基于“自主、合作、探究”理念下的作文训练

一、以问题牵动目标，构建作文教学体系

在作文教学中，我们结合高考艺体生学情教情，重新构建作文教学体系：记叙文围绕如何选材、技法训练、叙事角度、谋篇布局等方面渐次构建作文教学体系；议论文围绕如何审题、精准立意、拟分论点、论据选取、论证方法、开头结尾等方面逐次构建训练体系。

在构建体系时，我们交替培养学生各种文体习作的基本能力，又依据学情教情的变化和学生习作中发现的共性问题出发，确定新的教学目标，以问题牵动目标，滚动训练，反复强化，使学生的“自主、合作、探究”务实有效。

二、精心编写作文导写纲要，合理分配作文教学时间

为了规范学生的自主合作探究写作，让作文训练有的放矢，我们认真编制了作文导写纲要，主要有以下几个环节：

1. 明确训练重点：依据作文教学体系，每节习作课都要制定明确的训练重点。

2. 借仿经典篇章：学生依据训练目标，自主赏析老师搜集的能给予学生习作启迪的佳作名篇。

3. 交流读后所得：学生在赏读完教师推荐的文章后，侧重写出自己在佳作写法方面的感悟并在小组内与他人交流写作之法，小组合作探究文章在某一方面的写作方法并加以归纳，由小组长记录并形成文字。

4. 归纳写作技法：各小组代表以演板形式展示探究成果，其他学生可以质疑补充，在此期间，教师应适时补充、完善学生归纳出的写作方法，并督促学生做好课堂笔记。

5. 尝试循法练笔：引导学生运用习得方法当堂训练，重点在于所学方法的演练，在演练中巩固所学之法，或是发现自己作文中存在的不足。教师在巡视中

对有需求的学生适时给予点拨指导。

6. 回头比照再悟：完成自己的习作之后，让学生回头再读教师推荐的佳作名篇，相互比照，找出存在的差距与不足，不仅提升了学生的习作感悟能力，而且在潜移默化中培养了学生的阅读鉴赏能力。

需要强调的是，该导学纲要不能按流程机械操作，应充分立足于学生的学习实际，在教学中特别注意要科学有效地分配教学时间，既要给学生足够的参与讨论、写作时间，又要在写作方法的点拨与归纳上适度、及时，避免简单说教。

三、加强文本阅读与写作训练的有机整合，尽可能多地从课文中挖掘素材与习作点

依据课程纲要的规定，必修模块所包含的阅读文本要求学生必须精读或略读，所以在选择写作训练习作点时应以必修模块为引领，以选修模块为拓展，把准文本的习作点，让学生的“自主、合作、探究”读写并进。

对于文本习作点的确立，可采用以下方式：（1）从文本的立意入手，借鉴文本主题，以此为话题进行与之相同的片段训练。例如在学习《小狗包弟》时，可以让学生以“爱在忏悔间”为话题去写一段文字；在学习《记梁任公先生的一次演讲》时，可以让学生以“散落在记忆中的那些事儿”为话题去写自己的老师或某个人；在学习《包身工》时，可以让学生以“陌生人，我也为你祝福”去关爱身边那些处于社会底层的弱势群体。（2）从文本的选材入手，提取文本中的写作素材。例如在学习《烛之武退秦师》时，可以让学生以“担当”为话题从烛之武的身上去提取写作素材；在学习《荆轲刺秦王》时，可以让学生以“担当”为话题从荆轲的身上提取写作素材；在学习《窦娥冤》时，也可以让学生以“担当”为话题从窦娥的身上去提取写作素材；在学习《氓》这首诗时，还可以让学生以“担当”为话题从反面去提取写作素材。这样的积累会让学生在不觉中完成一篇以“担当”为话题的作文构思演练。（3）从文本的结构入手，借鉴学习文本所选取的结构方法。例如在学习朱自清的《荷塘月色》时，可以让学生仿写“圆环式”结构；在学习《墙上的斑点》时，可以让学生仿写“花瓣式”结构；在学习《寡人之于国也》《劝学》时，可以让学生学习议论文的常用结构——提出问题、分析问题、解决问题。（4）从文本的写法入手，学习借鉴文本写作时所用的手法。例如在学习《寡人之于国也》《劝学》时，可以让学生学习比喻论证；在学习《过秦论》时，可以让学生学习对比论证；在学习《苏武传》时，可以让学生学习反衬手法。总之，对于文本习作点的确立，应因文而异，习作点的确立应从阅读文本出发，既要提升学

生的习作能力又能反过来加深学生对文本的理解。

四、大胆创新作文评改体系，激发学生对作文的兴趣

作文评改是作文教学的重要环节，也是提高学生习作水平的有效手段。运用自主、合作、探究的学习方式，拓宽作文的评价渠道，让当堂习作成果评价体系与互联网平台相对接，如微信平台、QQ 群，还可尝试与家校平台相结合等，使评价更为客观有效，从根本上激发学生对作文的兴趣。具体做法如下：

1. 小组活动动态化：每组推选一名负责人，全面负责本组学生的评改活动。小组成员不是固定不变的，而是动态组合。

2. 评改标准明确化：每节作文评改课上，教师根据评改内容的不同，制定相应的评改标准，对不同层次的小组采用不同层次的评改标准。

3. 技法指导专业化：首先要求小组内自评，重新审视自己的作品，然后组内成员合作讨论，对其习作发表看法，提出修改意见，并由评改组组长记下评议结果。

4. 成果展示多样化：各小组经过相互讨论后，推荐一篇佳作，由全班师生共同评议。先请各组代表朗读该组推荐文章，其余学生认真听读；朗读完毕后全班共议，各抒己见。各小组代表全班展示作文修改成果，全班总结修改作文方法，并融入现代互联网平台，使大家在讨论中得到启发，共同进步。

“自主、合作、探究”的学习方式贯穿学生的写作前、写作中与写作后，形成了一个较为完整的体系，最大限度地保证了学生的学习效果。

关于当堂作文训练

《义务教育语文课程标准（2022 版）》在“写作”方面明确提出：1. 写作要有真情实感，力求表达自己对自然、社会、人生的感受、体验和思考。2. 多角度观察生活，发现生活的丰富多彩，能抓住事物的特征，有自己的感受和认识，表达力求有创意。根据课标要求，当堂作文着重要解决写什么的问题。“写什么”不是指在选材范围上画框定调，而是帮助学生凿通生活的源泉，促进学生对作文本质意义的深刻认识，调动学生体悟生活的情感与主动性，指点学生到生活的广阔原野去获得精神营养。课题组在研究过程中探索总结出如下方式。

一、以“自我”为轴心的当堂训练

“自我”即学生主体。当堂作文训练中要让学生“言之有物”，训练内容首先当推以“自我”为中心的系列，让学生在“自我”身上做文章，进而做深入的挖掘，发现写作“矿藏”。“写什么”主要是引导学生进行对话：与自我对话，认识真实的自我，展示血肉丰满的自我，展示一个独特的世界；与自然对话，投身于大自然的怀抱，不只是身形的接近，而且是心灵的融入，用眼去观察它的形态，用心去倾听它的声音，用情去呼吸它的气息；与社会对话，强化自己在社会舞台上的角色意识，学会与周围人交往、交流、和谐共处，懂得珍惜生命、尊重他人、关爱他人，形成强烈的社会责任感；与大师对话，多读关于大师的传记作品，多读大师们留下的经典著作，观照自我，通过追慕灵魂来拷问灵魂，从而摆脱“小我”，提高人生品位，使自己成长为一个富有个性的大写的“人”。

二、以“标”“本”为中心的当堂训练

当堂作文的训练应该依标扣本，这里的“标”指《义务教育语文课程标准（2022 版）》，“本”指教材，即教学用的文本。现行语文课标只是列述了课程目标，对教学提出了原则性的建议，并没有作具体的规定。教师要善于活用教

材，充分利用教材的优势来为写作教学服务。譬如：高一新生刚入校时，他们定会满怀信心，怀揣一个美好的愿望，此时让他们先学习马丁·路德·金的《我有一个梦想》，教学效果会十分理想。又如，期中考试一结束，好多学生因不适应高中阶段的学习，会爆发出一片叹息之声，为此不妨选择朱自清的《荷塘月色》让他们借以派遣心中的愁绪，接着再让他们诵读毛泽东的《沁园春·长沙》来为他们励志。通过上述方式重新整合教学体系，会使教学内容更具针对性，从而激发学生的学习兴趣，生成优质的课堂教学，更为重要的是将学生的学习与成长整合为一体，从根本上落实新课改的终极目标。

三、以“考试”为目标的当堂训练

高二第二学期结束，我们以高考前当堂整篇写作为主，把两节语文课连起来进行写作训练，具体流程为：先选取一个与文本阅读（某一点）相近或相关的话题，在教师的指导下进行独立写作、合作修改，这一流程时间可分配为“10+50+20”。进入大一轮复习后，可选取一个热点话题进行演练。写作完成后，在下一周的两节语文课上，让学生完成一套模拟试题，教师用一个半小时逐一对学生的作文进行面对面口头点评。

对当堂作文评改模式的不断优化

优化前，我们对学生前期作文评改情况做了问卷调查，针对学生反映的问题，经过为期一周的探讨交流，期间与部分学生面谈交流，切磋协商，得出如下具体的优化策略。

一、对“当堂写作”环节中存在的问题加以优化

在先前的尝试中，我们将整个写作流程细化为两个时段，以高二第二学期为分界点，在此之前以当堂片段写作为主，从已读文本中选取一个可借鉴的习作点进行独立写作、合作修改、成果（包括修改心得）展示，这一流程的时间可分配为“15+15+10”，为突出修改之重要，这一环节留给学生的时间很多。在此之后，我们以当堂整篇写作为主，把两节语文课连起来进行写作训练。实践证明：在后期整篇作文的评价中，教师的书面点评时间往往不够，不得不将剩余作文移至课下，给师生一定量的课余负担，加之其他事务的干扰，致使部分学生的作文不能在第一时间得到评价。我们认真研讨后发现：考前整篇作文的评价，口头点评不失为一条良策，既能有效评点学生的作文，又能节省时间保障当堂评点完学生的作文。

二、对“合作修改”环节中存在的问题加以优化

调查结果显示：96% 的学生认为小组合作修改作文的过程对自己的写作有一定帮助，17% 的学生表示自己还不会修改作文。针对这一问题，我们认真研讨后发现：小组合作修改前，教师的示范修改尤为重要。在小组合作修改中，要突出学生的主体地位，但也不可忽视教师的主导作用，教师应该及时了解学生在修改过程中的疑难问题并加以指导。

三、对“师生评价”环节中存在的问题加以优化

优化前的“师生评价”环节以学生评价为主、教师评价为辅进行作文评讲。调查结果发现：有相当一部分学生在评价他人作文时碍于情面，虽能发现他人作文中存在的问题，却净说好话。针对这一问题，我们认真研讨后发现：利用现代互联网平台，匿名评价更为客观。在后期的优化过程中，我们尝试利用家校交流平台，拓宽评价渠道，让家长参与评价学生匿名作品，收效甚好。

关于作文序列化训练研究

一、积累指导改评体系

以下三个体系相互独立又彼此融合。

积累体系

学段	写作习惯积累侧重点	写作技巧积累侧重点	课堂练笔侧重点	课外阅读侧重点
高一	1. 标点正确、格式无误书写工整的习惯 2. 一丝不苟、斟字酌句的习惯 3. 广涉博览、勤于观察的习惯 4. 常写日记、积累材料的习惯 5. 观听新闻、阅读报纸的习惯 6. 热爱生活、关注现实的习惯	1. 描述方法：人物肖像、行动、语言、心理描写，景物描写，场面描写，细节描写，侧面描写等 2. 表现手法：对比、衬托（反衬）、变换人称、联想、想象、象征、类比、虚实结合、渲染烘托等 3. 结构方式：前后照应、铺垫，过渡、设置悬念、卒章显志，欲扬先抑、制造波澜，特定线索、记叙顺序（顺叙、倒叙、插叙）、材料安排（主次、详略等） 4. 线索类型：情节线、人物线、情感线、主题线、实物线、独特词语线	1. 一个标题的评点 2. 一个开头的欣赏 3. 一个词句的仿析 4. 一个语段的品味 5. 一个场景的描述 6. 一个人物的赏析 7. 一种结尾的妙处 8. 一篇美文的品读	1. 重点读名人传记、散文精品、文言短章 2. 粗读浏览为主，天天积累

续表

学段	写作习惯积累侧重点	写作技巧积累侧重点	课堂练笔侧重点	课外阅读侧重点
高二	1．与他人交流经验的习惯 2．拟定提纲再行文的习惯 3．写随笔作文后记的习惯 4. 使用新鲜素材的习惯 5．进行仿写创新训练的习惯	1．掌握议论文三类体式：阐释体、评论体、引申体 2．掌握议论文三种常见结构：并列式、递进式、对照式 3．掌握议论文主要论证方法：举例论证、说理论证、对比论证	1. 一段论证的摘录 2. 一个观点的诠释 3. 一个事例的点评 4. 一种说法的质疑 5. 一首名词的赏读	
高三	1．养成咬文嚼字的习惯 2．培养求异思维的习惯 3．当堂完成一篇作文的习惯 4．善于破旧立新的习惯 5．多角度立意的习惯	1．会用常见的修辞手法：比喻、反复、对比、拟人、夸张、排比、对偶、引用等 2．会用常见的议论文开头方法：直入法、渐入法、交代法、引出法、设疑法等 3．会用常见的议论文结尾方法：斩截法、总结法、回应法、引申法、建议法、补充法等	1. 一种文化现象的反思 2. 一个文化名人的评点 3. 一篇文化经典的管窥 4. 一种文化潮流的辨析 5. 一个民族心理的解剖 6. 一种哲学观点的推介 7. 一种社会流俗的批判 ……	

指导体系

学段	口头作文（课前小演讲）	周记	大作文训练重点	作文训练阶梯	思维训练重点
高一	每天一人演讲，两人评点每周一个主题	当堂片段训练内容：人物素描、校园采风、乡情民俗、春夏秋冬、往事回眸、动物世界、名胜风光、真情告白、街巷见闻、一事一议等	1. 学会语言、动作、心理、肖像等描写，善于选取记叙的角度，掌握虚构等技巧写景抓特征，写人显个性，写事有波澜 2. 进行议论文基础训练	1. 记叙文的文体特点及基本要求 2. 记叙文立意和结构的常见方法 3. 记叙文选材和组材的方法 4. 写人记叙文常用的几种描写方法 5. 记叙文兴波澜、生变化的技法 6. 记叙文综合训练	侧重培养学生的形象思维能力，进行再造想象、相似联想、相关联想、对比联想、因果联想等序列训练，让学生学会观形而思神，观物而思理，观此而思彼，观疑而思解进行名作模仿训练
高二	每天一人演讲，两人评点每天一个主题	当堂片段训练内容：奇思怪想、科幻天地、实验报告、应用文苑（写通知、启事、海报等）、科技动态、一题多做、读书有感、影视评论、课文质疑等	议论文体训练中心明确，有条理地展开议论，能精心选择和使用论据，论证方法灵活，掌握横式、纵式、对照式等结构技巧，能做辩证分析	1. 议论文的论点确立与分解 2. 议论文的选材与转述 3. 议论文论据与论点的扣合 4. 议论文的结构技巧 5. 议论文的理趣与文趣 6. 小说人物形象、情节与环境	侧重培养学生思维条理性和作文谋篇布局能力，培养学生联系生活发表见解的能力

续表

学段	口头作文（课前小演讲）	周记	大作文训练重点	作文训练阶梯	思维训练重点
高三	每天两人辩论，一人评点每周一个主题	当堂整篇作文训练内容：社会热点、焦点话题、百姓时事等	1．依据高考作文评分等级的能力提升 2. 依据自身写作长处确立的强化训练 3．考场作文技巧训练	1．考场作文的立意开掘 2．考场作文的点题与扣题 3．考场作文的选材与结构 4．片段组合式作文的写作 5．考场作文的拟题、开头、结尾	侧重培养学生用发展、联系、一分为二的观点分析问题正确判断是非，评价优劣，比较异同进行一题多做（一材多体，一事多写）和一料多用（根据不同论点叙述材料）训练

改评体系

学段	评改方式	提升重点	成果方式
高一	教师示范评改为辅，学生小组合作评改为主	记述类文章可将以下六个方面作为提升重点： 1．叙事要素要交代清楚 2．叙事要完整 3．挖掘出事件中的思想意义 4．写好感人的细节 5．写好事件中的精彩场面 6．用倒叙、抑扬、巧合、象征、景物描写等方法把事情写得波澜起伏、文情并茂	自编优秀作文，附上个人、同学、老师的评语

续表

学段	评改方式	提升重点	成果方式
	学生互评为主，老师精评个例为辅	议论文训练可将以下五个方面作为提升重点： 1. 有明确的中心论点、分论点，观点正确、鲜明 2. 有清晰的思路，文脉顺畅，结构合理，首尾呼应 3. 有充实、新颖的材料 4. 有恰当的论证方法 5. 语言严密，有说服力	编印作文集，老师评点，升格作文
高三	学生精评个例讲评为主，学生互评、老师面评为辅	考前作文训练可将以下六个方面作为提升重点 1. 审题：是否符合材料要求的重点、范围、对象；是否合乎文体要求；是否合乎字数要求；拟题是否精彩 2. 立意中心：是否正确健康；是否鲜明突出；是否深刻有思辨性、针对性或是否新颖 3. 选材：是否围绕中心；是否符合生活实际；是否典型、有代表性；是否独特有新意 4. 结构：是否完整、严谨；思路及段落层次是否清晰有条理；重点及详略是否得当；过渡是否自然，前后是否连贯 5. 语言：是否准确得体地表情达意；是否语句通顺无语病（含错别字）；是否生动形象有文采；是否恰当运用了修辞方法；是否综合运用了多种表达方式 6. 卷面字迹：书写是否清楚匀称；书写是否工整美观；是否卷面清洁，无或少涂改	个人作文汇编，升格作文汇编，发表作品展览

二、读写结合序列

在研究过程中，关于作文序列化训练体系的构建，费时较多，虽尝试了多种方式的序列构建，但都存在较多问题，不能涵盖作文教学本身，因为作文的对象是鲜活的生命个体，受多方面条件的制约，所以试图构建一种万能的训练体系是不现实的。我们最终在教学实践中选择了传统的读写结合序列，这种传统的作文教学方法，已有较成熟的经验，多年来大家都有意无意地实施着。这种序列，把阅读吸收看作学生感受生活、积累生活的手段和源头，把每一篇精美的文章看作模仿的例子，在对原文的熟读揣摩中，感悟生活的意义，启发作文的方法技巧。

在研究中我们把读写对应起来教学，从读中学解题，作文结合练审题和拟题；从读中学归纳中心，作文结合练怎样表现中心；从读中学分段、概括段意，作文结合练拟写作提纲；从读中学区分文章主次，作文结合练怎样安排详略；从读中学捕捉中心段，作文结合练怎样突出中心；从读学品评词句，作文结合练遣词造句等。在为期三年多的实践研究中，课题组以为这种方法把阅读领悟、模仿借鉴结合起来，既积累生活，又积累语言，比较切合学生的实际，从学生的作文情况来看，该方法的确极有助于提升学生的作文能力，在训练中涌现出大量的优秀作品被教育期刊所采用，极大地调动了学生创作的积极性。

三、动态序列

鉴于读写结合作文序列构建过程中出现的“短板”，我们结合教学实际在反复研讨后认为，有必要构建另一种作文教学动态序列来加以弥补。作文动态序列针对学生作文的情况灵活安排，在对学生作文的批阅中发现问题，有针对性地制定相应的训练内容和方法，在解决问题的过程中发现新的问题，依次循环向前。这种看似无序却有针对性地解决学生作文中存在的问题的教学方法，突出了学生的主体地位，对症下药，不失为一种有益的尝试。

作文教学课例：《荷塘月色》

朱自清的《荷塘月色》入选中学语文教材，近几年来争议不少，课文后也设置了练习题让学生参与这个问题的思考。我个人认为这种做法甚好，彰显了教材编者要培养学生多元开放的思维的意图。“横看成岭侧成峰，远近高低各不同。”文章也如此，从文学的角度看和从一个习作不久的高中生视角来看，显然认识收获大有不同。我们培养的是有一定习作能力的学生，而不是作家诗人，从这一点来看，《荷塘月色》还是能有效地给学生传递出一些习作借鉴的法门。

“这几天心里颇不宁静”，之后的出门散心，一路上夜景的描述，停留于日日走过的荷塘前，月色中的荷塘，荷塘上的月色，作者致力于此的描写，其境诱人，其情自然也汪洋恣肆。我们不去纠缠于作者心中不宁静之事，而是把自己放进文本中。人生不如意之事谁人无有，但“今晚却是个自由的人，白天里一定要做的事，一定要说的话，都可不去理会”。对呀，这就说到每个人的心坎上了。课堂中，师者于悄然中走进文本，即便是不求上进，此刻正在假眠的那些学生也不可能“课”不关己，天下妙文无数，窃以为能引发学生其情的文章，人人乐意捧读，观其文，抚己心。不觉间融于其中，引发共鸣之际，加以引导，学生便乐意动笔，写下记录自己心路历程的一篇文章。从这个角度而言，《荷塘月色》于被高考“囚禁”的莘莘学子有无尽的感触，加之这篇文章脉络明晰，学生仿其习作不甚吃力，能写出一篇情感真挚的文章。

综上简要的文本解读，学习本文应抓住引发学生情感的共鸣处，首先让学生有写的欲望，继而教师引导学生学习本文的谋篇布局，欣赏品味个别句段，为学生习作做好前期准备。第二课时可当堂让学生习作，第一课时后学生自会进一步研读文本，为写做好准备。

【教学设计】

第一课时

一、导入

话题激趣：回想一下，在你心情颇不宁静时，你的表现如何。独自听歌？找个朋友诉说？一个人去散步？

二、学习新课

1. 听课文范读，可以偶尔开小差想自己的心事。

2. 选取课文中最能激发学生兴趣，引起共鸣的句段进行品析。

（1）学生将自己喜欢的句段（侧重文采）找出小组内交流赏析；

（2）学生将引起共鸣的句段（侧重情感）找出小组内交流品味。

3. 小组推荐，班内交流（文采赏析与句段品味应基本均衡）。

4. 教师与学生分享自己喜欢的句段和引发共鸣之处，应做到感情真挚，表达富有诗意，从一个成年人的角度去说，而不是对学生交流成果的汇总点评。

5. 学生听教师下水作文《幸福简单得令人窒息》。

6. 教师引导学生梳理文章脉络，概括这一类型散文的写作规律。

7. 欣赏班德瑞轻音乐，为写作蓄势。

三、作业

课下认真研读文本，为下节课当堂训练做好准备。

第二课时

仿照《荷塘月色》，当堂训练，写一篇记录自己心路历程的文章，题目自拟，不少于800字。

附：学生当堂作文1

烽火月色台

2018美术班　龚小芳

这几天心里有些空荡，坐在自家门前乘凉，忽然想起儿时爬过的烽火台。在这黄昏时分，它总该另有一番样子吧！太阳落山了，大街上小孩们的欢笑却格外响亮。妈妈在厨房里洗锅，心情愉悦地哼着小调。我穿上外套，出去散步。

沿着烽火台，是一条曲折的、窄小的土路。这条幽僻的路，白天少人走，夜晚就更加寂寞了。烽火台的后面是一片荒山，前面零星的散布着一些村落，禾田旁是一条黑河，沿村流过。没有月光的晚上，烽火台上阴森森的，有些骇人。今晚却好，虽然脚下是淡淡的星光。

荒野里只有我一个人，背手踱着。偌大一片天地好像是我的；我也像是超出了平常的自己，到了另一个世界。我爱热闹，也爱冷静；爱群居，也爱独处。像今天晚上，一个人在这苍茫的月下，什么都可以想，什么都可以不想，便觉是个自由的人。白天里一定要做的事，一定要说的话，现在都可不理。这便是独处的妙处，我且受用这无边的烽火月色了。

站在高大地的烽火台上，可以看到无边无际的田野，田野上种着不同的庄稼。我最喜欢向日葵了，它面朝阳光所在的地方，像亭亭玉立的女子的笑脸。层层的花瓣中间，点缀着一些小小的嫩白，依随光影的流转，慢慢变黑。正如一粒粒的宝石，又如碧天里的星星。微风过处，送来缕缕清香，仿佛远处烽火月色中传来渺茫的歌声似的。这时候我的心中总会有一丝颤动，像闪电般，霎时穿越到金戈铁马的年代去了。

月光如流水一般，静静地泻在这一片无际的田野上。薄薄的青雾浮起，向我所在的烽火台飘荡。田野中的叶子和花仿佛在牛乳中洗过一样，像是笼进了轻纱般的梦想。虽然是满月，天上却有几缕淡淡的云，我以为这恰是到了好处——像今晚上，我的幽思在喜悦中流淌。月色烽火台下，落下参差的斑驳的黑影，悄愣愣的，像一个个戍边的士卒。烽火台上的月色并不均匀，但光与影有着和谐的旋律，如城池上将军于古琴上操起的一曲广陵散。

烽火台的后面，远远近近，高高低低都是山，像列队的士兵，依着山势布阵一样。前面是一些杨柳，隐隐约约的，似潜藏着杀机的陷阱一样。树缝里漏着一两点星光，好似戒备士卒的目光，更像瞌睡人的眼。这时候最热闹的，要数树上的蝉声与田野里的蛙声了，但热闹是它们的，我什么也没有。

今晚若有人也来这烽火月色里，我愿与他共享这美妙的时光。这令我到底惦着家乡的伙伴了。这样想着时，猛一抬头，不觉已是自家的门前。推门进去，妈妈的韩剧还没看完，爸爸早已熟睡了。

附：学生当堂作文2

月下漫步

2018美术班　殷长涛

这几天心里颇不宁静。今晚坐在阳台乘凉，忽然想起每天路过的航天广场了。在这满月的光里，总该有另一番样子吧！月亮渐渐地升高了，楼下的孩子的欢笑声，已经听不到了，父亲在客厅拖着疲劳的身子看着电视剧，我悄悄地披上了褂子，带上门下楼去。

沿着道路两旁的路灯，是一条很长的柏油马路，这原本是一条极其热闹的路：白天有上班下班的人走过，不过夜晚却是僻静寂寞的。路的南北两面，长着许多柳树，青翠的柳枝像少女的柔发，微风吹拂便会缓缓飘起，没有月光的晚上，这条路上阴森森的，有些怕人，今天晚上却很好，即使月光是淡淡的。

路上只有我一个人，慢慢地踱着。这一片天地好像是我的；我也像超出了平常的自己，到了另一个世界里。我爱热闹，也爱冷静；爱群居，也爱独处。像今天晚上，一个人在这苍茫的月下，什么都可以想，什么都可以不想，便觉得是一个自由的人。白天里一定要做的事，一定要说的话，现在都可以不理。这是独处的妙处，我且受用这漫长道路的月色了。

路旁不远处的鱼塘中，栽着几株荷花，隐约看去却没有田田的叶子。偶尔有一丛长得好的，叶子出水很高，像亭亭的舞女的裙，叶子的中间，本该有些淡雅的荷花，但这几丛荷花，却是只长着几丛叶子，可是这样的荷花并不影响接受月光的爱抚。月光如流水一般，静静地泻在这几片叶子上。虽然是满月，天上却有一层淡淡的云，所以不能朗照。远远看去，那祁连高山隐隐约约的，显得格外阴沉而又神秘。远处路灯没有亮，月光是隔着树照过来的，落下斑驳的黑影，但我以为这恰是到了好处——酣眠固不可少，小睡也别有风味。在这样不太明亮的星光里，仿佛一切都有了庇护。

树上是热闹的，有不歇地蝉鸣声宣布着自己的存在，不远处的车道偶尔有驶过的汽车，拐角处还会响起或长或短的闷沉的汽车鸣笛声；路旁商店里有两个人有说有笑，不过这些热闹都是别人的，我什么也没有，在这小小的城市边缘，可以什么也不用想，什么也不说，就这么慢慢地踱着，任月光披满全身，从头发到脚不漏过一处。如此这般正走时，猛一抬头，不觉间已到自家的楼下，慢慢地上楼，轻轻地开门进入，电视还是开着的，不知道什么节目还在喋喋不休地自顾自地热闹着，父亲却在客厅里鼾声已起。

作文教学课例：《老人与海》

一、教学目标

1. 通过点评指导作文让学生掌握记叙文写作的常见切入点。
2. 能够运用多种写作手法写好作文。
3. 培养学生勤于读书、善于观察、乐于思考、勇于动笔的习惯。

二、课堂环节

（一）明确要求

学习完《老人与海》，请学生完成一篇 600 字左右的作文，6 人一组分组评阅作文。

要求：

1. 每人看至少四篇作文，并写出 50 字左右的评语，优缺点兼顾。
2. 每组选出 1~2 篇质量较好的作文。

（二）合作批改

老师在优秀作文中选出有典型性、有章可循的典范作文 5 篇，隐去姓名印发给学生，编号为 1、2、3、4、5，6 人一组阅读作文。要求：你认为你所选的作文好在哪些地方？读完以后从 5 篇作文中选择两篇做总结点评，组员轮流发言，一人记录并做总发言。

（三）现场交流（板书：我眼中的好作文）

1. 学生分组发言，老师板书学生发言要点，共同探讨如何写好作文。
2. 总结如下学生发言：

（1）从细微处着眼，选择一个点，分条陈述；

（2）所选角度、切入点与众不同；

（3）对于原著有深入细致的思考，见解深刻；

（4）将作品与生活实际联系，有感而发，不凭空呻吟；

（5）语言有美感，吸引人，感情真实，打动人；

（6）适当运用一些写作技巧，如强化情感的呼告、增强气势的排比反复、形象生动的比喻，使感情更强烈，议论更深刻。

（四）一篇典型的问题作文，师生共同交流分析失败的原因，总结作文写作中的四大忌：

忌脱离作品，随意漫谈；忌漫无边际，笼统空洞；忌作品梗概，没有见解；忌观点不明，自相矛盾。

（五）练笔作业：围绕《红楼梦》前十二回，写一篇读书作文，600 字左右。

【温馨提示】

1. 选点尽量小，用细节说话。
2. 遵循自己的真实感受。
3. 能运用常用的写作手法增强文章表达效果。

作文教学课例：《平凡的世界》

两个月来，我们共批阅高一作文500多篇，它们大多具有真实性、及时性、多样性的特点，大致可分为以下四种情况：

1. 3%左右的作文为抄袭之作，有的抄自原著，有的在同学的作业上“断章”“取义”，态度敷衍，应付了事。

2. 70%左右的作文有内容，有一定文学性，达到了写作练笔的要求，是对作文教学的有力肯定。

3. 20%左右的作文文情并茂，主题深刻，文学性强，立意新颖，是习作中的佼佼者，这些作者的作文成绩普遍较高，属于在写作上有特长的一部分。

4. 7%左右的学生作文为不尽人意的不合格之作，主要表现为：无中心主题或中心主题过于单一；“随便写一笔”；确确实实不会写。

下面是写得较好的作文，文笔优美，感情真挚，附录如下以飨读者：

心里有座坟　藏着未亡人

高一2班　赵德

少安在她头上拍了拍说：“人家是个干部，在县城里工作哩！”秀莲一听送被面的润叶是个干部，马上揩去脸上的泪水，不好意思地笑了，这她就放心了……一个女干部怎么会看上他的农民丈夫哩？

这段是写少安对秀莲讲往事时他们的生活。少安呵，难道你也和秀莲一样认为润叶不是真的爱你吗？地位差异又怎样，门不当户不对又怎样，现在少安结婚了，留下的是孤苦伶仃的润叶。润叶啊，你为何要去上高中，为何不随少安一起停学，这样也就不会有门第之嫌了，不过还是应该庆幸，少安找了个好媳妇，又体贴又善良，还能干，这恐怕是这本书中唯一的欢乐了。

悲夫，我不敢想象，一个心死的人，坐在过去的美好回忆里，再也不肯往前走，伊人已经离他而去，留恋过去莫过于给自己伤痕累累的心灵撒盐。而她情愿这样。哀莫大于心死，景虽依然，人却不在，何其悲伤？

如果润叶再主动一点，少安再冲动一点，也许他们就真的在一起了，对润叶来说，嫁给他梦寐以求的少安哥，她的人生从此将别无所求。可是生活给人的不只是美好，还有很多无奈，终生的无奈……

那些让我泪崩的瞬间

高一2班　王宾艳

犹记小桥初见，柳丝正长，桃花正艳，我们相知情无限，云也淡淡，风也倦倦……看着润叶塞给自己的纸条，上面娟秀地写着“我愿意一辈子和你好”，我一下就蒙了。呆呆地望着被汗水蹂躏的纸条，我的心里一阵空白，好久才反应过来，禁不住一阵惊喜和躁动。但，转瞬即逝。我和她一起长大，小时候一起睡觉，一起吃饭，一起去阳土坡刨发芽的蛮蛮草根，一起耍水，手拉手地在冰上走。这一切的一切都让我难以忘记，更难割舍。她的善良，她的纯真，她的美丽，早已映在我的脑海深处，要不是今天的这个纸条，我愿意让她永远在我心里。

古人相亲都讲究门当户对，什么牛郎织女，什么董永七仙女，都只是人们对爱情的幻想而已。对我来说，润叶就是一颗遥不可及的星辰，我可以远远地看着，可永远得不到。我多么希望自己有和她一样的背景，或许那个时候，我就能正大光明地娶她了。我就像被贫困囚禁的鸟儿，无法逃离这难堪的境地。那本该属于我的美好，就这样被贫穷掠走了，我只能带着遗憾逃离出你的世界……

不是我不愿见你，你的每次来访都会让我的心底荡起一层涟漪，我怕你知道我的心思，让你没了回头的余地，怕你会奋不顾身地和我在一起，我怕我给不了你幸福的生活。从那一次你父亲看到我俩在一起的反应，我就知道，他绝对不会同意。那一次你的离开就意味着我们永远的分离……

我万万没有想到，公社会突然派人来丈量我们的猪饲料地，你的父亲为了拆散我们，将我送上了批斗会。在批斗大会结束后，我犹如掉进了万丈深渊，痛苦，烦恼，迷茫，我的内心像洪水决堤一样泛滥……我很庆幸我对你的求爱采取了正确的态度，亲爱的姑娘，从今往后，我们只能背对背拥抱了。

如今，我已经开始学会淡忘她的容貌，她的声音，她的美丽，她的好，一切的烦恼都在忙碌中减轻。当父亲兴冲冲地让我去山西相亲时，我并没有太多的欢愉，也没有内心的挣扎，我知道这是我必须走的一步。只是当我看到秀莲的那一刻，突然有了一丝冲动，爱情的火花迅速燃烧起来，生活似乎又有了希望。她并不算漂亮，却落落大方，善解人意，不仅不要礼钱，还愿意和我一起吃苦受累；她孝顺，勤劳，身材姣好，这让我心里有了些许安慰。雁过无痕风有情，纵然是已经找到了结婚的对象，但心底里还是有一丝不甘，在那个狭窄的黑暗的温暖的地方，装满了有关她的所有记忆。等到有一天，黑暗来临，我就会庆幸自己的决绝，抱歉，我不能爱，也不敢爱……“你就是我无法摆脱的影子，让我一直不能忘记你的样子，就像风或隐或现浮游痕迹，让我迷失在这梦里，再爱一次……”

作文教学课例：以任务驱动型作文的审题指导为例

一、材料展示

阅读下面的文字，根据要求作文。

今年3月中旬，纽约地铁站台，一个着装如邻家小妹的女孩忘我地拉小提琴。演奏堪称完美，然而没人驻足、围观，没有过客表示关注。现场上车下车的过客脚步匆匆；候车的人或翻书，或看手机，或听耳机，或发呆……

演奏的场面后来传到网上，却引来约1000万人的点击观看。原来，这个女孩是身价上百万美金的小提琴手林赛·斯特林，她在全球拥有无数粉丝。站在音乐会舞台上，她是最耀眼的明星。她的演奏会场场爆满，门票供不应求。

上述事情引发你怎样的思考？请你写一篇文章，表明你的态度看法，对林赛或者过客（或者“粉丝”）给出你的意见建议。

二、审题拟题

（一）审题要素的梳理

任务驱动型材料作文的审题，要抓几个关键要素：情景的创设、任务的布置、写作任务的关键词、事件的焦点。

（二）如何给出意见和建议是审题的关键

这道作文题的写作任务，是从林赛或者过客（或者“粉丝”）中选择一个作为写作对象，给出意见建议。

1. 对林赛的意见建议：

直面过客们的不关注，反思自我：A. 小提琴演奏的意义不在于吸引多少人的关注，而在于自我对艺术的享受；B. 明星只是外在的光环，在艺术的追求道路上个人永远不要被外在的光环头衔所束缚，而要以更谦卑的心态投入每一次演奏中。

2. 对过客的意见建议：

在地铁站脚步匆匆固然是人之常情，但对堪称完美的小提琴演奏丝毫没有关注的现象也引人深思：倘若知晓了演奏者林赛的身份，是否会依然忽略她的小提琴声呢？

3. 对粉丝的意见建议：

这里可以做一个合理的推想：林赛的粉丝中是否有一部分恰巧是地铁站台忽略林赛的过客呢？又或者当林赛不是以明星的身份出现在音乐会的舞台上，而是以邻家女孩的身份出现在粉丝的现实生活中，粉丝们是否依旧钟情于她的音乐演奏呢？

因此，对粉丝的意见建议可以是：不要对忽略林赛的过客们一味地指责，应该反思：自己对林赛的关注，究竟是因为她是“明星”林赛，还是她真正精湛的小提琴演奏艺术？

三、评分建议

（一）符合题意的写作

关键看：

（1）写作对象有选择，只能是林赛、过客、“粉丝”三者中任意一个。

（2）给出意见建议（不一定是以写信的方式，可以是以第二人称口吻写作的议论文）。

满足这两个要求就可以判定为“符合题意”。

教师的参考立意：

1. 对林赛的意见建议：直面过客们的不关注，反思自我：A. 小提琴演奏的意义不在于吸引多少人的关注，而在于自我对艺术的享受；B. 明星只是外在的光环，在艺术的追求道路上个人永远不要被外在的光环头衔所束缚，而要以更谦卑的心态投入每一次演奏中；C. 享受光环，也安于平凡；D. 艺术完美的意义在于引起共鸣，离开欣赏的氛围和合适的观众，表演效果会大打折扣。E. 在冷漠中修炼并提升，在关爱中奉献并享受。

2. 对过客的意见建议：在地铁站脚步匆匆固然是人之常情，但应反思：倘若知晓了演奏者林赛的身份，是否会依然忽略她的小提琴声呢？进而反思：关注他人，不应在乎其外在的名号头衔，而应该关注其内在的涵养；“包装性审美”的偏见；人们常常为明星趋之若鹜，却对无名小卒不屑一顾；如果遮住了光环，还认得出美好的事物吗？请停下你们匆匆的脚步，发现生活中的美；做生活的有心人，学会关注欣赏（身边）平凡的美；驻足身边的风景；有时，美好的享受并不需要购买昂贵的入场券，请珍惜不期而遇的惊喜；我们生活中有那么多的美丽和奇迹，值得让我们停下脚步，驻足停留，细细聆听，认真品味；增强美的感受能力，别做错过美妙琴声的蛮牛。

3．对粉丝的意见建议：不要对忽视林赛的过客们一味地指责，应该反思：自己对林赛的关注，究竟是因为她是“明星”林赛，还是她真正精湛的小提琴演奏艺术？真爱艺术的粉丝，欣赏的不是光环，而是真金；别让“明星效应”遮蔽双眼；追寻音乐，也是追寻本心；不因冷遇而懈怠，这样的明星值得粉丝的尊敬和喜爱。

（二）基本符合题意，“基础等级”内容分在三等给分

（1）从事件中引出或者截取出某个概念判断，然后单独论证。

（2）把这个事件扩充成一个故事，没有自己的思考与态度。

（3）只是评论事件表明态度，没有提出意见建议的。

（三）偏离题意的，“基础等级”内容分在四等给分

（1）写作不体现任务，不完成写作任务。

（2）脱离材料内容进行写作。

四、作文等级评分标准（见学生作文评价操作标准）

附：学生习作

到什么山上唱什么歌

2020职普融通班　李鹰

林赛，身价百万，地铁抚琴，一曲终了，而匆匆过客一如往常。怪谁呢？怪就怪林赛没选对地方。俗话说，到什么山上唱什么歌。一切艺术皆如此，传播要考虑对象、场合。

对艺术家林赛而言，拉琴这种高雅的艺术，演奏给真正懂得的人士听，高山流水，如听仙乐。如果要给民众普及小提琴艺术，也别搞得曲高和寡，应接地气。

艺术传播要考虑接受对象。接受对象有不同的知识背景、兴趣爱好、接受水平。志趣相投，方能意合，成为知音，否则只是对牛弹琴，当然你不能责怪“牛”不懂琴艺。网络上的粉丝为你倾倒，音乐会上的听众如痴如醉，皆因他们能欣赏你的琴艺，余音绕梁，三月不知肉滋味。当年浔阳江头，琵琶女琴声喑哑，欲诉心中无限事，曲尽而情未了，江州司马泪湿青衫，漂泊天涯，怅恨江州，感怀身世，一仕宦一歌女同病相怜，共抒天涯沦落情。如果换成其他听众，试问有这样的效果吗？有的话，也不至于歌女“门前冷落鞍马稀”。

艺术传播也要考虑场合。西方文艺学有句话叫“形式即内容”。场合是形式之一，好比阳春白雪就要选择维也纳歌剧院这样富丽堂皇的地方，下里巴人的乡间小曲到维也纳就大煞风景；东北二人转与刘老根大舞台相得益彰，德云社相声置悠闲自在的茶馆再合适不过；网络春晚寒碜点无所谓，而央视春晚代表国家级艺术水准那非得高端大气上档次不可。不同的平台，有不同的艺术要求。现在最火的网络红人PAPI酱被称为“轻松版鲁迅”，调侃社会现象，趣说社会新闻，评论社会痛点、槽点，直指人心，收获粉丝无数。如果在这样的场合，演奏一曲《梁祝》，简直就是暴殄天物。

到什么山上唱什么歌，不只是一句平常话，它包含艺术家对民众的尊重，也说明艺术家是在用自己的艺术作品、德艺双馨的人格去引导民众。“为人民而唱，为时代谱曲”的军旅艺术家阎肃，每次创作歌曲都要走进军营，听士兵心声，把握时代脉搏，他说军旅艺术也有风花雪月——“风”是铁马秋风，“花”是战地黄花，“雪”是楼船夜雪，“月”是边关冷月。这样的作品怎能不受民众欢迎，怎能不流广传唱？有内涵却不拒人千里之外，有风骨却不曲高和寡。

好了，纸短话多，到此打住。“良药苦口利于病，忠言逆耳利于行。”身价百万的林赛，希望我的这些刺耳的话能对你有所帮助。

还是请记住这句中国的俗话：到什么山上唱什么歌。最后，欢迎你到中国国家大剧院来！

【教师反思】

1. 针对一方提意见建议，要考虑对象，且一以贯之。2. 学生可能会引出一个观点话题，而不顾及“意见建议”任务。另外学生看过这个材料的话很容易按习惯思维走，那就危险。比如“发现身边的美”，照此论就太大太空。3. 真诚交流很重要，不是批评，更不能上纲上线。4. 材料前后有对比性，但并非二元对立，因此要说理思辨，考虑问题要周全。5. 学生看过本材料的话易先入为主。素材中有一定褒贬意味，学生易挥舞大棒，上纲上线，扣帽子唱高调，缺乏真诚交流——即有理有据，以理服人，以情动人。

作文教学课例：以《三国演义》人物为例

着力于写的整合式教学模式是在长期的作文展示讲评的教学实践中形成的。

在该教学模式中，“一一三”指的是“一个主导”“一个主题”“三个环节”。即以教师为主导，以学生为主体，有“学生交流互评、班级交流互评，教师引领提升”三个环节。在整个作文展示讲评的过程中，以学生为主体，自主点评，自主推荐优秀作文，自主进行更大范围的交流，完全尊重学生个性及在课堂上的主体地位。教学评价为三个维度：

维度一：作文完成情况

作文写完之后，由教师对完成情况进行检查，重点放在书写与字数的检查上。或者在作文交流之前，组间交换检查作文的完成情况，并进行反馈。

维度二：小组交流互评情况

小组展示时，由值日小组的同学对各小组的参与情况、发言情况进行观察，并在下课前进行评价反馈。

维度三：教师评优情况

每篇作文写作、展评结束以后，各组推荐两篇由教师进行评优，或按照序号收每组1号或2号，进行评优。被评为优秀的作文可在小组考核中计入相应的分数。

一、学习目标

1. 学生自主交流、点评，从书写、题目、内容、语言、感情五个方面有针对性地给出评语。

2. 学生通过点评作文，学习他人长处，弥补自己的不足，进一步改进完善自己的作文。

二、课前准备

《三国演义》中谁给你留下了深刻的印象，仔细梳理，找到这个人物给你留下深刻印象的原因。写一篇不少于 800 字的作文。

三、教学过程

（一）小组交流互评

要求同学们把自己欣赏的作文互相推荐交流，填写好欣赏卡，最后优中选优，每组选出 2 篇最佳作文，每人要发表见解。（要求：可从书写、题目、内容、语言、感情五个方面填写欣赏卡）

附：欣赏卡

同学，你的作品非常出色，我欣赏以下几点：

1.____

2.____

对你的作品，我们还想提出以下建议，仅供参考：

____

____

（二）班级交流互评

要求各组把选出的最佳作文的题目写在黑板上，随机抽出 4~5 篇作文，班内交流。先让作者当堂朗读，其欣赏者读其欣赏卡，本组学生作口头评价，然后由其他小组学生评价。（要求：先指明从哪个方面入手，再进行点评，忌空洞，宜具体）

（三）教师引领提升

老师根据学生的点评，结合原文有针对性地给出总评，多肯定，多表扬，提出建议性的整改意见。（强调有针对性，内容一定要具体）

（四）小结

同学们，通过这节课对《三国演义》人物形象的品评，你们肯定有了不少收获，能谈谈吗？

作业：评出的优秀作品修改整理成文后上交，由老师审阅后发表在《班级作品集》里。

四、教学反思

（一）困惑

1. 花费时间较多，会影响其他内容的教学进度。

2. 作文的班内交流，主要依靠朗读，学生不见文字内容，不利于对章法、艺术技巧、感情等的深入体会。

3. 教师讲得过少，不利于作文写作水平的提升。

4. 课后的评价反馈还没有发挥出应有的作用。

（二）建议

1. 对教材进行大胆地取舍和整合。

2. 在进行佳作欣赏时，尽量将佳作打印出来。

3. 教师要更合理地安排课堂，注重教师引领提升的作用。

4. 要想办法做好总结，要有更好的评价反馈方式。

作文教学课例：自主修改升格习作案例

月·冬·故乡（升格前）

高二11班　张梦轩

日落是种优雅，而嵌在日落的昏黄里的，则是故乡。我们不断挥手昨天，走向明天，一切婉转的作别，从容的放手，唯一不变的唯有故乡。

唯有故乡，才拥有着根的牵挂。唯有故乡，才流淌着血脉与共的温存。

记忆里的故乡犹如龙应台笔下的父母，日复一日地看着作为子女的我们远行的背影。她藏在我不经意悄然滑落的发梢，伴在我瞳孔透出的光彩，看着我的成长，拭着我的泪水。她，是母亲一般的温柔存在。闭上眼，张开双臂，拥抱着她，每一次的呼吸里都盈满了她朴素芬芳的味道。轻浅的吐息声不时响在耳畔，里边包含着我逝去的年华。听，清风拂柳！听，日升日落！听，我的记忆在唱歌，唱着一曲永不过时的家乡小调，其中溢满了爱的味道。

春风撒下草籽，绽放着孕满夏语的花，花香随着秋雨沁入心脾，但深恋的仍是故乡的冬。

淡淡冬日，凛冽的风如狮子在记忆中咆哮，干硬的枝条恣意伸展，胸中涌动着挽弓射日的豪迈，清冷的空气洗涤的灵魂都舒爽起来。若黑夜降临，直耸入云的树枝便蒙上了银色的深邃，九天星云都被吸引而下，颇有“星垂平野阔，月涌大江流”的旷达。再加上晶莹浪漫的冰挂雪域是少有女子不爱的，故乡的雪景在我记忆中便成了“一绝”。漫漫大地被冰雪吻上眉梢，一切尘世的气息仿佛都被隔绝，只余一世缥缈。阳光轻拥住着白色盛装的土地，为她换上梦的容妆，我挽住冬的手为这片土地献上祷词：不同于春的寒暖相接，不同于夏的热燥闷热，亦不符秋的萧瑟清冷，你在我心中是一座独特的城。冬轻提裙角在一边嬉笑，此刻的故乡在我心中永远不老。

独自走在这不属于我的街，在陌生与思念中晾晒出任何与你有关的记忆。

正雨的故乡之月“漂浮在夜空是冷寂，穿行在云层是匆忙，悬挂在天空是孤独”，我的故乡月亮是“娇嗔佳人，缥缈如梦”。离家久了，连夜里火炕的温暖味道都令人倾心。“烟笼寒水月笼纱”，记忆里的月便是如此，两三点星闪耀，衬着蒙上面纱的月盘更显身姿。透过记忆凝视轻纱里的月，心境游离于冬梦初醒的风中，灵魂吸吮着月华的风情，眸子也亮了起来。刹那间，我看不见夜空的顶，也看不到天体的底，这含羞轻嗔的月仿佛照亮了风，心灵和意念，纯粹的寂静占据着记忆的空间。忽想起谁曾说：“月是故乡的思念”，便越发想念你的气息，一种从未有过的酸涩与冲动催着我奔向记忆中的你，我的故乡。

“我大概是一只鸟，充满了警觉，不容易停留，所以一直在飞”，林徽因曾如是说道。我想，我大概也是一只鸟罢，不过却是一只忘却了漂泊的燕子，哪怕有“流光容易把人抛，红了樱桃，绿了芭蕉”的世事变迁，也总会有“终老温柔，白云不羡仙乡”的坚持。

莫名想如三毛一般，“如果有来生，要做一棵树，站成永恒，没有悲欢的姿势。一半在风里飞扬，一半沐浴阳光，非常沉默非常骄傲，从不依靠从不寻找”。做一棵故乡的树，静静梦着万家灯火，在年轮里刻下记忆的眷恋与美好。伴九夏芙蓉，赏三春杨柳，看日升日落，饮万顷黄沙，再在心里哼唱一曲与记忆相合的小调，那时的我心里必定溢满了爱的味道。

【修改建议】

本文紧扣围绕故乡和回忆来写，形散神聚，思维活跃，文字运用自如。升格点有三：一是语言不够精练，重复啰唆之处较多，前后句逻辑不够严密，读来不够顺口，须删减和调整；二是作者缺少对语言的感悟，文章、文字是用来阅读的，要朗朗上口，要文从字顺，读起来不顺口的文字，肯定是思路有问题，所以要注意对仗、排比和标点，说不出理由，但知道不好，改了就行；三是文字的连贯与文化味，抒写对故乡、对亲人的思念和爱，名家的诗文，最能打动人，所以引用、化用都应该以巧妙、合理为佳。

故乡·冬·月（升格后）

故乡的日落是一种优雅，而嵌在日落的昏黄里的，则是故乡。我们不断挥手昨天，走向明天，一切从容的放手，唯一不变的是对故乡的回忆。

人生百年，唯有故乡，才拥有着根的牵挂和不舍；唯有故乡，才流淌着血脉与共的温存与美好。

记忆里的故乡，犹如龙应台笔下的父母，日复一日地看着子女远行的背影。记忆啊，就藏在我不经意悄然滑落的发梢，伴在我瞳孔透出的光彩，看着我的成长，拭着我的泪水。记忆啊，就是母亲一般的温柔存在，闭上眼，张开双臂，拥抱着她，每一次的呼吸里都盈满了她朴素芬芳的味道。轻浅的吐息声不时响在耳畔，里边包含着我逝去的年华。听，清风拂柳！听，日升日落！听，我的记忆在唱歌。记忆是唱着一曲永不过时的家乡小调，其中溢满了爱的味道。

故乡的春风撒下草籽，绽放着孕满夏语的花朵，花香随着秋雨沁入心脾，但我深恋的仍是故乡的冬天。

淡淡冬日，凛冽的风如狮子在记忆中咆哮，干硬的枝条恣意伸展，胸中涌动着挽弓射日的豪迈，清冷的空气洗涤的灵魂都舒爽起来。若黑夜降临，直耸入云的树枝便蒙上了银色的深邃，九天星云都被吸引而下，颇有“星垂平野阔，月涌大江流”的旷达。再加上晶莹浪漫的冰挂雪域是少有女子不爱的，故乡的雪景在我记忆中便成了“一绝”。漫漫大地被冰雪吻上眉梢，一切尘世的气息仿佛都被隔绝，只余一世缥缈。阳光轻拥住着白色盛装的土地，为她换上梦的容妆，我挽住冬的手为这片土地献上祷词。这故乡的冬天啊，不同于春的寒暖相接，不同于夏的热燥闷热，亦不符秋的萧瑟清冷。故乡的冬天啊，轻提裙角在一边嬉笑，此刻的故乡在我心中青山不老，万古长青。

独自走在这不属于我的故乡的街道，在陌生与思念中晾晒出一切与你有关的记忆。

正在下雨的故乡之月，“漂浮在夜空是冷寂，穿行在云层是匆忙，悬挂在天空是孤独”，我的故乡月亮是“娇嗔佳人，缥渺如梦”，离家久了，连夜里火炕的温暖味道都令人倾心。“烟笼寒水月笼纱”，记忆里的月便是如此，两三点星闪耀，衬着蒙上面纱的月盘更显身姿。透过记忆凝视轻纱里的月光，心境游离于冬梦初醒的风中，灵魂吸吮着月华的风情，眸子也亮了起来。刹那间，我看不见夜空的顶，也看不到天体的底，这含羞轻嗔的月仿佛照亮了风，心灵和意念，纯粹的寂静占据着记忆的空间。忽想起谁曾说“月是故乡的思念”，我便越发想念故乡的月，月亮有故乡的气息，一种从未有过的酸涩与冲动催着我奔向记忆中的你，我的故乡。

“我大概是一只鸟，充满了警觉，不容易停留，所以一直在飞”，林徽因如是说。我想，我大概也是一只鸟罢，不过却是一只忘却了漂泊的燕子，哪怕有“流光容易把人抛，红了樱桃，绿了芭蕉”的世事变迁，也总会有“终老温柔，白云不羡仙乡”的坚持。

莫名想如三毛一般，“如果有来生，要做一棵树，站成永恒，没有悲欢的姿势。一半在风里飞扬，一半沐浴阳光，非常沉默，非常骄傲，从不依靠，从不寻找”。做一棵故乡的树，静静梦着万家灯火，在年轮里刻下记忆的眷恋与美好。伴九夏芙蓉，赏三春杨柳，看日升日落，饮万顷黄沙，再在心里哼唱一曲与记忆相合的小调，那时的我心里必定溢满了爱的味道。

【升格后点评】

先整体整合了行文思路，围绕作者思路，由故乡、月光，到故乡四季、风物，再到对故乡的认识与理解，思路顺了。其次理顺了语句的脉络，注意到了对仗、排比及语句的工整，给人以形式美。最后注意到了用词、标点，有时候一个标点，也会改变表达的效果。修改后，本文从内容到思想再到语言都十分顺畅，不失为一篇佳作。

作文教学课例：以“尊严类”话题为例

俗语说：人活一张脸，树活一张皮。可见，一个人活着得有尊严，但当我们面对如花般的少年，因为自称失了尊严而一蹶不振甚或走上一条不归路时，真是感到揪心般的痛啊！尊严诚可贵，生命价更高。韩信不是也在一群无赖的嘲笑声中从别人的胯下爬出吗，我们不能就此说他不是个七尺男儿吧？韩信之所以那般，是因为他看清了自己手中的那把剑是一把双刃剑。杀人须偿命，为何要与那些无赖一般见识？

面对尊严，我们一方面要高呼：人活着不能没有尊严；可另一方面，对于心智尚不成熟的中学生而言，一些人对尊严的极端追求，片面理解，往往又会使他们误入歧途甚至走上一条不归之路。

一、人活着不能没有尊严

大学生宅到饿死不仅仅是个笑话

这是一则可以被野史笔记收录的荒谬笑话，却也是叫人难以忘怀的凄惨故事——在湖北十堰郧县（现为郧阳区）的一个村里，一个年轻人“宅”死家中。他曾是村里第一个大学生，小时候非常聪明、听话，成绩优秀，年年是三好学生。但1995年毕业后因为对工作不满而弃职，渐渐懒散到不做事、不烧饭，能将时政大事说得头头是道，却又将自己活活饿死在家中。

这则材料可以从自尊与自强的角度立意。人为什么又少了一个呢？是因为他从一个物质上的“乞丐”变成了一个精神上的“乞丐”，于是他活着成了行尸走肉。例文告诉我们，人活着不能没有自尊。自尊是一个人灵魂中不可缺少的支撑。要穷，也要穷得像样——穷且益坚，不坠青云之志。要傲，也要傲得像莲——亭亭玉立，一尘不染。自尊是对自己负责，追求的是踏实，是希望你做得比自己认为的更好。如果说自尊是根，那自信、自强是它沉甸甸的果实，如果说自尊、自爱是构筑人格的基石，那么自立、自强便是一个人奋发向上的阶梯。

二、极端的尊严要不得

军犬黑子

那一年，我认识了一位军犬训导员。我问他：“最聪明的狗能达到什么程度？”他说：“除了不会说话，跟人没有差别。”他的回答，令我一怔，随后我说：“你准是掺进了许多感情色彩吧？”“不！”他说。

他给我讲述了几个关于狗的故事，都是他亲身经历的。有几个，我已淡忘了，唯有其中一个，至今记得鲜明。他讲到，在他们的那个营地，有一条名叫“黑子”的狗极其聪明。有一天，他们几个训导员想出了一个特殊的办法，决定用来测一测黑子的反应能力。他们找来了十几个人，让这些人站成一排，然后让其中的一位去营房偷了一件东西藏起来，之后再站到队伍中去。这一切完成了，训导员牵来了黑子，让它找出丢失的东西，黑子很快就用嘴把那东西从隐秘处叼了出来。训导员很高兴，用手拍了拍黑子的脖颈以示嘉奖。之后，他指了指那些人，让黑子把小偷找出来。黑子过去了，这个嗅嗅，那个嗅嗅，没费多少劲就叼住了那个小偷的裤腿将他拉出了队伍。

应该说，黑子把这任务完成得极其圆满，但训导员却使劲儿地晃了晃脑袋对黑子说：“不！不是他！再去找！”黑子大为诧异，眼睛里闪出了迷惑的光，因为它确信自己并没有找错人，可对训导员又充满了一贯的绝对的信赖。这，这是怎么回事呢？它想。“不是他！再去找！”训导员坚持。黑子相信了训导员，又回去找……但它经过了再三再四的谨慎辨别和辨认，还是把那人叼了出来。“不！不对！”训导员再次摇头。“再去找！”

黑子愈发地迷惑了，只好又走了回去。这次，黑子用了很长的时间去嗅辨。最后，它站在了那个小偷的腿边转过头来，望着训导员，意思是——我觉得就是他……“不！不是他！绝对不是他！”训导员又吼，且表情严厉起来了。

黑子的自信被击溃了，它相信训导员当然要超过相信自己。它终于放弃了那个小偷，转而去找别人。可别人……都不对呀！

“就在他们那里头！马上找出来！”训导员大吼。

黑子沮丧极了，在每一个人的脚边都停那么一会儿，看看这个人像不像小偷，又扭过头去看看训导员的眼色，试图从中寻到一点点什么迹象或什么表示……最后，当它捕捉到了训导员的眼色在一刹那间的微小的变化时，它把身边的那个人叼了出来。

当然，这是错的。

但训导员及那些人却哈哈大笑起来，把黑子笑糊涂了。之后，训导员把小偷叫出来，告诉黑子：“你本来找对了，可你错就错在没有坚持……”

一刹那间，令训导员和全体在场的人莫名意外兼莫名惊恐又莫名悔恨的是，他们看到——当黑子明白了这是一场骗局之后，它极度痛苦地“嗷”地叫了一声，几大滴热泪流了出来。之后，它沉沉地垂下了头，一步一步地走开了去……

“黑子！黑子！你上哪儿去？”训导员害怕了，追上去问。

黑子不理他，自顾自往院外走去。

“黑子！黑子！对不起！”训导员哭了。

但黑子无动于衷，看也不看他一眼。

“黑子！别生气！这就是跟你闹着玩儿呢！”训导员扑上去，紧紧地搂住了黑子，在黑子面前热泪滂沱。

黑子挣脱了训导员的搂抱，一步一步地走到了院外的一座土岗下，找了个背风的地方趴下了。

此后好几天，黑子不吃不喝，神情委顿，任训导员怎么哄，也始终不肯原谅他。

人们这才发现——哪怕是只狗，也是要尊严的！

或者反过来说——它们比人更要尊严！

后来呢，后来是黑子不再信赖它的训导员，甚至不再信赖所有的人。同时，它的性情也起了极大的变化，不再目光如电，不再奔如疾风，甚至不再虎视眈眈、威风凛凛……训导队没办法，只好忍痛安排它退役。

啊，黑子呀！

这则材料可以从自尊与自弃的角度立意。“尊严无价”这四个字的厚重我们在黑子的身上看得如此真切，机警伶俐的黑子在守住这四个字后最终却一蹶不振，走上了一条不归之路。那么，是什么将它推向了深渊，我们在惋惜黑子之际，是否也明白了至上的尊严其实是一把双刃剑？

【学生作文推荐】

尊严——屹立不倒的丰碑

2020职普融通班　李锦瑞

人不可有傲气，但人不可无傲骨。

——题记

尊严，是一个人，一个民族，一个国家赖以生存的根基，尊严是座永远屹立不倒的丰碑。

尊严是座屹立不倒的丰碑，它将柔弱化为刚强。张桂梅，那个瘦瘦小小、其貌不扬的女士，为了让山区里的女孩子告别贫困、走出大山，她用孱弱的身躯护佑先天不足的一株株“幼苗”，让知识改变命运，让教育谱就公平。她凭一己之躯树立起了捍卫的盾牌，用柔弱支撑起了生命的恒久动力，用果毅至刚的行动维护了女性的尊严。人生的苦难从未撼动她执着的坚强，一个人，一条路，一颗心，一面旗。她是不灭的蜡烛，是不倒的脊梁，是我们每一位女性人生路上前行的灯塔！她为国人树立了一座丰碑，令全世界为之惊叹。

尊严是座屹立不倒的丰碑，它让儒生成为武将。林则徐，本是一介儒生，本想像天下的读书人一样，凭儒家经传济世致用，以期光耀门楣，衣锦还乡。可是当列强的铁蹄蹂躏着我们的大好河山，面对那失了主意的君王，食君之禄却尸位素餐的官员，他毅然选择了临危赴难，振臂高呼，戮力抗击不可一世的外国侵略者。尽管付出了巨大的代价，但那万里硝烟，雄壮虎门，带走了百姓的叹息，带来了国人的众志成城，维护了中华民族的尊严。

尊严是奥冠领奖台上的奖杯，尊严是雪山之巅舞动的国旗，尊严是杨洁篪在中美贸易谈判会上的慷慨陈词：你们（美国）没有资格居高临下同中国说话，中国人不吃这一套。与中国打交道，就要在相互尊重的基础上进行，你们从实力的地位出发同中国谈话。历史会证明，对中国采取卡脖子的办法，最后受损的是自己。……因为有了尊严，才有了韩信漂母的千金一饭，才有了嵇康临行前吟诵的那曲广陵散，才有了李白潦倒时的汪伦美酒，才有了苏轼坐监时的万人请愿，才有了朱自清宁死不吃美国救济粮的铿锵字句……

古人云：“君子修道立德，不以穷困而变节。”君子的尊严贵比黄金，重于泰山。拥有尊严，需要放弃靠出卖灵魂换来的头顶光环，需要放弃凭不择手段而达到的目的，需要放弃卑躬屈膝讨得的赏赐，需要放弃依靠鱼肉乡里谋取的幸福。

尊严，是一个国家屹立于世界民族之林的根本，是一个民族赢得世界尊重的基础。面对愈演愈烈的钓鱼岛、黄岩岛等恶性事件，我们愿意和平谈判，愿意与世界上任何一个国家平等对话，可是仁至亦有义尽的时候，忍耐总有限度。如果我们的诚意并不能得到应有的尊重，不放弃武力的手段将是我们维护尊严的必要方式。

让尊严为自己筑起一道篱笆，为民族挺起一根脊梁，为国家屹立一座屹立不倒的丰碑。

网上英雄网下挨骂14岁中学生当众跳楼自杀

2012年2月27日晚，重庆大足区双塔中学发生一幕惨剧：该校初一（四）班学生李力，连续两个通宵上网未回家。父亲来到学校与班主任老师一起对其教育，李父让其下跪认错。不想李力竟当众跑出老师办公室，从3楼跳下自杀，抢救无效死亡。

14岁的李力为什么在接受批评教育后突然跳楼？在父亲与老师对其教育的40分钟里，到底发生了什么？

“平时表现挺好的，没想到李力……”李小强老师表情沉重。他告诉记者，27日晚18时20分，由于李力连续两个通宵没回家，父亲李井中联系上他，并来到学校找到了儿子。两人随即将李力叫到3楼办公室对其教育。

“当时办公室还有另外一个老师和学生。”李老师回忆，李力说到自己是借钱连续两天两夜在网吧玩游戏时，态度还不端正，这令他父亲十分生气，当众要李力在办公室下跪认错。

“要跪回家跪，不在这里跪。”倔强的李力顶撞父亲。李井中从椅子上站起来动手打了儿子的脸和头。也就在此时，李小强发现李力极度疲倦的脸上表现出急躁情绪。李老师立即建议他回家休息。

19时许，正当李井中转身向李老师道别时，李力夺门冲出办公室，翻过3楼走廊的护栏，跳了下去……

这则材料我们可以从自尊与自戕的角度立意。鲜活的事例，未干的血滴，我们不禁要问，如花般年龄的孩子啊！你知道吗？你明明可以回到包容你的亲人温暖的怀抱中去，却因为好面子而放弃，甚至毫不顾惜只有一次的生命。你过度自我不管他人死活的做法，会对你周遭的人造成多大的痛苦与伤害，你知道吗？你觉得父亲不给你面子，便选择了自戕去回击。在你的生命烟消云散之时，你知道吗？一把无形的双刃剑在刺向你时，也深深地刺进了你父亲的心脏！

三、人应该如何正确看待尊严

爱面子，从某种程度上而言，是中学生的一个优点。适当地爱面子，能给他们自信，也能让他们有向前的动力，培养他们以积极的态度生活。但太爱面子就成了缺点，是一个人自卑心理的表现。

尊严感为什么在一些人身上那样敏感而强烈，这是有其心理原因的。一些人在长期的以道德为核心的教育中已形成了尊严不可侵犯的心理定势，一旦现实生活与书本宣扬的东西发生了冲突，自尊并不那么容易实现时，就觉得受不了，反应失当。很显然，总是以道德的眼镜视人视物，他们的自尊心怎么能不草木皆兵呢？这就导致他们的心理空间比较小，缺乏应有的弹性和适应性，遇见问题往往钻牛角尖，想不开，结果自己觉得受了伤害反过来又会伤害与别人的关系。

另外，特别爱面子的人在现实生活中往往是弱者，他们不愿争或争不到被视为是成功标志的东西。这样，自尊便成为其心理平衡的一个重要筹码。当自尊成为一个人心理防线上最后可以凭借的堡垒时，它就变得十分重要，任何小小的触动都可能会造成很大的心理波澜，引起过度的反应。

由此可见，凡事不能过分追求，要适可而止，不要太过于苛求面子。

鲁迅先生曾经专门撰文（《且介亭杂文·说“面子”》）分析面子问题，他说外国人往往认为所谓面子是“中国精神的纲领”，而其实“面子”之有无，情况相当复杂，并且富于变化，这里至少有两种类型，一是“每一种身份，就有一种‘面子’，也就是所谓‘脸’。这‘脸’有一条界线，如果落到这线的下面去了，即失了面子，也叫作‘丢脸’”；相反地，如果“做了超出这线以上的事情，就‘有面子’，或曰‘露脸’”。不管中国已经落后到什么地步，清朝皇帝总还是上国天朝的真命天子，即使签订了不平等条约，得到许多好处的洋人仍是蛮夷、鬼子，而只要皇帝的架子没有丢，守住原先那一条身份的界线，则面子就算保住了。另一种类型是“只要和普通有些不同便是‘有面子’，而自己成了什么，却可以完全不管”。阿Q头上“颇有几处不知起于何时的癞疮疤”，别人嘲笑他，他就想：“你还不配……”自己特有的这疤乃是“一种高尚的光荣的癞头疮”。

正如鲁迅所言，有的人自尊得过分，特别好面子，贪图追求表面光彩，走向了虚荣。比如不能正确地估价自己，将父母或他人的荣耀也当成自己的等类似的其他情况，这些都是虚荣心的表现。自尊心是建立在自信的基础上的。有自尊心的人也承认自己有比不上别人的地方，但是他们相信通过努力能够改变这种状况，而虚荣心却建立在自卑的基础上，有虚荣心的人非常在意自己在别人眼里的形象，总是不由自主地掩盖自己的弱点，以便显得别人一样或比别人更优秀。虚荣心使他们不去努力提高自己的实力，而是急功近利地做表面文章，结果到头来并不能真正改变不利地位，反而进一步丧失了自尊。

“面子”问题，当然不是中国人所独有，全世界各民族都有，只是爱面子的程度不同罢了。据说埃及人也极讲面子，甚至西方人觉得可以直截了当地说“不”，不说就不显得诚实的事情，他们也不愿说出来。有研究表明，日本人、韩国人和新加坡人也都很讲“面子”，而像中国人的“面子”观渗透得这么深，影响这么大，在世界上则是少有的，所以它被戏称为是中国人的“气质”。

作文教学课例：以“逆风”话题为例

一、文题设计

阅读下面的文字，根据要求作文。

人离不开空气，有空气就会有风。风，有自然的，有社会的；有顺风，也有逆风；有暖流，也有寒潮；有的风清神，有的风乱心；有时逆风使鸟高飞，有时顺风使鸢坠地……我们在风中生活，在风中行进，在风中成长。

请以“行于风中”为话题，写一篇作文。

要求：①所写内容必须符合题目要求；②立意自定；③除诗歌外，文体不限；④不少于 800 字；⑤不得抄袭。

二、题解

切口一：自然之风　　　　切口二：历史之风

切口三：社会之风　　　　切口四：潮流之风

【切口一构思演练】

切口剖析

风，喻挫折与逆境中的感悟与成长。

激活灵思

有时，会觉得自己就像是一朵漂浮在风中的蒲公英，一路的摇摇晃晃，不能自已，无可抗拒；

有时，会觉得自己就像是一条漂泊在风中的扁舟，一路的沉沉浮浮，不能自已，却无可操纵。

无论怎么样，却总是在风中。

风有成因，风有风的道理。

风将至，也预示着风将去，风总是风。

风既起，就由它罢。

人在风中，既在风中，无论是顺风或者逆风，人总要坚持自己的路，寻觅自己的梦。就像蒲公英，总会找到落脚的地方；就像扁舟，总会到达停泊的港湾。

【例文借鉴】

人在风中

高一3班　李琼

不经意间，秋风卷起的漫天黄叶掠过我的耳际，这才觉出，秋已暮了。在这样一个善感的季节里，会让人萌生出很多感慨。

也许是生在大漠边缘的缘故吧！对风，我总有一种说不出的感情。喜欢风吹起发梢的感觉，喜欢风的柔美、狂暴，喜欢风带给我的一切。伤感的时候，喜欢一个人漫步风中，似乎风将所有的不快都吹散了；高兴的时候，依旧喜欢漫步其间。风所带给我的美感，是无人可晓的。

在风中，我看到了三足鼎立，四面楚歌，七国争霸；我读到了颜筋柳骨，兰亭集序；我见到了秦砖汉瓦，魏晋风骨；我听到了驼铃声声，玄奘西行。风无情地掩埋了楼兰古国，但掩埋不了历史。今又何夕？风依旧在起劲地吹着。

故乡是个多风的地儿。

春天的风已过，大地便换上了绿装，人们也开始忙活了，犁地、下种……还记得小时候，每年这个时刻我最开心，和表哥用报纸糊个风筝，跑到空地上，追着风儿跑。瞧！这风一来便给我们带来希望，也带来了我童年无尽的欢乐。当然，风不总是这般“柔情似水”。棉芽刚出土的时候，猛地来上一阵，那些柔弱的芽儿便“损兵折将”。有人会问：“你不总觉得风是好的吗？这又是什么？”我要告诉你，正是这阵猛烈的风，让芽儿学会了坚强，经过此番“劫数”，活下来的芽儿必会尽情绽放，尽显生命的美丽。

夏天，风的丝丝凉意将夏日的暑气消减了几分，更重要的是，它给我们这个旱地带来了稀罕的雨。夏，因为有了风而更加迷人。

秋天，是属于风的季节。秋风席卷着整个大地，为我们献上漫天的黄叶舞，还有那漫天的红叶，世人都慨叹秋天的瑟缩，殊不知秋的瑟缩源自这苍劲的秋风。

都说寒梅傲雪，试问：若没有这寒气逼人的雪，何来凌寒的梅呢？那么这份寒意从何而来？这不是西北风的功劳。你想想，没有西北风的冬天，那还叫冬天吗？

寒来暑往，春去秋来，风显尽了沧桑。有人说它轻浮，有人说它冷酷。可不管世人说什么，风却始终吹啊吹啊，不管是喜欢的，还是无奈的，抑或是忧郁、愤懑的。

千百年来，风永远与诗人紧紧相拥。古往今来，无数豪言壮语，千古名句惜情于风。“我欲乘风归去，又恐琼楼玉宇，高处不胜寒。”在空灵缥缈的空中寻求归宿，何尝不是东坡豪迈人生的写照！“风萧萧兮易水寒，壮士一去兮不复还。”在萧索的风中，荆轲起程，又何尝不是一种悲壮！“一片花飞减却春，风飘万点正愁人。”花，一片一片飞散，春，一丝一丝消减，风飘之中，诗人愁情可见。风中有诗人的情，诗人的意；风中有诗的美，诗的甜，诗的愁，诗的苦。风雨飘摇在心灵深处，多少诗情画意尽在其中。

可是，诗人不是风，又岂知风在想什么？

我也不是风。

我不懂风，风却懂我。

黑夜里，伤心欲绝的我在无人的街头游走，风适时而来，让我清醒，又适时而去。迷茫时，是风拨开我心中的云雾；徘徊时，依旧是风吹开了前方的路。我想，也许我和风真的有缘。

我不懂风，风却懂我。

我喜欢孤独的滋味，喜欢一个人享受孤独，可是风却不让。我想一个人独步大漠，远离浮华与喧嚣，可是风却始终追随着我。我终于明白，原来我在伪装。我离不开风，离不开这匪夷所思的尘世。是风给了我面对的勇气，是风让我选择了坚强。

我不懂我，风却懂。

也许有人会问：“不就是一种普通的自然现象，值得你这样眷恋吗？”我会毫不犹豫地回答：“值得。”风带给我的不仅是惬意，凉爽，更多的是对生活的思考，对人生的感悟。

风依旧是风，而我……却蜕变成一个，一个十七岁的逐梦人。

【切口二构思演练】

切口剖析

风，喻逆境或困境中的风骨与气度。

激活灵思

当青色的衣衫再也抵挡不了朔风的寒冷，当坚毅的脸庞再也经不起岁月的蹉跎，当崇高的灵魂再也容不下小人的吞噬，他们满腔的爱憎如旭日东升，喷薄而出。历史没留给他们任何一道门，即使是一道狭窄的小门，而他们却成就了不凡，他们的诗篇成了宝贵的“化石”，他们的风骨在历史中闪烁。

风是历史的沉重叹息，是人生历经沧桑后沉淀下来的气节与风度，是生命中的盐。有风的日子是警醒的。风有时候是没有方向的，没有方向的风都呈现着怪异的力量。风没方向，人有方向，随风飘荡是悲哀的。世界上其实没有宁静的港湾，人行于风中，世界立于风中，只有玲珑内心才清空明澈。

【例文借鉴】

行于风中

高一6班　王彩霞

树的方向，风决定；人的方向，人决定。

人在风中行，是顺势而行，还是逆风而抗?

宁折不弯是一种骨气，宁弯不折是一种智慧。

富贵不能淫，贫贱不能移，威武不能屈——宁折不弯是男儿的铁律。

你一路高歌，仰天大笑，不畏权贵，被贬他乡依旧昂首阔步。杨贵妃为你磨墨，高力士为你脱靴，一张口就是半个盛唐。你的才华与豪情让很多人为之黯淡，面对权贵的排挤，你选择了山水，选择了远方，盛唐的天空上才有“安能摧眉折腰事权贵，使我不得开心颜”的惊雷轰响。

面对国君的不解，小人的流言蜚语，你行吟在汨罗江畔，在楚国被烽火点燃的刹那你选择了冰冷的江水；面对无际的海洋，你高高举起火炬般的旌节，海风能吹走无数个年年月月，却无法改变你永恒的姿态；面对敌人威逼利诱，你用“人生自古谁无死，留取丹心照汗青”表白自己，诗因你而光照古今。是你，不，是你们用“宁折不弯”书写着人生的宣言，也用自己的行动诠释了“宁折不弯”的内涵。

宁弯不折不代表放弃，不代表屈服——宁弯不折是人生睿智。

为了“三千越甲可吞吴”的宏愿，勾践弯下身子给吴王夫差做仆人；为了心中的那一统天下的梦想，韩信弯下身子受胯下之辱；为了“究天人之际，通古今之变，成一家之言”，司马迁在遭受宫刑的羞辱中度过余生。

宁弯不折的人并不寂寞，前进的路上他们并不孤单：文王拘而演《周易》；仲尼厄而作《春秋》；屈原放逐，乃赋《离骚》；左丘失明，厥有《国语》；孙子膑脚，《兵法》修列；不韦迁蜀，世传《吕览》；韩非囚秦，《说难》《孤愤》；圣贤往往是弯下身子的人，但他们在弯下身子的一刹那拾起了一个个辉煌，他们用这种方式向人们诠释着另一种方式的坚强。

人在风中走，既要做到坚贞不移，如青松宁折不弯；也要做到审时度势，若小草宁弯不折。

宁折不弯可以昭示一个人的气节，宁弯不折可以折射一个人的智慧。

人在风中走，宁折不弯，宁弯不折。

【切口三构思演练】

切口剖析

风，引申为“翔旋风”“奥林匹克风”“危机风”。

热点链接

“翔旋风”

刘翔的一次次跨越，已经被称作“翔旋风艺术流”，他那风一般的跨越，已成为中国体育的一个象征。“没关系，看我的！”刘翔最爱说的这句话，激励着无数逆风而行的人。

飓风卷神州，“危”“机”处处有

金融危机之下，并非只有坏事，单位不景气，员工加班时间少了，将有更多时间陪家人和孩子。工厂倒闭，没了污染源，环境必将有所改善。与之相应，金融风暴会刮到一些行业，也会给一些行业带来“商机”。在美国，危机导致美元贬值，美国的出口业和旅游行业却从中受益。在我们身边，股市被套让人们精神焦虑，于是便火了心理咨询，经济增长放缓让人们有更多时间去充电，于是教育培训便逆市而上。

【切口四构思演练】

切口剖析

风，引申为对时尚的明辨与宽容。

激活灵思

走上街头，不时与光头遭遇，有人说那是做作，有人说那是时尚；打开电视，常常与长发男人“邂逅”，有人说那是招摇，有人说那是时尚；走进乡村网吧，有人说那是浪费时间，有人说那是时尚。生活中，总有许多新鲜的东西会突然出现在你的面前，令你意想不到。

不可否认，每个时代的“新新人类”都会受到特别的关注，譬如中国的90后，因为他们身上有这个时代鲜活的烙印，他们的一举一动似乎都成了这个时代的风向标，引领着这个时代的潮流。然而面对一场强过一场的“潮流飓风”，并非所有的90后都“随风而起”，趋之若鹜，他们中的一部分人正在用充满理性的思维思考，用冷峻的眼光，审视着这个浮躁的时代。

【例文借鉴】

看不懂你，流行风（略）

与风有关的经典诗句

1. 大风起兮云飞扬。——汉　刘邦《大风歌》
2. 今宵酒醒何处，杨柳岸晓风残月。——宋　柳永《雨霖铃》
3. 沾衣欲湿杏花雨，吹面不寒杨柳风。——宋　志南《绝句》
4. 风急天高猿啸哀。——唐　杜甫《登高》
5. 风吹草低见牛羊。——南北朝　北朝民歌《敕勒歌》
6. 羌笛何须怨杨柳，春风不度玉门关。——唐　王之涣《凉州词》
7. 风萧萧兮易水寒，壮士一去兮不复还。——《史记·刺客列传》
8. 忽如一夜春风来，千树万树梨花开。——唐　岑参《白雪歌送武判官归京》
9. 不知细叶谁裁出，二月春风似剪刀。——唐　贺知章《咏柳》
10. 昨夜西风凋碧树，独上高楼，望尽天涯路。——宋　晏殊《蝶恋花》
11. 古道西风瘦马，夕阳西下，断肠人在天涯。——宋　马致远《天净沙·秋思》
12. 风乍起，吹皱一池春水。——五代　冯延巳《谒金门》
13. 东风恶，欢情薄，一怀愁绪几年离索。——宋　陆游《钗头凤》
14. 人面不知何处去，桃花依旧笑春风。——唐　崔护《题都城南庄》
15. 相见时难别亦难，东风无力百花残。——唐　李商隐《无题》
16. 儿童散学归来早，忙趁东风放纸鸢。——清　高鼎《村居》
17. 夜来风雨声，花落知多少。——唐　孟浩然《春晓》
18. 千里黄云白日曛，北风吹雁雪纷纷。——唐　高适《别董大》
19. 春风得意马蹄疾，一日看尽长安花。——唐　孟郊《登科后》
20. 随风潜入夜，润物细无声。——唐　杜甫《春夜喜雨》

作文教学课例：以《面朝大海，春暖花开》为例

一、文题

阅读下面的材料，根据要求写一篇不少于800字的文章。

“在我们的视线之外，总有一群陌生人：他们可能很平凡，却别有趣味；他们可能很精彩，却不为人知；他们可能很边缘，却与我们的生活息息相关。其实，我们每个人，对于他人而言，都可能是陌生人。认识他们，正是认识我们自己，正是多层面、多角度认识正在发展的这个时代。”

要求：选好角度，确定立意，明确文体，自拟标题；不要脱离材料内容及含意的范围作文，不要套作，不得抄袭。

二、构思点拨

首先要明确所给材料关注的对象是我们视线之外的陌生人，并且给出了他们的特点：可能很平凡，却别有趣味；可能很精彩，却不为人知；可能很边缘，却与我们的生活息息相关。然后要明确陌生人具体指的是处于社会边缘平凡生活默默奉献的那些人们。可写散文，驰骋自己的想象，来表达对陌生人的祝福；可写记叙文，通过记叙一件令人难忘的事，来凸显陌生人之间也有感人至深的爱；也可选择议论文，从关爱、尊重、信赖、欣赏等角度立意，联系热点话题“正能量”“中国梦”去写。

三、写作导引

（一）文体选择记叙文

心有灵犀：其实，我们每个人，对于他人而言，都可能是陌生人，只不过因为有缘，因为一次美丽的邂逅，使我们走到了一起，从此相识相知……

【靓题参照】

1. 让陌生变成一种温暖
2. 美丽的邂逅
3. 你好，陌生人

【范文借鉴】

（略）

（二）文体选择散文

心有灵犀：给每一条河每一座山取一个温暖的名字 / 陌生人，我也为你祝福 / 愿你有一个灿烂的前程 / 愿你有情人终成眷属 / 愿你在尘世获得幸福

【靓题参照】

1. 陌生人，我也为你祝福
2. 缘分，让你我如此美丽
3. 我们都是陌生人

【范文借鉴】

陌生人　我也为你祝福

高二4班　白艳

遇见你，纵使初见，漫山荼靡也已然殆尽。我们也许擦肩而过，也许从未谋面，也许志同道合，却素不相识……尽管无缘相识相知，陌生人，我依然为你祝福。

祝福你有一个美好的前程。也许，此时的你，正在为大学梦伏案苦读，在茫茫题海中奋力拼搏，在漫漫人生路上摸索前行。在备考的途中，你难免遭遇泥泞，总会经历风雨，出现疲惫、消极、懈怠、不满等情绪。陌生人，我始终坚持我的虔诚，用一颗心祝福你，只要有信心拥抱成功，持之以恒不懈努力，未来一定握在你的手中。

祝福你有情人终成眷属。张无忌放弃了江湖与江山，把幸福给了赵敏，把牵挂给了小昭，把漂泊给了蛛儿，把憾恨给了周芷若；杨过和小龙女最终做了神仙眷侣，程英和陆无双为他却负尽了青春，抛尽了韶华。这世间，有太少的相濡以沫，太多的相忘江湖。陌生人，祝福你，在将来的某一天，牵住某个人的手，一生细水长流地把风景看遍。

祝福你在尘世获得幸福。正如史铁生说的那样：“生病的经验是一步步懂得

满足。发烧了，才知道不发烧的日子是多么清爽。咳嗽了，才体会到不咳嗽的日子是多么安详。”终于醒悟：其实我们每时每刻都是幸福的。陌生人，请怀着一颗感恩而悸动的心吧！周末早晨，边为家人热牛奶边轻声哼唱自己喜欢的歌曲，是一种幸福；流利回答老师的提问，看同学们羡慕的目光，听老师真切的鼓励，是一种幸福；获得诺贝尔文学奖，是一种幸福；随手捡起路边的垃圾，也是一种幸福。陌生人，我始终有一颗心为你祈祷，祝福你在尘世间快快乐乐，获得幸福。

陌生人，终究差了那么一点点，无法与你相识相知，但这并不能阻挡我祝福你的心。风吹散了我的思绪，雨打湿了我的双眼。陌生人，祝福你，我们错过了挪亚方舟，错过了泰坦尼克，可我却不想错过对你的祝福。

陌生人，请带上我真诚的祝福，在面朝大海春暖花开的日子里，开启属于自己的独家幸福。

【点评】

本文从海子《面朝大海，春暖花开》中寻得灵感，谋篇布局，紧扣文眼展开对陌生人的祝福，情感真挚而不做作，行文脉络清晰而严谨，且语言富有诗意。

（三）文体选择议论文

【素材链接】

网友“19790922”说，数年前，在她怀孕时，一次经过虹桥西街，身边一个10来岁的过路小女孩提醒她：“小心啊！”她马上停住脚步，原来这时正好有摩托车与她擦肩而过，真是危险。她对那女孩报以感激的微笑。现在虽不记得那女孩的模样，可是，陌生女孩的好心提醒却刻在了记忆深处。

后来，在生活中，网友“19790922”学会了帮助一些陌生人。在虹桥工作数年，她看到走失的小孩子，总是很心疼，把他们带到身边，给他们喂饭、洗脸、擦手，直到他们找到父母，这让她感觉心里非常愉快。有时看到小孩从身边骑车经过，自行车链子掉了，她总是停下脚步，为他们修理，虽然弄得双手黑黑的，却非常开心。也有很多人提醒她，现在社会很复杂，不要轻易和陌生人说话，但她却希望人们的心中多一份关爱，关爱身边需要帮助的陌生人！

其实，从小到大，许多人的父母会教育孩子不要随便吃陌生人给的东西，在路上不要随便和陌生人说话，这让许多人潜意识里觉得，要保护好自己，不要相信陌生人。

在生活中，你会相信陌生人吗？陌生人向你求助时，你会像网友“19790922”一样援手吗？

【观点碰撞】

正方：世上还是好人多

“tomorrow”：3月16日晚上，车站没公交，我招呼一个陌生的女孩子一起搭车回柳市，巧的是我们还是一个地方的，当时没有陌生人的感觉，只是觉得一路同行，也蛮好的。

“指尖上的幽灵”：约一个月前，我老公顺道将一个拦不到车的老人搭车带到乐成西门，老人刚上车时鼻涕还一抽一抽的，估计在路上吹太久冷风了。老人说自己等车已等了一个小时，公交车、出租车都拦不到。

“星星知我心”：我觉得，世上还是好心人多，经常在报刊上看到一些陌生人帮助困难、病残的人，觉得很感动。我也曾得到过陌生人的帮助，所以在生活中，假如有人需要我帮助，我会力所能及地去做。

反方：防人之心不可无

“林中酒侃”：碰到推销东西的，第一感觉就是一定不能要；偶尔碰到问路的，会指给他看，但要我带他过去时，我便会很自然地停住脚步，拒绝他，不是都说防人之心不可无吗？不要相信陌生人。在街上看到很多乞讨的人，会想给他些零钱，但是有时候想，现在以这为职业的人太多了，分辨不出他们中谁真的需要帮助。人心隔肚皮，不要相信陌生人。当一人在外时，真的有人表现出热情时，又会不自觉地怀疑起他的用意何在。

“dahai-sir”：合适的场合是可以的，现实社会中有些事情是讲不清楚的，首先要学会保护自我，然后再去关怀需要关怀的人吧。

【立意角度】

1. 关爱陌生人
2. 尊重陌生人
3. 信赖陌生人
4. 欣赏陌生人

【范文借鉴】

聆听陌生人

高二8班　王霞

有人说：前世五百次的回眸，换来今生的一次擦肩而过。仔细想来，我已与好多人擦肩而过了。他们对我而言是陌生人；对他们而言，我也只是一个路人。他们可能很平凡，却别有趣味；他们可能很精彩，却不为人知；他们可能很边缘，却与我们的生活息息相关。聆听他们，我们要“再续前缘”。

走近陌生人，聆听陌生人。走近那些平凡的上班族，去体会，去聆听，聆听他们的生活。他们很平凡，却别有趣味。在平凡的岗位上，日复一日，年复一年，没有光耀，没有花环。工作期间，他们兢兢业业，埋头苦干，只为责任，做到最好。下班后，回到温暖的家，家中有亲人，家中有温暖。在风和日丽的傍晚，带着妻儿在高楼大厦间漫步，在潺潺溪水间玩耍，尽享天伦之乐。走近陌生人，聆听陌生人，聆听他们的生活，与他们“再续前缘”。

走近陌生人，聆听陌生人。走进边关，去聆听哨所的军人。他们很精彩，却不为人知。在边防的哨所里，他们过得单调却不乏充实。他们有训练任务，与战友一起，摸爬滚打，流血流汗却从不流泪。守卫边疆，思念着亲人，面对恐怖犯罪分子，保家卫国。他们在绿色军营里，活出精彩的自己，但我们却不知晓他们是谁，可我们知道他们为谁，他们是一群为了我们更多的人幸福生活的陌生人。走近陌生人，聆听陌生人，聆听他们精彩的人生，与他们“再续前缘”。

走近陌生人，聆听陌生人。走进工地，去聆听辛苦的农民工。他们处于社会的边缘，却与我们的生活息息相关。在城市的角落里，他们奉献着自己，建起一座座高楼大厦。他们梦想着，有一天，也能住进自己修建的房屋里；他们梦想着，有一天，也能让自己的孩子与城里的孩子一起学习。可是，他们洒落汗水的地方，无他们的容身之地；他们在自己付出劳动的地方，得不到尊重；他们在自己认为美好的地方，得不到保障；他们在自己熟悉的地方，是陌生人，成了我们身边最熟悉的被我们无视存在的陌生人。走近陌生人，聆听陌生人，聆听他们的心声，与他们“再续前缘”。

让我们走近陌生人吧！前世五百次的回眸，换来今生的一次擦肩而过。走近陌生人，聆听陌生人，珍惜这份前世今生的缘分，与他们“再续前缘”。

作文教学课例：以“灾难”类话题为例

面对灾难，人类从来就不曾后退过，面对疫情依然如此。虽然前面的路依然潜藏着许多灾难和危机，但是，人除了具有无上的智慧，还有生命的韧性、勇气、相互的关爱。正是这些支撑着人类战胜了所有的灾难和恐惧。

一、帮你开阔视野

（一）视角一

人类历史上有记载的第一次重大疫情是雅典疫情。直到今天，没有人知道这场发生在两千四百多年前的瘟疫从何而来，但可以确定的是，疾病像恶魔一样几乎摧毁了整个城市。

在一年多的时间里，雅典市民生活在噩梦之中，身边强壮健康的年轻人会突发高烧，咽喉和舌头会充血并发出异常恶臭的气息。不幸的患者打喷嚏，声音嘶哑，因强烈的咳嗽而胸部疼痛。任何药物都无济于事，最后，医生也被感染而生病。

恐慌面前，人们开始选择放纵的生活，没有什么比现时的享乐更能使他们逃避现实的恐惧。于是雅典城因为人们的绝望而土崩瓦解。然而，瘟疫可能击倒一个城市，却永远击倒不了人类。

虽然绝大多数人都对这种索命的疾病避之不及，但此时希腊北边马其顿王国的一位御医，却冒着生命危险前往雅典救治。他一面调查疫情，一面寻找病因及解救方法。不久，他就发现全城只有一种人没有染上瘟疫，那就是每天和火打交道的铁匠。他由此设想，或许火可以防疫，于是在全城各处燃起火堆扑灭瘟疫。这位御医就是被西方誉为“医学之父”的古希腊著名医生、欧洲医学奠基人希波克拉底，他的誓言至今还被“白衣战士”传诵。

【点击】

希波克拉底大火挽救了雅典，虽然雅典城失去了往日的辉煌，但是雅典人还是一代一代地活了下来。这就是人类的力量：有了勇气的支撑，再去燃烧智慧的火苗，就能战胜所有灾难。

【观点提炼】

1. 鼓足勇气面对灾难

2. 点燃智慧战胜灾难

（二）视角二

1990年6月21日伊朗西北地区发生了里氏7.3级的地震，地震波及面积达1.1万平方公里，近5万人死亡，20万人受伤，50万人无家可归。

受灾地区一片废墟，失去亲人的人们悲痛欲绝。在这片废墟里，荒芜凄凉的感觉自然从心底升起。在那里采访的记者们无不触目惊心。然而，就在阿瓦士的一片废墟中一个小帐篷边，一位记者竟然看到了一盆美丽的鹤望兰，葱绿的枝叶中托出天蓝的花瓣，橙黄的花蕾，格外娇艳。

惊奇的记者找到了这盆兰花在小帐篷里的主人。在攀谈时得知，女人的丈夫、公公婆婆和小儿子在这次灾难中全部丧生，一家六口就剩下她和幼小的女儿。这位女人讲述了她的故事：

当我抱着女儿逃脱了这场灾难，却找不到其他的亲人，顿时感到一片茫然，此后的生活真不知该怎么过下去。此后几天里我神志恍惚，心里念着亲人们的名字，希望能找到他们。可是再也找不到了，他们都去了，我的依靠从此没有了。

可是我终究是个幸存者，这也应该是上天对我的恩赐。不管有多么悲痛，我都不能改变昨天，也不能走到明天，对我来说，只能是每个今天过得好些，我，还有我年幼的女儿，总不能在悲苦中活下去。所以我带着女儿搭了这个小帐篷，暂时靠领救济生活。

一次带着女儿在附近转悠，竟发现了几株鹤望兰被压在一堆碎砖下，当时真是格外高兴。我把他们扒了出来，看样子还能养活，就带回来找了个瓦盆装上泥土栽种下来，几天的浇水侍弄竟活了过来。

【点击】

贝尔纳曾说过一句话，“前路充满了太多的未知数，当我发现一个亮点，快乐就走进我的心灵。”笑着面对生活，就要把眼光放远，挺起脊梁做人，生命的意义在于求索，现实击碎了你的梦，但生活中不能没有梦。对于许多人来说，生活中缺乏的不是对理想生活的追求，而是对现实生活的承受。

【观点提炼】

1. 种植希望　跨越灾难

2. 打开心窗　创造生活

（三）视角三

1992 年 3 月，对波斯尼亚和黑塞哥维那共和国的人们来说是一场巨大灾难的开始，从民族集团之间的冲突演变到流血事件。到 4 月 7 日，进而演变成一场大规模的内战。这场旷日持久的内战是自二战以来规模最大，最惨烈的地区冲突。从此波黑意味着血腥，变成了真正的人间地狱。不仅不同民族宗教集团之间挥戈仇杀，更残酷的是不同民族宗教组成的家庭一夜之间血肉横飞，父子兄弟夫妻反目成仇，挥戈相向，演出了人间最悲惨的一幕。

就在血腥死亡的恐惧和失去亲人的悲哀笼罩在波黑人心头的时候，1992 年秋天，在波黑的一所医院里，一位在战火中失去双腿的女考古学家与一位同样在战火中失去双腿的年轻男建筑师在病床上举行了婚礼。两张并拢的简陋的病床，把新郎新娘的心连在一起，床头挂着的印有“Just Married”的画册，宣告他们结成了夫妻，从此开始新的生活。新郎新娘并肩躺在病床上，新娘捧着一束盛开着的玫瑰百合的鲜花，脸上露出灿烂幸福的笑容，可以看出此刻她已抛开了所有的痛苦和悲伤，心里充满了甜蜜的希望。

【点击】

我们可以想象这位新娘在战火中的恐惧和自己被炸掉双腿及看着未婚夫被炸掉双腿时的巨大悲痛。也许未婚夫早已成为她的精神支柱，当她失去双腿，她还能将希望寄托在未婚夫身上，可当未婚夫失去了双腿，她就要承担更大的压力。然而人的韧性是没有底线的，女人则有更强的耐力和韧性。她走出了痛苦，走出了阴影，走进了婚礼的殿堂——虽然这只是一座简陋的“殿堂”，但在她心中这个殿堂是完美而富丽堂皇的。她灿烂的、幸福的笑脸说明了一切，也感染着祝福他们的人们。在这样的婚礼中，新娘美丽的憧憬驱散了悲哀和死亡的阴影，在人们的心底奏响了一首悠扬的歌曲。它的芬芳已经与玫瑰和百合的芬芳同在，迎接她的不再是残疾的痛苦和无助的绝望，而是充满了歌声与花朵的生活。

【观点提炼】

1. 在心灵中搭建圣塔　超越灾难

2. 把砖头垫在脚下　幸福就这么简单

二、扣题美文

永不绝望

灵恩

那是一段心灰意冷又寂寞无助的日子。

生活中接踵而至的不幸使我那颗已经疲惫不堪的心再次失去了平衡。那时候，仿佛欢愉都已离我而去，伴随我的只是绵绵不尽的苦楚和无望。

然而，偶然的一件事却改变了这一切。

一个狂风大作的傍晚，我想起实验室的门窗也许没有关好，便回到实验大楼。在实验室门口隔着门上的玻璃，我看到了这样一个场面：一只很漂亮的小鸟在实验室里来回不停地飞着，看来它被困在里面了。不知它是怎样闯入的，也不知它在里面待了多久。我没有马上打开门，因为我想看看这个小生灵如何面对它所处的困境。

小鸟在实验室里不停地盘旋，似乎在寻找通向室外的出口。大约过了两分钟，它突然直线式地向西边窗户飞过去，大概是因为这方向还有一线光亮，它以为从那里可以飞出去。

“砰”，一记很沉闷的声响，我看见那只小鸟被厚实的玻璃反弹了回来，它摔在地上并且打了好几个滚，而后无力地伏在那里，身体剧烈地抖动着。

“它一定是受伤了！”我这样想着。大概30秒后，小鸟又重新展开翅膀，飞向玻璃窗。不幸的是它再次被重重地摔在地上，以致躺在那里足足5分钟。

但这挫折没有使小鸟屈服，它仍旧一次一次向着窗户飞过去。虽然飞行的速度越来越慢，力量也越来越少。

就在这时，我发现那扇窗户有一个窗门还没有关严，那孔隙只能容下小鸟的身体出入，或许它当初就是从那里飞进来的。

半小时后，小鸟又一次被窗玻璃弹回，这次是摔在窗台上，它完全瘫倒了，一动不动。

望着窗台上那个苟延残喘的小生命，我的心剧烈地跳起来。也许它再也无力飞出去了，我完全可以帮助它的，但我却眼看着它挣扎而袖手旁观，这太残忍了。一种罪恶感在我心里荡开，就如我亲手杀死了它一样。我开始内疚起来。

大约又过了5分钟，我惊喜地发现小鸟那羽毛蓬乱的头慢慢地抬了起来，身体也似乎在积蓄力量，但愿它能看到那条缝……我迅速地闭上了眼睛，心里虔诚地为它祈祷着。

是的，后来它就从那个空隙冲出去了。当我看见它奋起飞向天空的一刹那，我的眼睛一片朦胧。我被这个不屈的小生命深深地感动了。

在以后的日子里，生活给予我的苦难依然很多。然而，每当我气馁灰心时，一想起那个奋飞不止、努力不懈的小生命，我便不让自己放弃任何一次奋斗。而且，我总能通过自己的努力，勇敢地走出困境。

——选自《中学生读写（考试）2007年04期》

三、强化练习设计

请以“闪亮在灾难中的幸福”为话题写一篇800字左右的文章，文体不限，题目自拟。

人教版必修教材当堂作文优秀习作赏析：

徐志摩篇

真爱无悔

高三11班　伍丹

曾记得歌曲《见与不见》中有“你爱，或者不爱我，爱就在那里，不增不减；你跟，或者不跟我，我的手就在你手里，不舍不弃”。

吟读品味此歌，恍若写的就是青年俊才徐志摩对爱情的坚守。即使心爱的人不可能与自己在一起，也仍旧在原地痴痴守候无怨无悔，此种无果的守候让人心痛，却被这份对爱情的纯真所感动。为了所爱的人，无悔地等待着。正如他诗中所诉“似乎习惯了等待，单纯地认为等待就会到来”。这是一个奇妙而缥缈的梦，你用你的笔勾画了多情的你，这多情让爱情靠近你，却让婚姻远离了你。当最爱的女人离开你并嫁作他人妻时，你痛彻心扉。那种痛是不能轻易抛去的，你一生中最爱的人仍旧是她——林徽因。我无法了解当时的你有多痛，但我明白那份对爱的坚持是源于无悔，一种敢爱不敢恨的无奈。

也许你的文采太过美艳，天妒英才，让你年纪轻轻就远离尘世，只留下眷眷情诗表露情愫，动人心波。但我想说，即使上天不容，我却念你，想你！只为你道一句：沙扬娜拉，想捕捉你衣袖中抖落的云彩！

谁的清风卷走了诗坛尘埃

高三11班　万莎

“悄悄的我走了，正如我悄悄的来，我挥一挥衣袖，不带走一片云彩。”你来了，却如一阵清风，不曾带走任何事物，只留下一股清香，将那一团团污气驱散，你逗留在这片诗坛，卷去那层层尘埃。

你潇洒倜傥，你博学多才，你不甘于封建礼教的束缚。面对与张幼仪的这段父母之命、媒妁之言的婚姻，你毅然决然地选择了离去，奔向那未知的未来，去寻找属于自己的幸福。终于，你遇到了林徽因，并勇敢地向世人宣布：“得之我幸，失之我命。”只可惜，造化弄人，一对有情人最终未成眷属。

感情的失意不禁让你的诗歌蒙上了悲苦的色彩，回忆淡了，星光暗了，梦醒了，心也乱了，你茫然不知所措。直到陆小曼的出现，才重新挽回你对生活的热情。你们的婚姻热烈深情却又坎坷多舛，但这一切，都未能阻挡你追求幸福的脚步，你为爱四处奔波，却不料因飞机失事而丧失了性命。

你像一团火，燃烧着生命的激情，如一只舞蝶般留恋在生活的舞台，你又像一阵清风，徐徐吹过那尘土飞扬的诗坛，卷去层层尘埃，只为诗坛留下一汪清影，一池碧波，让自己的心在泛泛涟漪中感受岁月的轮回。

一抹不屈的灵魂

高三11班　柴宁

说志摩，只能让我感叹他那一抹不屈的灵魂。无论社会多么黑暗，条件多么不允许，他都只追寻自己想要的自由、幸福、理想。

也许有人说他不切实际，也许有人说他对感情不专一，但我看到的，只是他毫不犹豫追寻的勇气及他“得之我幸，矢之我命”的一份坦荡，一份无畏。我想生命需要这样的不屈，需要这样的勇气，更需要这样的追寻。

人人都说自己生不逢时，那只不过是为自己的懦弱找借口，很多事情你想干，但没干。不是因为你不能干，而是你不敢干，你怕自己不成功，不能忍受失败的痛，你怕别人说你，嘲笑你，你不堪背负谣言与批评指责。你怕一旦干了，就再也无法回头。于是你放弃了，并跟着去嘲笑那些敢干的人。那么现在看来，志摩的做法会不会让你羞愧呢？

敢于追求自己想要的，不是谁都能做到的。陈光标行善，是想以此带动更多的人，他就敢打着锦旗向世界宣布，别人说也好，成果不被看好也罢，他敢于去追求就说明这背后有一个不屈的灵魂，让他打破世俗的观念，去追寻所要。要得到认可，要追寻自己想要的东西，我就敢承认，无畏一切，无视一切阻力，仍是敢于打破一切束缚的那一抹不屈的灵魂，让我感到由衷的敬佩。

不是吗？我想要，就追求得坦坦荡荡。得也好，失也罢，做过了，便问心无愧。我的不屈，是对灵魂的坚守，是对生命的追寻。谁也不可阻挡，这才是真英雄。

柳永篇

花自飘零水自流

高三11班　伍丹

溪流中的落花，尽管水滴滋润，红润绚烂，却让人叹息她的青春年华如流水般一去不返。如此伤感美景，让我忆起了一位风流倜傥的才子——柳永。我叹你的命运，我羡你的才学，我喜欢你的文笔。“衣带渐宽终不悔，为伊消得人憔悴。”你用你那灵气的手笔勾画着你的爱情、你的留恋与承诺。也许世间的人都鄙弃你的多情，但我懂你，你的爱情观独特而高贵，你心中的女子是独一无二的，因此你才有创作灵感，那是源于你的爱，一种对爱情的领悟。

你因多才风流一时，却也因多才逃不脱死亡的厄运，也许有人叹你那短暂的青春，而我却念你那永远的才情。

问世间“名”为何物

高三11班　万莎

问世间“名”为何物，只叫人苦苦追逐。“名”与“利”是历史的车辙里从未消失的一部分，从古至今，多少人不惜头破血流也要苦苦追寻，不惜背信弃义，众叛亲离也要跳入这片池塘，“享受”高高在上的快感。然而，一位烟花巷陌的风流才子却直呼：“青春都一晌，忍把浮名，换了浅斟低唱！”

他是幸运的，因为他生在了官宦之家，家族长辈世代为官，从小锦衣玉食，不愁吃穿。然而正是如此，才造就了他放荡不羁、傲然出世的性格。从小，他便不拘于常规，喜好他人鄙夷的通俗文学，将读书的时间用来四处游荡，以致最终三次科考都未成功，只得以“浮名利，拟拚休，是非莫挂心头，富贵岂由人，时会高志须酬，莫闲愁”来劝慰自己，也许柳永从未想到，自己与官场绝缘只因一句“忍把浮名，换了浅斟低唱”！

其实，驻足回望，还要多谢这首宋词，若不是这首词，中国的词坛上也许会失去一颗璀璨的明珠，后世子孙更会少一份精神食粮。柳永错过了官场，失了名利，却为中国文学史添了浓墨重彩的一笔。试问：人生的价值难道一定要通过名利才能实现吗？非也。

寻觅

高三11班　蔡欣

夕阳下，我打开一本宋词，一页页翻过。翻到柳永词时，我停下了，思绪化成轻云飞往北宋，去寻觅“柳三变”的身影……

我看到了你正在勤奋苦读，我问聪明的你有何理想志向，你只求传承家业，官至公卿。

当我再一次看到你的时候，你失魂落魄、愁眉紧锁，失意之余年轻气盛的你写下《鹤冲天》一词排遣苦闷，我问你何以至此，你只道“才子词人，自是白衣卿相”，便毫无顾忌地走向民间，留恋于歌楼舞榭，醉心于填词作曲。我问你有何感受，你只道“今宵酒醒何处，杨柳岸，晓风残月”，一曲《雨霖铃》深寓千种风情。我终于明白了，为何你“前无古人，后无来者”，因为“天将降大任于是人也，必先苦其心志，劳其筋骨，饿其体肤……”你的一切都被挫折摧毁，你的精神支柱已全部崩塌，不为世人理解。你的“忍把浮名，换了浅斟低唱”的离经叛道之说，被圣上批示“且去浅斟低唱，何要浮名”！你满腹经纶，却没人理解你，你的满腔热情所换来的只是个“莫须有”的罪名，当一切都毁灭的时候，你的才华却被无限激发，以“有三秋桂子，十里荷花”的激情写出了千古绝唱。我轻轻地问道：“你对这一切无能为力，你感到如何？”你无语，只提笔写下“衣带渐宽终不悔，为伊消得人憔悴……”

陶渊明篇

你用斗米怎可量

高三11班　伍丹

仰望历史长河，生命的辉煌与泯灭渺若沧海一粟。然而是怎样的曙光，照亮了浊世，在大地间竖起丰碑，筑一首不朽的生命赞歌？那当然是你不朽的文人气节。潇洒一挥，挥去了使你生存的食粮，但挥不去浩然正气，但我又想说：“陶渊明，你用斗米怎可量？”

斗米虽蕴含着汗水结晶，却无法用来比拟你。你向往隔绝世外的桃花源，缕缕清香萦绕心头；你沉醉自我，即使身无长物，依然乐享“采菊东篱下，悠然见南山”的田园情怀；你抚琴自娱，即使琴上无弦也自成趣；你的心深若清潭，只见其清，不见其深。斗米何来此境界？你以山为钵，以景为酒，悠然自醉，痛斥当朝政权变迁，惋叹世间人过境迁，但你从未在酒中迷失，小小的官员，却大有作为，奈何当世不容你这般清高之人，于是你天灾人祸不断，一贫如洗，两袖清风，真可谓在世间潇洒了一回，身外之物，生不带来，死不带去。

斗米不能量，天却同你量，浩渺的天空是你博大的胸怀，洁白的云朵更是你清高的身影，而我看你，须仰视才见！

做自我　爱自我　成就自我

高三11班　万莎

门前五株柳，门后一片天。纷乱的浮尘中，他不惧天地，不畏权势，只爱自己门前那五棵柳，只愿携手它们潜于乱世之中，与世相隔，不复出焉。

仕途、仕途，乱世之途。在那纷乱的年代，众人皆认为唯有出仕才是生命的出路，可又有谁知道，有多少人走在仕途中，却如行尸走肉，又有多少人活在仕途下，却如死去一般麻木。对这一切，渊明视若无睹，尔虞我诈，他不屑；钩心斗角，他不愿。官场的吵嚷与喧闹，与他何干？正如陶渊明自己所言，“问君何能尔，心远地自偏”和“采菊东篱下，悠然见南山”才是他毕生的追求。

忠君，爱国，一个文人自古不变的信念。面对乱臣贼子颠覆朝堂的行为，陶渊明痛心疾首辗转反侧终是一夜未眠。次日清晨，他便向家人宣誓，今生再不为官。即使又病又饿，他也不会接受友人檀道济的劝阻，大丈夫又岂能为五斗米而折腰呢？

官场险恶而又虚伪，于是他毅然返乡，潜于乡野炊烟之间，只做五柳先生，只与杨柳、野菊相伴，做最真实的自我，爱最真实的自我，成就最真实的自我。

莫负东篱菊蕊黄

高三11班　蔡欣

采菊东篱，把酒南山。山依旧好，人已然憔悴。

伴着你，那点点菊花点缀了朦胧的南山，厌倦于世间尔虞我诈、钩心斗角的官场生活，从此寄情田园，宁愿“晨兴理荒秽，带月荷锄归”，不再理会尘世的繁荣。“山气日夕佳，飞鸟相与还”的山中美景一定带给你不少启示，让你深切地感受到“此中有真意”。

曾以为，古代文人的生命会简单明了，然而，是谁偏偏要抛开那些世俗的期望，为自己的人生另择一条路？你的光芒刺痛了那些习惯于黑夜的眼睛，你注定要承受官场和文坛一起泼来的污水。

念往昔，繁华已去，你依然逍遥于世外，穿梭于泥潭之中，何须在乎那势利之争？抛开了世俗的期许，守护了自我，于是你收获了历史的期许。

庄子篇

红尘梦幻　蝶影起伏

高三11班　伍丹

在蝶的眼中，花是天使，因为花给予她生命的甘露；在花的眼里，蝶是挚友，因为蝶给予她生命的延续。但你却不同，扇动翅膀，不做花间的浪子，只在大好河山间洒脱起舞。

你追求精神自由，逍遥无待，放弃世间名利的羁绊，期望相忘于江湖的爱情，于是当你在妻子死后敲响盆音，世人才看透了你的精神超越。正如你所吟的：凡夫俗子，自当保持个体精神的自由自在与心性的宁静淡泊。以天下为沉浊，不可与庄语。这般洒脱，这般的超脱世俗。纵使你无法拥有蝶衣般的绸缎，你仍旧不屈，用洒脱的心作引导，飞出美丽的弧线，留下一抹令人怀念的倩影。

滚滚红尘，你用你的人格魅力在历史上留下烙印，你孤独一世，是因为无人与你匹敌，但如今你不再孤独，因为有我们陪你，看你的蝶影起伏于红尘梦幻。

谁说蝴蝶飞不过沧海

高三11班　蔡欣

今夜，透过薄薄的夜色，我想起了你，想知道两千多年以前的你，怎样去倾听阳光的声音，怎样去寻找草地上的秘密，怎样为一尾鱼而眼角溢出清泪，“相濡以沫，不如相忘于江湖”，那是他们最终的宿命。但，我还是没有完全搞懂，在没有阳光的夜里，你用什么去抚慰自己受伤的心灵？

这寂静的夜里，我仿佛又看到了两千多年前的那个下午，落日在你的身后，似如血之辉，你一个人踽踽独行，正穿过薄薄的花香和厚厚的风尘，缝合一颗颗悲苦的心灵。

当美丽的蝴蝶自由自在地翩翩起舞时，会令人遐想。“梦久已忘身是蝶，水清安识我非鱼。”那是你的梦，一个遥远的、神秘的梦，一个永远不愿醒，一个忘了自己的梦。那年青丝红颜纷纷扰扰不愿醒，千年梦一生，已是白发苍容，再回首又一生。

当看到心灵的疲倦与束缚时，让我们静下心来，跟着庄子一起进行一次心灵的逍遥游，化身为一只蝶，与鱼虾为伴，忘却尘世烦恼。谁说蝴蝶飞不过沧海，挥动翅膀，随风远行，终会飞向远方，飞向蓝天！

李清照篇

心似水柔　骨若金坚

高三11班　万莎

秋日的凉风卷起佳人的帘幔，抬头看窗外，云卷云又舒。浓云随风而逝，愁绪却徘徊心头，挥之不去。

门前小径两旁的黄花已日渐消瘦，似是忆起昨日美好光景，佳人眉头轻蹙，心底的柔情和着悲伤泛滥成河。

数月前，佳人“蹴罢秋千，起来慵整纤纤手”，娇羞可爱的模样一如春风拂面。如今，举案齐眉的丈夫身处他乡，有情人天各一方，佳人依着窗儿，任由“花自飘零水自流”，左手相思，右手闲愁，黄昏的细雨打湿了飘落的梧桐叶，满地残花，一片憔悴。

愁绪柔情随水无尽地流，岂不料流水的尽头是国难当头。面对逃避“大丈夫当报国”之责的丈夫，佳人羞愧难当，只能面对乌江长叹“生当作人杰，死亦为鬼雄”，只恨自己是一女儿身，不得报国尽忠。骨子里的爱国正气让人不得不为之动容。面对张汝舟的欺骗与威胁，佳人绝不屈服，载着自己满腔的正义与骨气，状告朝堂，捍卫了自己的人格与尊严。

心似水般柔，骨若金样坚。如此佳人，世间能有几个？在纷乱的时代，遗世而独立者，唯有李清照。

陆游篇

叹　惋

高三11班　伍丹

深秋的天气总是有着无情的苍茫，携着无尽的哀愁，卷着煞人的苍凉，仿佛要淹没一切，苍劲风中夹着柔柔相思，似在渲染这不凡的季节。

抬眼而望，梅花傲然如雪，让人想起铮铮铁骨也依然柔情似水的陆游，一抹相思，一抹愁。

闻道梅花坼晓风，雪堆遍满四山中。何方可化身千亿，一树梅花一放翁。

我叹你有“铁马冰河入梦来”的豪情，叹你有“家祭无忘告乃翁”的深情，你是如此的勇敢，在金人面前毫不畏惧，坚持斗争到底；你是如此的帅气，在乱世中振臂高呼，唱响英雄曲，尽展侠骨柔情。

然而，奈何旁人羡妒鸳鸯对，你与心爱的唐婉被迫分离，缕缕情丝魂牵梦萦。于是，你故游沈园。本不该如此，但心却紧紧相牵，你与唐婉邂逅沈园，一杯苦酒，融入无尽的滋味，却也苦进心田，只留那“东风恶，欢情薄。一你愁绪，几年离索。错错错”。你在墙壁上留下黯然神伤之句，未得佳人，却得了句“晓风干，泪痕残。欲笺心事，独语斜阑。难难难”的低吟。

叹，感叹你的侠骨，哀叹你的坎坷爱情；惋，叹惋你的柔情，伤惋你的孤寂。

吾愿与君共永世

高三11班　万莎

星光点点，晨曦微微，昼来夜往，生命如歌，四季轮回。下一世，沈园青石旁吾愿与君再相遇。

幼时，我们青梅竹马，两小无猜，曾以表兄妹的身份订下亲事，一只精美无比的凤钗凝结了我们无限的深情与无尽的爱，可琴瑟和鸣的婚后生活招致了家母的极度不满。原以为才华横溢的我会是你“执子之手，与子偕老”的另一半，但我们却忘记了，在那个时代，那个社会，女子无才便是德。婆母以耽误前程为理由逼迫我们分离，于是，我们从此天各一方。

你开始奔波，开始努力踏入仕途，开始为国家安危而忧愁，可上天似乎在捉弄你，你像一叶小舟在大海中漂荡，总被海浪打翻。在礼部会试失利后，你前往沈园，这个令你终生难以忘却的地方。在沈园，我们再次相遇，可今时已不同往昔，于是，我们彼此心伤，先后在青石板上刻下了流芳百世的《钗头凤》。凤钗依旧是那个模样，只是没有了昔日的光泽。

“世情薄，人情恶，雨送黄昏花易落。”如今叶已枯萎，花已凋败，只盼岁月轮回，下一世，我们还能相遇在青石旁，让晓风抚平泪痕，让满城春色随我们逍遥，随我们笑傲天涯。吾愿与君共永世！

人间咫尺　已是浮世千山路

高三11班　蔡欣

是谁在叹息，那知秋一叶的美丽？是谁在孤赏，那凄美的情愫？是谁在感动，在这一直等待的季节里？

我从没去过沈园，但却能想象那里的一池幽水、一座石桥、几株垂柳、一堵石墙、半壁亭台是怎样美到了极致，又是怎样的凄凉，让两位有情人不禁提笔写下彼此的无奈。“春如旧，人空瘦。泪痕红浥鲛绡透。桃花落，闲池阁。山盟虽在，锦书难托。莫莫莫！”这是怎样的爱，就像一杯好酒，一下肚只觉醇香，然而这香却慢慢侵袭你，让你从微醉变成酩酊大醉；又像一盘熏香，一寸寸感染你的嗅觉。悲剧是什么，就是你眼睁睁地看着美好奄奄一息，眼睁睁看着它拼命挣扎却最终沉入水底。

等的人，等待花落知多少，经得起岁月动摇；想的人，感伤日落知多少。也许这世间有些梦美得永远握不到。“何方可化身千亿？一树梅花一放翁。”宁愿化为梅花，一世等待，一个念想，便是一生！

李广篇

跨越时空的短命英雄

高三11班　万莎

茫茫沙漠，除却那执着的骆驼的足迹，便只剩下数不清的沙砾与依稀可见的仙人掌。四下观望，无人能指给你想要的路，一心奔赴沙场，纵马驰骋，却不料迷路在一片荒无人烟的沙漠，被人耻笑。

纵使功不可抵过，但你只因一次小小失误，竟被流言蜚语逼向自尽！这样匆匆结束你的戎马生涯，不曾惋惜吗？也许，自古以来英雄短命吧！

回首看那滚滚流淌的乌江，曾被项王的热血染红，埋葬了一代枭雄的灵魂。想当年，项羽也因战败而无颜面见江东父老，拔剑自刎，为后世留下无限哀叹。“胜败兵家事不期，包羞忍耻是男儿。”战场上没有常胜将军，为何你与项王都选择了同一条路，而不曾想要卷土重来呢？韩信能忍胯下之辱，所以他成功了。项羽，倘若你选择了相反的路线，那下一个韩信该会是你吧。

乌江边的项羽，沙漠中的李广，同样的倔强，同样的结局，同样的令人惋惜，尽管说自古英雄多短命，但又何尝不是由性格所决定的呢？性格能够成就一位人物，同样也能够毁掉一代英雄。

萧红篇

萧萧落去　红颜有泪

高三11班　蔡欣

人生若能搏一回，爱一回，纵有无尽遗憾，也不过辗转一梦，红颜有泪。

她一生的苦难，无关爱情，也相关爱情。苦难使她的灵魂中蚀出一个骇人的黑洞，一寸寸蔓延，我不禁在想，她怎么在承受了这么多苦难后还对生活充满希望，依旧拥有甜蜜的笑容。

鲁迅曾说：“悲剧是将人生有价值的东西毁灭给人看。”我想她之所以能够写书，是因为她本来就是一本耐人寻味的书，她读过的书，度过的日子，爱过的人成就了她的才情，越了解她，越会感到一阵阵悲痛涌上心头。她一生的悲惨命运，除了时代的洪流将她冲向不该去的禁锢之地外，难免和爱情有扯不清的关系，她的悲痛又源于此，她写下了《生死场》《呼兰河传》，留下经久不衰的经典。她只度过了短短的三十一年，她就如同那极美的花，是天然的，无法复制的。她灵动的笔墨，将那些人物写入骨髓，写到情感的细枝末梢。如同花一样，开着的时候，华美地开，挥霍的时候恐怕也是别样的珍惜。生时自顾自地潇洒，落时竟也是美的，美得叫人难以捉摸，念念不忘。

她是乱世中的昙花，绽放之后很快枯萎，可是我爱她！

落叶萧萧　红刹双眼

高三11班　伍丹

你的人生如同落叶的飘零，似在优雅画圈，又不得不渐趋冰冷，纵使只拥有短暂的青春，也要含着泪微笑度过。

我不曾见过你，无法想象你娇美的容颜，而我却懂得你的心，那颗在跌宕起伏的岁月里仍旧不曾褪色的心，在尽遭冷眼后仍旧不肯屈服的心，在浑浊尘世中仍能看到碧水蓝天的心。这或是出于无奈，或是出于不屑，或是出于不顾。

岁月如同浪淘沙，只留少数人在世间存活。你是不幸的也是幸运的，那似落叶般的人生充满感伤，却保存着拼搏的勇气，做死前的最后搏击。岁月只许你留下 31 个脚步，却无法限制你所做的事，你用笔端刻画你眼中的世界，看清了别人对自己的冷眼，看透了世间的冷暖，却不能让自己的热忱被尘封，依旧闪耀落叶独有的光泽，红得耀眼。

落叶萧萧，无法掩埋你的悲伤，使你的灼灼年华被记忆，不觉在途中红刹路人双眼，只一眼，便记住你的美。

落叶萧萧　红刹双眼

高三11班　伍丹

清风翠竹，虫鸣鸟叫，弥漫着阵阵青草气息的泥土中，一排排的脚印，记录着你的存在，以及那段在祖父陪伴下的充满爱的时光。

14 岁的妙龄，当其他女子倚在父母身边撒娇时，你却走在人流涌动的街头，抛洒着自己的一腔爱国情，枪林弹雨你何惧？也许你不曾感受过父爱，所以在父亲为你指婚时，你坚决地离开了家，去追寻你的那份爱，尽管这份爱并没有持续多久就夭折了，可那是你敢于抗争的见证，是你向那“吃人的封建礼教”说“不”的见证。

一次次的背叛与抛弃，你竟用你那柔弱的身躯硬生生地撑住了，在别人眼里，你是英雄，是豪杰，从不曾倒下，像胡杨一样，活着千年不死，即使死后也千年不倒。但你的内心究竟如何呢？真的没有伤痕吗？只怕是有却没人能懂，无人可倾诉吧。

当鲁迅先生如天神般出现时，你似乎明白了，纵然全世界都抛弃了你，但你也决不放弃自己。于是，你写信给鲁迅先生，并最终得到先生的赏识，开始了你人生道路的新里程。尽管你不知道这条路是风和日丽，曲径通幽，还是惊风残月，河边断桥，但你坚决地走了下去，并走出了自己的特色与辉煌。

你是才女，让人羡慕，但你更是一株傲霜立雪的寒梅，让人敬仰。

平凡的坚守

高三11班　柴宁

冬日的阳光洒在窗棂上，一如每天机械的生活一样淡而无味，让人想起萧红笔下的那个闭塞的小城。每天面对着一群冷漠麻木的人群，过着柴米油盐酱醋茶的简单清苦生活。这个女子，是什么，让她的柔弱多病的身躯面对生活的磨难，仍能坚守一颗细腻敏感的心灵，走过这平淡乏味的日夜，成为人们心中永不褪色的萧萧落红。我惊诧于她面对压迫时的勇气，毅然决然、不顾后果地冲破封建礼教传统，向自由和理想奔跑，在压抑的生活之墙上冲开一个口子，在淡如止水的海面上激起一朵浪花。我叹服于她在数次遭到抛弃后的坚韧，面对病魔的顽强。一个女子，要怎样走过这些梦魇般的痛苦回忆，去面对眼前的人生，去咀嚼平凡的苦涩。我更感动于她至死不休的追求，哪怕日子过得步履维艰，哪怕现实将她逼至死角，她仍未放弃写作，放弃希望，放弃追寻。她的行动显示了一个平凡人最完美的状态，哪怕自己平凡如蝼蚁，也不忘记前行。

其实一切伟大都来源于我们最平凡的坚守。

杜甫篇

转山转水转佛塔　只为等你

高三11班　万莎

那一天，闭眼在经殿香雾中，蓦然听见，你诵经中的真言：尔曹身与名俱灭，不废江河万古流。

那一世，转山转水转佛塔，不为修来生，只为途中与你相见，听你吟唱“白日放歌须纵酒，青春作伴好还乡”的天籁。

这一世，我们穿梭时空，呼吸在同一片天空下。

这一天，我们心有灵犀，静默于飘摇的渔舟中。

你为自己斟一杯热酒，欲模仿好友“对影成酌”“邀月共饮”，但举起的烈酒如何荡入愁肠，如何能消融你的满怀愁绪？酒杯中摇曳着“朱门酒肉臭，路有冻死骨”的凄苦场景，仿若一块顽石投入平静湖面激起的泛泛涟漪，直击你的心底，击碎你的心窗。

你若叹“安得广厦千万间，大庇天下寒士俱欢颜”，我便想起那荒路边的尸骸，想起你那饿死的小儿。若真有广厦千万间，他们那未来得及绽放的烟火怎会最终连灰烬都不曾留下？你虽有一腔热血与满怀的爱，可生不逢时，无人欣赏你的才华，你又奈何？

富二代的头衔因父亲的离世被带去了天堂，诗二代的名誉埋没千年后被子孙掘出，你何其幸运，拥有满腹经纶；你又何其不幸，被浮尘掩去了满身的星光。

莫与杜甫论凄凉

高三11班　柴宁

风雨的夜，漆黑而寒冷，他面临的是“床头屋漏无干处，雨脚如麻未断绝”的境地；寂寥的江，空旷而辽远，他承担的是“万里悲秋常作客，百年多病独登台”的凄苦；偌大的京城，繁华的热闹，他遭遇的却是“朝扣富儿门，暮随肥马尘”的屈辱。谁能比得上杜甫的凄凉？

但是又有谁肯放下自己的凄凉，去关注他人的冷暖？只有杜甫。当我们在抱怨自己的车子、房子不如别人的时候，他在漂泊中为百姓鸣不平：“朱门酒肉臭，路有冻死骨”；当我们冷漠地面对寒风中乞讨的孩童时，他在寒窑里为天下忧心“安得广厦千万间，大庇天下寒士俱欢颜”；当我们在电脑上吐槽自己生活中的小事时，他在批判那个饥寒交迫的时代：“尔曹身与名俱灭，不废江河万古流”；当我们在安稳幸福的生活中不思进取时，他在为国家命运愁绪满怀：“白头搔更短，浑欲不胜簪”。

莫与杜甫论凄凉，因为那更会显出你的苍白无力；莫与杜甫论凄凉，不如少些抱怨，多些感恩，多些行动。

曹操篇

孟德的自白

高三11班　柴宁

我是曹操，字孟德。三国时魏国丞相。在近两千年的时光中，我在尘世中观望，见众人误解我如此之深，又闻今日之中原茫然无知的小辈们比比皆是，故现身作文以激起诸位壮志，授本人成功之道，为中华之崛起尽吾微薄之力，当然也为自己正名。

幼年时，我便深得随机应变的要旨，戏得叔父难以再向父亲告我的状。少年之时，我同如今的青少年一样，满腹经纶。当然更重要的是，在那个分割动荡的年代，我胸怀兼济天下之大志。董卓残暴，我自告奋勇前去诛贼。然而事生变故，行刺不成，我便假意献刀，一路逃离。这里，我向诸位授以成功人士的基本常识：留得青山在，不怕没柴烧。自身难保，何以解救天下？奉劝那些稍受打击便放弃生命的年轻人，三思而后行啊！占据一方，我迈出了第一步，破黄巾，灭袁绍，平袁术，诛吕布，我毫不留情地横扫千军，至于这期间误杀的吕伯奢、华佗，怒杀的刘馥、杨修，实乃情势所迫。作为心有霸王之梦的人，心慈手软干不了大事，更何况斩草除根，防患于未然，更是为自己的以后免除麻烦。威信立了，祸也除了，心里踏实，才能专心做自己的事，不然疑神疑鬼的，多碍事，本处授以成功之道二：免除后顾之忧，果断做出决定，一心一意干大事！当然，打天下靠我一人之力是远远不够的，所以人才便成为我登上成功宝殿的助推器。

“青青子衿，悠悠我心”，我思念着人才的投靠就如同渴望着梦想的实现。为此，我裸足迎才，我释放关羽，我任用陈琳，我关心郭嘉。他们就是我的天下，就是助我成大事之人。因此，要想成功就别想着单枪匹马闯天下，到时候即使不被杀死，也会被累死，注重合作，创造双赢，成功之路将畅通无阻。

最后，声明一下，靠别人是必要的，但重要的还在于自己，“老骥伏枥，志在千里。烈士暮年，壮心不已”。高远的理想是我坚持到底的最大理由，更重要的是，我让自己如此优秀，攻谋略，善诗词，通军事，晓人情，因而，别再骂我奸，我的成功是努力得来的。后之来者，只有奋发图强，壮大自己的力量，方能成为国之骄子。

刘邦篇

因人成事者　哪如刘邦

高三11班　柴宁

乱世出英雄，风云激荡的时代，往往会给那些胸怀大志者创造机会。一代伟人，或有运筹帷幄之才，或有远见卓识之略，或有万夫难挡之勇，或有得天独厚之背景。小小的刘邦，一介草民，何以一步步打下大汉江山？

区区沛县，刘邦起用张良、陈平、曹参、萧何、樊哙、曮婴、韩信等人，一个个都是“业余”人士，却组成了一个“专业”的队伍，既然自己不可能做到面面俱到、才华横溢，那就凭借别人的力量达到目的，因人成事者，哪如刘邦？

秦被攻下后，刘邦废秦苛法，与关中父老约法三章，财物无所取，妇女无所幸，一一封存遣散，赢得了民心，于是在后来的楚汉争霸中，秦地百姓始终坚定不移地站在刘邦一方，哪怕开始时刘邦屡屡战败，也没有出现过后院起火、人民反叛的现象。化百姓力量为己用，得民心者得天下，因人成事者，哪如刘邦？

就连最有名的“鸿门宴”，也多靠别人帮忙，若不是项伯给他透漏风声，张良为之出谋划策，樊哙为他拖延时间，刘邦怎能成功脱身？

谋略不如张良，治国不如萧何，打仗不如韩信，却能够得到天下，因人成事者，哪如刘邦？

孟子篇

以“仁”爱人　以“礼”待人

高三11班　万莎

孟子曰：君子以仁存心，以礼存心。仁者爱人，有礼者敬人。爱人者人恒爱之，敬人者人恒敬之。

这个时代，是属于我们的时代，也是一个千疮百孔、丑态百出的时代。路边行人匆匆而过，不为他人生死而驻足；公交车司机三心二意，不为他人安全而留心；肇事青年口出狂言，不为犯下大错而惭愧。眼睁睁看着一个个鲜活的生命离开这个世界时，我们的仁爱之心哪里去了？想想孟子的告诫吧，“爱人者人恒爱之”。面对他人生死，我们木然相对，如果哪一天，在生死边缘挣扎的是我们自己，谁会援以爱心？

其实这个时代有仁爱之心的人处处可见，“最美妈妈”的身影就在我们眼前，“最美老师”的笑容在滋润着我们的心田，“最美司机”在我们心悸之余给了我们最大的安慰。这一个个“最美”，为我们这个时代增添了一道道亮丽的色彩，他们很好地诠释了孟子的“仁”“礼”思想。

以“仁”爱人，以“礼”待人，才能让自己获得更多的爱与幸福，让自己成为一个仁者，你将永远无敌！

仁礼天下

高二9班　杨雪

穿越时间的河流，你依然被世人敬仰，历经两千多年不曾改变，历史漩涡中熠熠生辉的是你那思想的光芒。

都说乱世出枭雄，不只是军事上，你也是思想上、政治上的枭雄。战国时期是一个混乱的时期，一个无主的时期，只有你才提出“人性本善”这一主张，只有你才会说“人皆有不忍之心”，也只有你才能会说人人都可行“不忍之政”。善良抑或天真，自古以来褒贬不一。你，善良是有的，天真也是有的，不然为什么会游历各国，而且去游说齐宣王、梁惠王。你明知他们有称霸的野心，有嗜杀的本能，却妄想用“人性本善”去感化他们，这难道不是一种天真？

曾几何时，曹交问你：“人皆可以为尧舜，有诸？”你说：“然！”但你确切地知道尧舜时代的仁政究竟是什么样子吗？我想你未必清楚，你只不过是虚构一套自己认为的仁政思想。哦不，这也不能完全称之为虚构，因为当时确有“庖有肥肉，厩有肥马，民有饥色，野有饿殍”，也许你是对这些现实不满才构想出一套“不忍之心”的仁政来吧？

你留给后人的是一部充满了你思想主张的书——《孟子》，虽然并非都是你所作，却可以代表你的思想和风格。

《孟子》一书论辩居多，而当公都子问你：“外人皆称夫子好辩，敢问何也？”你却说：“吾岂好辩哉？不得已也。”好一个“不得已”，因为“不得已”而好辩，因而也就形成了文章的特点。

顾炎武曾说“邦无定交，士无定主”，一般游士，大都肆无忌惮，是不是你也因为无定主，所以说话较随便些，在王公大人面前，也敢抵掌而谈呢？大概也是因此无定主，你的文章才会有如此磅礴的气势吧！为什么你会无所忌惮呢？难道单单因为你是个游士，无定主吗？不是的，其中还是有“富贵不能淫，贫贱不能移，威武不能屈”的修养，也是因为有这样的修养，才使你的文章沛然而不可御。

孟轲，你是站在历史潮头上的巨人，“亚圣”之名当之无愧，你的思想造诣将永远在青卷之上熠熠生辉。

项羽篇

给项羽先生的一封信

高三11班　蔡欣

项羽先生：

您好！

因平生无法与你相交为友，深感遗憾。

昔日，您披戴盔甲，骑战马，舞战旗，英勇杀敌。您的威风凛然，您的意气风发，您的智勇双全，无不见证着您是个卓越的军事家。

可惜，小女当初幼稚愚昧，见识短浅，只听到您的一些小缺点就妄判了您，一直认为您是一个一无是处、胆小怕事、胸无大志的人。其实，您哪有我想象的那么懦弱，是我误会了您，如今我虔诚地向您道歉、赔礼。因着您有乌江自刎一事，世人都认为您是懦弱之人，但现在我才真正知道那是误会了您。

否则哪里会有李清照的“至今思项羽，不肯过江东”呢？我想看人也好，看物也罢，应该是多角度的，正如苏轼说的“横看成岭侧成峰，远近高低各不同”。

项羽先生，小女冒昧提出我的想法，如果您再仁慈一点，就如当初放刘邦一样，也许世人会调转笔锋，不得不因您的智勇双全而大加赞美之词。毕竟过去是历史，无法改变，所以我只能改变您在我心中的形象。

《红楼梦》篇

涕泪红楼

高三11班　蔡欣

嘤嘤的啼哭声传入耳际，我那“娴静时如娇花照水，行动处似弱柳扶风”的林妹妹，你的柔情锻造了你的美。你身在富贵奢靡的贾府，但你“出淤泥而不染，濯清涟而不妖”，你的灵秀典雅被我们时时传颂，而你寄人篱下的痛苦，你不被理解的辛酸，你“闻者伤心，听者落泪”的结局，又怎能不让我为你伤悲呢？

宝玉哥哥，你的才情，你的玉树临风，你的风流潇洒，我喜欢你有你的无奈和悲痛，我懂你的痛，你想冲破那一道道行将就木的封建藩篱和围墙，可这红楼中的冰墙，怎是说推倒就能推倒的呢？你的心凉了，你选择了离去，你的际遇又怎不让我伤怀呢？

我爱上了《红楼梦》，因为我读懂了曹雪芹笔下那一个个人物的心，读懂了他们内心最脆弱最无助的一面。

独坐在书桌前，明亮的台灯照着寂静的房间，一阵风吹开了书的扉页，一颗硕大的泪珠滴在书页上，泪珠渐渐散开……已经不知多少次，为了你——《红楼梦》，我又落泪了。

曹雪芹篇

永远的曹雪芹

高三11班　柴宁

有人爱你的才，一部《红楼梦》把你推到文坛的至高峰；有人惜你的苦，凝于笔尖的文字，字字吐尽你的辛酸；有人叹你的命，一代才子家道中落，爱情失意，留一段坎坷的人生。而我，独被你不因祸变而消沉、不因贫困而潦倒的心境折服。

少年时，你是锦衣玉食的贵公子，却看得见官场的黑暗与腐败、女性的凄惨和悲苦；成年后，你是“蓬牖茅椽，瓦灶绳床”的穷作家，却从未停止对这社会的抗争。“批阅十载，增删五次”，你绝不仅仅是抱怨社会的不公，痛陈个人的凄惨，而是一边咽下生活的苦难，一边坚持个人的理想，呕心沥血，留下一部旷世之作，同时也将你的名字烙入史册，熠熠生辉。我仿佛看见家逢巨祸泪流满面的你，毅然决然地拎着仅有的家当落脚于西郊，悲痛却不消沉，我仿佛看见饥寒交迫的你在寒窑里瑟瑟发抖，眼里却从未有过凄凉。那种潦倒文人身上的颓废，在你入火般的热情和坚如磐石的信念之下，丝毫没有现身的机会。我敬你，在祸变后的坚强，苦难中的不屈，更深深地为你感动，你是怎样执拗地在捍卫着自己的尊严：可以贫困但绝不能潦倒，可以失败但绝不能放弃！

你不仅完成了一部《红楼梦》，更铸就了一座不朽的精神丰碑！

李白篇

诗意的生活

高三11班　柴宁

品读李白的诗，总能让人有一种如入幻境的感觉。所有的豪迈、乐观，所有的孤独、失意，都瞬间诗意鲜活起来。而这一切，源于他倾注于作品中的情感色彩。我一直认为，李白有一个想象的世界。这位浪漫的诗人，常常用他雄奇的想象将自己置于一个梦幻的时空，在那里尽享壮美河山，百味人生。于是，无论现实中有多少不如人意的遭遇，他总是能将其化作一抹月光，抑或一杯清酒，要么散入夜空携一缕清风隐去，要么沁入豪肠满口生香。

浪漫的想象，让李白诗意地生活。

失意了，和月亮对饮，孤独了，与敬亭山相望，看一挂飞瀑，也能让心在银河处遨游。想象既是一个虚拟的理想世界，也是一个逃避痛苦的世外桃源。在这里，几缕斜阳也能折射诗人的心声，一点帆影也能寄托诗人的情感，山水鸟兽都在倾听，于是他尽情抒怀，抚平内心的种种伤痛，想象为他保留了一份赤子之心，一份不灭的希望。

而环顾我们周围，多少人失去了想象的能力，学生们很小就学会了将形象美好的图像抽象成简单的几何图形，却从未能将简单的生活用想象装点得多姿多彩，为生活添一份诗意。我们行色匆匆，来不及对美好的晨曦神往。我们失望痛苦，满夜霓虹的梦幻之美。有的时候，多一点浪漫的想象，周围的一切会改变很多，原本冰冷死寂的物质世界因为你情感的丰富、想象的美好而有了温度、有了感觉，这世界万物都在为你倾听，陪你一起哭，一起笑，会让你觉得每一天都有滋有味，如梦如幻。

多一点想象，让自己诗意地生活。

辛弃疾篇

追寻理想的光

高三11班　柴宁

“一块烽烟染透的方巾，就是一阕呐喊的词牌，你在马背上作词，以江山为纸，刀剑为笔，意象纷飞如箭镞，用一路马蹄作标点，插成狼烟中的猎猎战旗。”稼轩是这样的英姿飒爽，他执一柄利剑挥舞在茫茫夜空中，热血沸腾，在为自己的理想厮杀，这个不屈的爱国诗人，从青年征战，到中年失意，到老年做官，一刻也不曾停留，挥舞着他的战旗，追寻他人生理想的光芒。

二十岁，正值年少，他便立志投身报国，收复失地，金戈铁马，气吞万里如虎。

豪情万丈的他率五十人深入敌军，活捉叛贼。四十岁，几遭贬谪，他仍念念不忘振兴国家，“醉里挑灯看剑，梦回吹角连营”，道出他无尽的怀念；“众里寻他千百度，蓦然回首，那人却在，灯火阑珊处”，说出他对美好理想的追求与坚守。六十岁，年老多病，却仍然坚持要再入仕途，报国杀敌，让人看见他对理想至死不休的追寻。

该是怎样的执着才能让他一生都不停留地追寻理想的光？我想我们是该想想如何去做了。人的一生说短不短，说长也不长，向着理想奔跑，也许一生会多些坎坷，却也更添分量。执着地追寻，将引领你的人生走得更远。

关于整合式教学

当下高中教材选编的内容多而杂，且在平时的教学中阅读与写作分离的现象屡见不鲜，为此教师从实际出发，对课程资源加以整合势在必行。课程资源整合与新课改背景下倡导的“用教材教，而不是教教材”理念相契合，是一种特定的课程设计方法。该方法在打破课程原有结构安排和方法设计的基础上，重新整合课程资源，在实现课程模式多元化的同时，对课程资源加以整合优化，进而生成高效课堂。

关于整合式教学

一、整合式教学的内涵

相对于那种把学习活动分割为孤立的、片段的、只注重单向传输的教学方法而言，整合式教学倡导一种整体的、融合的、多元的、互动的教学模式，也是一种全新的教学理念和教学方法。真正的整合式教学，是大语文思想的充分体现，是“三维目标”的综合反映，是语文工具性和人文性的高度统一。它是一个归纳的过程，又是一个演绎的过程；它可以是对基础知识的整合，可以是对学习方法的整合，也可以是对人文精神的整合；它适用于对某个文本的整合，适用于对某个单元的整合，也适用于跨文本、越单元、超教材的整合。整合式教学致力于改善教师教学效果，提高学生学习效率，最终培养学生良好的语文素养。

二、整合式教学的提出

（一）整合式教学是素质教育的要求

国家教委在《关于当前积极推进中小学实施素质教育的若干意见》中明确指出：“素质教育是以提高民族素质为宗旨的教育。它是依据《教育法》规定的国家教育方针，着眼于受教育者及社会长远发展的要求，以面向全体学生、全面提高学生的基本素质为根本宗旨，以注重培养受教育者的态度、能力、促进他们在德智体等方面生动、活泼、主动地发展为基本特征的教育。”素质教育的终极目标就是“人的全面发展”，它是一种在批判应试的工具性、功利性基础上建立起来的真正以人为本的教育思想。素质教育将人视作教育活动的真正主体，以培养德、智、体、美、劳全面发展的主体作为教育目标。

作为一门承担情感教育与道德塑造，以真、善、美为教育价值目标的综合性教学科目，语文教育在素质教育的整体系统中占据着举足轻重的地位。因为只有语文教育能够涵盖素质教育所要求的诸多价值内涵和人格培养目标，如何培养正确、进步、合理的世界观、人生观、价值观是素质教育的中心内容。显然，语文教育所依据的文本素材所含有的科学性、思想性、道德性和审美性等特质直接与教育目标关联起来，在一定程度上可以说，没有合格的语文教育就没有成功的素质教育。

然而，长期以来，我们秉持的教育模式不仅严重侵蚀了自由、开放的语文教育的人文价值内涵，更无法担负起培育完整人格，塑造健康人生观、世界观、价值观的素质教育之重任。现代知识体系是一种分科明确、条理细致、结构严谨的文化形式，相对来说，自然科学教育也更适合这种纯粹知识型教育。事实上，语文教育恰恰被拘囿在一个封闭的知识牢笼内，丢弃了自己的灵魂，无法触及教育对象的灵魂，教育与课程被彻底地工具化，促进人心灵成长的价值被彻底泯灭，导致了价值学向知识学的堕落。故此，我们需要一种符合素质教育全面发展、对教育对象综合培养的教学模式，一种整体综合、多元渗透的“大理念”教学去引导学生的学习活动。这种“大理念”既是一种知识理念，也是一种价值理念，它不仅要指导学生进行综合化的知识学习，更强调引导学生进行多元化的价值探索，整合式教学由此应运而生。

（二）整合式教学是新课标的要求

新课标对高中语文课程的基本理念作了规定，有两个方面需要特别重视：

（1）全面提高学生的语文素养，充分发挥语文的育人功能。

语文教育的目标就是提高学生的语文素养。语文素养是一个综合范畴，它既是一种知识素养，也是一种价值素养；既是一种工具素养，也是一种人文素养。而这四种素养都包含了极其丰富的内容，所以语文素养的提高必须是全面而综合的。

高中语文必须充分发挥自身的优势，弘扬和培育民族精神，使学生受到优秀文化的熏陶，塑造学生热爱祖国和中华文明、献身人类进步事业的精神品格，形成健康美好的情感和奋发向上的人生态度；应增进课程内容与学生成长的联系，引导学生积极参与实践活动，学习认识自然、认识社会、认识自我、规划人生，实现本课程在促进人的全面发展方面的价值追求。

不难看出，语文课程的育人目标正表现在对所谓“民族精神”“精神品格”“人生态度”和对自然、自我、社会的认识与判断能力的培养上。

（2）注重语文应用、审美与探究能力的培养，促进学生均衡而有个性地发展。

众所周知，认知、情感、意志是人类的三大心理功能，与其相对应的价值形式就是真、善、美，它们分别蕴藏在知识、艺术与道德之中。新课标清晰地指出：“语文具有重要的审美育人功能，高中语文课程应关注学生情感的发展，让学生受到美的熏陶，培养自觉的审美意识和高尚的审美情趣，培养审美感知和审美创造能力。”而真正的审美教育当然是一种整合式教育，整合不仅是手段，更是目的。

此外，新课标还设置了语文课程的学习目标，规定语文课程的学习应该让学生在五个方面获得发展，它们分别是：积累·整合、感受·鉴赏、思考·领悟、应用·拓展、发展·创新。其中明确指出，要“通过对语文知识、能力、学习方法和情感、态度、价值观等方面要素的融汇整合，切实提高语文素养”。可见整合式教学的性质和范围，顺应了新课程改革的要求。

（三）整合式教学是教学现状的要求

高中新教材普遍的情况是容量大、内容多。如人教版 5 个必修模块，每一模块仅是阅读部分，就有 4 个单元共 16 篇文章，还有表达交流 5 个专题，梳理探究 3 个专题。一个模块实际的上课时间为 9 周共 36 学时，其中至少需要 8~10 个学时的作文课时间，还有梳理探究的内容，即使名著导读部分不予考虑，阅读教学最多剩下 20 个学时，加之相当多的选文有一定难度，一篇课文（尤其是文言文）按传统教学就需 3~4 个学时，教学上时间非常紧。16 个选修模块也是一样，如《中国小说欣赏》9 个单元，每单元 2 部作品，涉及 18 本长篇大部头巨著，几乎是中文专业大学生一两年才能学完的内容，要在 9 周内教完，是绝对不可能的事。在这种情况下，教师对教材的处理要从实际出发，充分发挥自主性和创造性，整合式教学无疑是一种明智的选择。

教材提供的是一个范本、一种思路和一种参考，或者说，因为语文教学的特殊性，教材仅仅是教学的一个起点和一个跳板。教什么，是由课程目标规定了的；但怎么教，却是无法限定的。一个有创造性的教师，必然是积极主动地面对教材，在不脱离语文学习目标的前提下，结合当前的社会实际并根据学生的现实需要，对教材内容进行取舍改造，从而充分展示教师的个性和教学的个性。对教材的整合，从具体操作上来看，一是教师可以根据需要对教科书进行取舍，对基本阅读、拓展阅读和推荐阅读等篇目进行重新安排；二是教师可以更为科学合理地规划教材学习的顺序，使教材的使用有更加鲜明的层次性和实用性；三是教师可以以教材为跳板，根据不同地域学生的需要和现实学习的不同需求，把教科书以外的材料引入语文教学之中。

三、整合式教学的三个维度

整合式教学有着丰富而深厚的内涵，总体而言大致包括三个方面：教学文本的整合、教学方法的整合和教学主体的整合。这三个方面在教学活动整合中是互相关联、互相制约和互相塑造的。

（一）教学文本的整合

教学文本的整合是整合式教学的核心内容。所谓教学文本的整合是指在教学过程中，根据教学内容或主题的需要，将题材相似、主题相近的多篇文本进行关联、穿插与融合，从而形成的一种综合、立体、开放的教学形式。整合式教学采取一题多文的形式，也就是课堂教学必须综合贯穿某个专题的多篇或全部课文，使之服务于主题的阐释。

例如，《高中作文分段教学实践研究》这一通过验收的省级课题，将“表达与交流”板块的20个训练点，按照作文教学“与学生成长结合”“与地域文化结合”“与教材结合”“与高考结合”的总体构想和策略，紧紧围绕“学生成长”这个中心，体现让作文教学指导学生成长的理念，将高中三年的作文教学主题整合成“融入体验”（高一上）、“发现探索”（高一下、高二上）、“思考辨析”（高二下、高三上）、“感悟升华”（高三下）四个阶段，根据各个阶段学生的心理特点（高一上学期，学生因过去备受关注，中考胜出，面对新环境、新老师、新同学，内心充满自信、好奇和愉悦，需要因势利导；高一下期、高二上学期，因为受到“冷落”，加之学习、生活等方面遇到多种困难和挫折，大部分学生会因此而困惑、迷茫、焦虑和彷徨，他们渴望探索，寻找出路；高二下学期、高三上学期，大部分学生已经有了深刻的得与失的经历，成与败的洗礼，他们明白世间有真善美，也有假恶丑，需要去思考、去辨析、去选择；高三下学期，学生已有了两年多的高中生活经历，思想相对成熟，学习状况基本稳定，考虑最多的就是如何顶住压力，迎战高考。总之，高中三年，从心理变化的角度来看，学生都会经历平衡——不平衡——求平衡——相对平衡四个阶段），确定德育目标、主要内容、训练话题；再根据各个学段学生的认知规律——从感性认识到理性认识，从形象思维到抽象思维，以文体训练为主要线索，依照“自由写作”“记叙文写作”“议论文写作”“综合写作”的教学序列，确定知识目标、选择教学模式、制订评价方案；同时，将训练形式变为“放胆文”（自由写作）和“小心文”（记叙文写作、议论文写作和综合写作），加上贯穿整个高中阶段的随笔写作，遵循新课程应遵循的共同基础与多样性相统一的原则，真正达到“鼓励学生自由的表达、有个性的表达、有创意的表达……为学生提供广阔的写作空间”的目的。这样，四个阶段的教学过程就成为一个在完成各自教学目标、逐步整合学生作文能力的基础上形成作文素质的过程。

需要说明的是，上述所言，主要侧重于人文精神的层面，而目前我们对文本的整合，基本停留在基础知识的层面上：

从文本的取材方面进行整合教学，如同为论及历史上六国灭亡史实的《过秦论》（贾谊）、《六国论》（苏洵）、《阿房宫赋》；可以就手法运用方面加以整合教学，如使用象征手法的《病梅馆记》《白杨礼赞》《海燕》；可以就写作特色加以整合，如描写战争具有共同特点的《曹刿论战》《赤壁之战》《殽之战》；还可以是同一作家作品语言特色方面的整合，如散文《春》《绿》《荷塘月色》《匆匆》；或同一作家笔下人物的风貌，如鲁迅作品。

（二）教学方法的整合

如果说，教学文本的整合是整合式教学的核心内容和表现对象，那么，教学方法的整合便是整合式教学得以实施的手段，它以教学文本的整合为操作目的，是整合式教学理念最直接的表现形式。

在一般情况下，教师要根据教学文本的题材、体裁、思想主旨等特点合理地运用与之相适应的教学方法，包括讲授式教学、问题式教学、体验式教学、实践式教学、研究式教学、启发式教学、归纳式教学、演绎式教学等。新教材的专题式、板块式的结构设计也使我们不得不在教学方法上引入多元意义的视角，采用多元化的教学方法激励学生主动求知、探索的精神。

人教版高中语文必修教材“梳理与探究”板块，是一个知识性、组装性、系列性很强的综合性课程板块，这个板块的教学，关系到语文学习的最基础知识，尤其是汉字、成语和文言词语句式。这部分知识的掌握程度与运用情况，决定着学生语文能力的高低。但板块本身知识庞杂零散，缺少序列性、综合性，所以需要统一规划、系统整合。

这个板块从内容上可以整合为三大类：知识类（包括“优美的汉字”“奇妙的对联”“新词新语与流行文化”“成语”“中华文化的微缩景观”“修辞无处不在”“姓氏源流与文化寻根”“文言词语和句式”“古代文化常识”“有趣的语言翻译”等）、实践类（包括“交际中的语言运用”“语文学习的自我评价”“逻辑和语文学习”等）和鉴赏类（包括“文学作品的个性化解读”“走近文学大师”“影视文化”等）。

知识的掌握在于实践。语文知识，尤其是汉字、成语、对联等，都是在运用中理解掌握的。也就是说，学生只有不断地说，不断地写，才能不断地用，最终才能牢固掌握。本着这样的认识，对于知识类的内容，一方面鼓励学生在独立学习和集体活动中动手动脑，自己归类整理；另一方面用学生实践活动为主、教师讲座为辅的方式进行梳理和学习。比如：

实践一：姓名介绍；实践二：对联书写；实践三：成语的学习与复习；实践四：把散文改写成诗歌。

活动要求：1. 学生自己查字典，了解自己姓名所用汉字的意思；2. 采访家长，了解家长起名的用意与原因；3. 上网查资料，了解本姓氏的起源与杰出人物（若遇到重复姓氏，可补充前面同学未讲到的内容；或者纠正前面同学讲解的不足；或者放弃这部分内容）；4. 用一副对联或两个成语评价自己的名字。

活动结束后，还可留下相关题目让学生进行研究性学习：

（1）本班学生姓名使用汉字的归类统计，其中象形字、指事字、会意字、形声字各多少；这些字蕴涵了怎样的智慧与文化，寄予了家长怎样的希望。

还可以思考，时代进步、社会变迁对中国人取名的影响；姓名与人之命运的关系；从姓名看中国家长的价值取向。

（2）根据本年级同学的姓氏，说说中国姓氏的起源。

在班内学生全部讲完他们的姓名之后，教师要对中国的姓氏来源做一个总结，使这部分知识得到梳理和归纳。

这样一来，就知识类部分而言，综合运用了归纳式教学、实践式教学、讲授式教学、研究式教学等多种教学方法。

（三）教学主体的整合

教学主体的整合是要在教学活动中同时尊重教师与学生的主体价值，倡导一种双重主体型教学，也就是指在教学活动中教师与学生的一种平等、共存的主体交互关系。这种交互关系来源于教师与学生之间围绕对知识的理解而产生的某种和谐的沟通与交往，并由此达成了主体间的整合状态。整合式教学一方面充分尊重教师的主体性，教师可以根据自己对文本的独立感受、体验和理解来解读文本，还可以自由地、个性地组织课堂教学。更为重要的是从根本上确立了学生的主体地位，而整合式教学所包含的对话式教学、问题式教学、体验式教学、实践式教学、研究式教学、启发式教学等教学方法都是站在学生主体的维度，以唤起学生的主体意识，培养其主体能力，塑造其主体人格为最终目的。在教学活动中，学生主体意识越强，自觉性越高，其发挥的主观能动作用就越大，取得的学习效果也就越好。

四、整合式教学的预期效果

（一）实现人文性与工具性的统一

体现新课标对语文科目基本特征的规定。教材依据学生的精神成长需求来设置专题，每个专题都由一个具有高度人文性、思想性的主题来统摄，而每个专题的每一个版块都以语文学习活动为支撑点和立足点，以学生的语文素养的提高为宗旨，既注重了学生的人文素养，又兼顾了学生的知识素养。

（二）促进从“教教材”到“用教材教”的教学理念的转变

许多时候，不论用什么方法，也不论用多长时间，存在这样一种意识，那就是，只要把教材教完，似乎就算完成教学任务，达到了目的。在整合式教学中，教材只是一种工具，一种素材，一种依据，或者说是一种手段，“教教材”不再是目的，目的是借助教材，引导学生梳理基础知识，培养他们的基本能力，造就他们的人文精神，“用教材教”，就是教学生求知，教学生做人。

（三）优化高中语文新教材结构

整合式教学，打破了高中语文教材单一的文选式结构和以文本体裁结构单元的形式，以主题来布置课文。这势必要求教师将整个高中阶段的语文教材看作一个整体，紧紧围绕“三维目标”，在教学过程中，找到相应的人文载体和知识载体，进行重组和整合，有计划地去逐步落实一个个现实的教学目标，优化教材结构，体现针对性与实效性，避免盲目性与随意性，提高学生的语文素养。

（四）促成教师教学的个性化和学生学习的自主化

整合式教学为教师和学生提供广阔的选择性教学空间，无论是专题还是板块，教师都可以根据其内涵特点和学生的理解水平或兴趣所向，进行内容的取舍和整合，这能够让师生的教与学发挥充分的主动性。

五、实施整合式教学必须具备的条件

（一）吃透新课标，理解其基本理念的真正内涵

充分发挥语文课程的育人功能，全面提高学生的语文素养及整体素质。高中语文课程必须充分发挥自身的优势，通过优秀文化的浸染，塑造学生热爱祖国和中华文明、献身人类进步事业的精神品格，形成健康美好的情感和奋发向上的人生态度；应增进课程内容与社会发展、科技进步和学生成长的联系，引导学生积极参与实践活动，学习认识社会、认识自我、规划人生，在促进学生走向自立的教育中产生重要的作用。

遵循共同基础与多样选择相统一的原则，构建开放、有序的语文课程。高中语文课程应遵循共同基础与多样选择相统一的原则，根据课程目标，精选适应时代发展需要的学习内容，变革学习方式，使全体学生都获得参与社会生活所必需的语文素养；同时，必须顾及学生在原有基础、自我发展方向和学习需求等方面的差异，激发学生的潜在能力，增强课程的选择性，为每一个学生创设更好的学习条件和更广阔的发展空间，促进学生特长和个性的发展。

（二）吃透教材，挖掘其人文精神的重要内涵

随着教育改革的深入，在语文教学中实施人文教育的呼声越来越高。《普通高中语文课程标准》在论述课程性质时这样说：“语文是最重要的交际工具，是人类文化的组成部分。工具性与人文性的统一，是语文课程的基本特点。”事实上，这是对语文本身人文性的一种回归。语文教材中蕴含着丰富的人文内涵，可以说新教材就是人文精神的载体，挖掘其中的人文底蕴，与文本、作者实现对话，触摸课文的人文关怀，使学生形成独特的、积极的、丰富的人生态度和情感体验，激发学生内心对真善美的价值追求，对于高中语文教学中人文教育的实施具有重要意义。

（三）吃透考试大纲，明确语文高考的立意方向

探究能力是考纲与课标共有的，考纲中的鉴赏评价能力可对应课标中的审美能力；而考纲中的前三级能力和表达应用能力则基本对应课标中的应用能力，只不过考纲的分类更细致，并更注重基础。因此，立足于语文能力的培养与检测，课程标准与考纲基本一致。过去语文高考命题以“语文知识”立意，20 世纪 90 年代后期逐渐转变为以“语文能力”立意。今天，新课程语文高考应该以“语文素养”立意。唯有这样才能凸显语文新课程改革的力度。但事实上，在语文素养尚未得到明确界定的情况下这一点根本无法实现。因此，从粗略的比较分析来看，考纲坚持以能力为主的命题思路是务实的。

（四）熟悉高考试题，把握语文高考的命题动态

高考试卷对整个中学的教与学产生巨大影响，对担任高三语文总复习教学任务的教师来说，“反复揣摩”高考语文试卷确实是一种十分必要的教学活动。特别是对近年来的高考语文试卷的特点的把握，更应从未来高考的战略部署和战术实施的角度来审视，就现实价值的角度而言，这样才能真正为我们平时的教学提供可靠也是最实际的针对性参考内容。

整合式教学的路径与方法

当下高中教材选编的内容多而杂，且在平时的教学中阅读与写作分离的现象数见不鲜，为此教师从实际出发，对课程资源加以整合势在必行。课程资源整合与新课改背景下倡导的“用教材教，而不是教教材”理念相契合，是一种特定的课程设计方法。该方法在打破课程原有结构安排和方法设计的基础上，重新整合课程资源，在实现课程模式多元化的同时，对课程资源加以整合优化，进而生成高效课堂。

新课改之后，在原有教材的基础上又新增了选修教材，以往一学年的教学任务压缩在一学期，若按传统之法，即使马不停蹄也完成不了，因此整合课程资源成了当代课程设计领域的主要趋势，不少学者从不同角度、不同层面对其进行了研究与探索，这些探索对一线语文教师有一定的借鉴意义，可真正能落实到教学中的并不多见。笔者拟在新课程理念的指导下，从文本阅读的整合与文本阅读及写作训练之间的整合对语文课程整合式教学做出一些新的思考与尝试。

一、文本阅读的整合

文本阅读的整合可以根据教学主体的需要，将题材相似、主题相近及写法互补的多篇文本进行关联、穿插与整合，使之呈现出一种综合立体开放的教学态势。与传统“多课一文”的教学模式不同，整合式教学采取的是“一课多文”的教学策略，即确定一个统一的教学目标后，让多篇文本从不同角度去为其服务。与传统“教教材”的教学方式不同，新课改理念下的整合式教学提倡“用教材教”，即在相近或相反的互补比照教学中生成预设的教学目标，为学生建立起一个完整的知识体系。

文本阅读的整合也可以依据学情的需要对教材进行整合处理。在新课改背景下，一位教师所持的教材观，依据学情处理教材的能力及方法，将直接影响其课堂教学效果。若不顾及学生的实际情况，教师依然按照教材编排的顺序不知变通地开展教学，势必会让教学效果打折扣；相反，若是能将教学内容与学生的内心需求相结合，则会大大激发学生的学习兴趣。譬如：高一新生刚入校时，他们定会满怀信心，怀揣一个美好的愿望，此时让他们先学习马丁·路德·金的《我有一个梦想》，教学效果会十分理想。又如，期中考试一结束，好多学生因不适应高中阶段的学习，会爆发出一片叹息之声，为此不妨选择朱自清的《荷塘月色》让他们借以派遣心中的愁绪，接着再让他们诵读毛泽东的《沁园春·长沙》来为他们励志。通过上述方式重新整合教学体系，会使教学内容更具针对性，从而激发学生的学习兴趣，生成高效优质的课堂教学，更为重要的是将学生的学习与成长融为一体，从根本上落实了新课改的终极目标。

文本阅读的整合还可以从教学目标、教学内容及教学方法三个层面对教材内容进行整合处理。在进行教学目标整合处理时，必须依据学生的学情，同时兼顾课程目标，从“知识与能力”“过程与方法”“情感态度及价值观”三方面加以整合处理。在进行教学内容整合时，可采用并列式整合，以拓宽学生视域；可采用递进式整合，由浅入深，从易到难，抓住一点，层层推进；可采用互补式整合，将内容相近或相反的课文加以整合，在互补中构建完整的知识体系，在比照中彰显各自的特点，进而加深对文本的理解。在整合教学方法时，则要把握两个原则：一实一活。所谓“实”，即方法要具体，可操作，切实有效；所谓“活”，即方法要灵活多变，依据学情，随着课堂教学进程而加以改变。

除此之外，对文本的整合还有多种策略，但无论是哪种方式，都要与学生的实际情况相符，不能违背学生的认知体系，文本整合后，呈现在课堂中的应是学生的“学”，而不是教师的“教”，是学生实实在在的收获，而不是花里胡哨的表演。

二、文本阅读与写作训练之间的整合

（一）把准文本习作点

依据课程纲要的规定，必修模块所包含的阅读文本要求学生必须精读或略读，所以在选择写作训练习作点时应以必修模块为引领，以选修模块为拓展，把准文本的习作点。

对于文本习作点的确立，可采用以下方式：（1）从文本的立意入手，借鉴文本主题，以此为话题进行与之相同的片段训练。例如在学习《小狗包弟》时，可以让学生以“爱在忏悔间”为话题去写一段文字；在学习《记梁任公先生的一次演讲》时，可以让学生以“散落在记忆中的那些事儿”为话题去写自己的老师或某个人；在学习《包身工》时，可以让学生以“陌生人，我也为你祝福”去关爱身边那些处于社会底层的弱势群体。（2）从文本的选材入手，提取文本中的写作素材。例如在学习《烛之武退秦师》时，可以让学生以“担当”为话题从烛之武的身上去提取写作素材；在学习《荆轲刺秦王》时，可以让学生以“担当”为话题从荆轲的身上提取写作素材；在学习《窦娥冤》时，也可以让学生以“担当”为话题从窦娥的身上去提取写作素材；在学习《氓》这首诗时，还可以让学生以“担当”为话题从反面去提取写作素材；这样的积累会让学生在不觉中完成一篇以“担当”为话题的作文构思演练。（3）从文本的结构入手，借鉴学习文本所选取的结构方法。例如在学习朱自清的《荷塘月色》时，可以让学生仿写“圆环式”结构，在学习《墙上的斑点》时，可以让学生仿写“花瓣式”结构；又如在学习《寡人之于国也》《劝学》时，可以让学生学习议论文的常用结构——提出问题、分析问题、解决问题。（4）从文本的写法入手，学习借鉴文本写作时所用的手法。例如在学习《寡人之于国也》《劝学》时，可以让学生学习比喻论证；在学习《过秦论》时，可以让学生学习对比论证；在学习《苏武传》时，可以让学生学习反衬手法。总之，对于文本习作点的确立，应因文而异，习作点的确立应从阅读文本中来，既要提升学生的习作能力又能反过来加深学生对文本的理解。

（二）对接好文本之间的习作延伸点

依据《普通高中语文课程标准》的规定，选修教材应是必修教材的有益补充与拓展，选修教材可以依据地方特色、学校校情、学生学情自主选择，这就给教师更大的处理教材权限，也能更好地把学生的“学”与教师处理教材后的“教”结合起来，为高效课堂的生成提供更多可能。下面笔者就课题组以必修教材《荷塘月色》与选修教材《墙上的斑点》所做的实践为例加以阐述。

《荷塘月色》主要写的是大革命失败后，投射在一个知识分子个体身上的苦闷之情，然而这种情绪具有普遍性，作者只是当时千万知识分子的一个缩影。《墙上的斑点》是一战爆发后，战争带给伍尔夫千疮百孔的心理感受，以及对现实种种不满情怀聚焦在墙上的斑点之后，欲寻解脱而不能的孤苦无助，伍尔夫的内心感受也折射出了西方一代人在精神上无所依赖的现实困顿。以上简略分析为两篇文章进行整合提供了一种可能。下面从三个维度就“以必修教材为引领，以选修教材为拓展，如何进行文本阅读与写作训练之间的整合”加以具体阐述。

1. 以情感为切入点加以整合

在《荷塘月色》中，作者的心情从一开始的“颇不宁静”，到离家排遣内心的苦闷之情，至荷塘时寻得一时的片刻宁静，使自己的苦闷之情在月下荷塘里慢慢舒展开去之后，带着一颗平复之心回到家中。在这个过程中，作者的情感苦闷而不哀伤，慢慢地扩散在一池荷塘中，同那淡淡的月色融为一体，朦胧而又颇具诗情，营造出了一份特有的韵味，令人回味无穷。在《墙上的斑点》中，作者似从恍惚迷离中落笔，忆往事是那般的费力，将目光聚焦在了墙上的斑点上，从斑点里延伸出无限遐想，然而种种遐想又被一次次阻断，作者在谜语般的情感推进里，一次次肯定又一次次否定，不断循环往复，谜底越来越扣人心弦，作者的情感也层层堆积，焦灼难耐。比较二文的情感，《荷塘月色》犹如一叶孤舟，飘荡在无尽的月色里，虽有几分苦闷落寞，却不乏中国水墨画般的诗情画意，因情而营造出了“哀而不伤”的一种独特韵味；《墙上的斑点》犹如水之决堤，为自由平等，一次次拍打着冰冷的河岸，然而又一次次无奈地退却，在心有不甘中“情”便显得更为执着。墙上的斑点，实则为作者通往“桃源世界”的一个入口，那些对谜底的猜测便是作者一次又一次的情感撞击，从这个意义上而言，《墙上的斑点》便是一首为自由、为平等而战的心灵歌谣。

2. 以结构为切入点加以整合

《荷塘月色》的结构可从两个维度加以分析，一是从行踪上来看“离家——荷塘——归家”，二是从心绪上的变化来看“颇不宁静——寻求宁静——暂得宁静”，都可看出文章采用了圆环式结构，而且这两重结构又巧妙地融合在一起，让情感的变迁化为文章的主体。《墙上的斑点》作为一篇意识流小说，就结构而言则要复杂得多，从情感的角度来讲，采用了花瓣式结构，每一片花瓣的舒展，便是作者的一次情感之旅，从临行前的美好憧憬，到路途中的不断求索，再到无奈的折返。花瓣片片伸展，情感次次叠加，犹如海浪，一波虽已无力，一波却又纷至沓来，这一切都为一个主题而来，即作者心中那生生不息的渴望，为了自由、为了平等而战。从这个角度的解析来看，二文在结构与主旨上已聚合为一体，结构深化了主题，主体已外化为结构的特定程式。

3. 以写法为切入点加以整合

《荷塘月色》与《墙上的斑点》之所以成为人们吟诵的经典名篇，与此写法不无关系。在《荷塘月色》一文中，特别是作者描写月下荷塘与荷塘里的月色的那些文字，可谓极尽之能事，运用各种手法进行描摹，逼真而又恰切；那月光，那荷塘里的莲叶，朦胧得难以开怀，将景在月色里化为一幅墨色画卷，舒展开去的不仅是幽幽的荷香，更是作者难以排遣的心绪。在《墙上的斑点》中，字里行间不乏作者对生活顿悟的那些灵光一现，忽而又将心思深深地潜藏起来，只为寻觅那方世外桃源，作者佯装忘却自己的存在，极力让自己走进那个梦想中的世界——“这个世界安宁而广阔，在旷野里盛开着鲜红和湛蓝色的花朵。这个世界里没有教授、没有专家、没有警察面孔的管家，在这里人们可以像鱼儿用鳍翅划开水面一般，用自己的思想划开世界，轻轻地掠过荷花的梗条，在装满白色海鸟卵的鸟窠上空盘旋……”一幅多么美妙的画面，一个多么诱人的世界。

综上分析，文本阅读与写作训练之间的整合，其目的在于让学生在读中写，在写中读，让读成为写的一种方式，让写深化原有的阅读，以此循环往复，周而复始，同时将读和写与学生的成长相结合，以更好地落实新课改背景下语文学科的终极目的。

整合式教学的三种课型

一、着力于“写”的整合式课型

着力于“写”的整合式课型是指借助阅读来促进写作的“读写结合”教学课型。在该课型中，阅读为写作服务，重在通过阅读来为写作提供语言积累、素材资源、文本形式和写作技法等内容，“写作”是学习的最终目标。这一读写结合课型在我国拥有比较丰富的理论思考和实践积淀：无论是古代的“读书破万卷，下笔如有神”，还是现代语文教育家的“阅读是吸收，写作是倾吐，倾吐能否合于法度，显然与吸收有密切的关系”（叶圣陶《国文教学的两个基本观念》），抑或是一线教师广泛采用的炼字、造句、仿句、析句、改句、仿写等教学方法，本质上都是在追求通过阅读来着力于写作。

在研究过程中，课题组进一步将该课型细化为：信息提供类整合式课例、写作借鉴类整合式课例。前者侧重于为写作提供写作内容，后者侧重于为写作提供文本形式和写作技法。

（一）信息提供类整合式课例

1. 功能定位：阅读为写作提供足够的语言储备、写作素材、观点、事实等信息。

巧妇难为无米之炊，写作必须基于足够的信息资源。阅读是为写作提供信息资源的重要途径之一。通过大量的阅读和浏览，写作者可以搜集写作需要的资料、事实、数据、材料、案例等信息，弥补写作者直接的生活信息的贫乏，是积累写作内容的重要途径。

2. 读写结合点：语言材料、文本信息、相关主题。

该课例的“读写结合点”，主要是阅读文本的语言材料、信息内容和相关主题，一般不刻意追求对阅读文本的形式和写作方法进行借鉴。如巴金《小狗包弟》的小练笔：“根据课文内容和自己搜集的资料，以‘包弟的自述’为内容写一篇短文。”这一“读写结合”训练中，“读写结合点”是“关于狗的信息”，其中的“阅读”是为“写作”提供必需的写作内容和素材。

3. 读写结合的教学形式。

一是积累语言材料。即在阅读过程中，采用背诵、抄写等形式积累优美（或典型的）词句、段落、篇章，为日后写作提供语言词汇、句式、篇章图式等方面的储备。这类教学形式的阅读积累与写作之间的结合，时间跨度比较大，往往不是在一节课上就实现了从读到写的迁移和结合。

二是信息或主题拓展类写作。即基于阅读文本的文本信息和主题，在课外展开相关信息和主题的写作。信息类拓展写作教学设计，大多是要求学生基于阅读文本提供的信息展开进一步的写作，如《祝福》的课后练习："电影《祝福》有这样一个情节：祥林嫂捐了门槛，仍然被禁止参与祭祀活动，于是拿起菜刀，跑到土地庙怒砍门槛。你觉得增添这个情节妥当吗？写一篇短文，说说你的看法。"主题拓展类写作教学设计，大多是要求学生在阅读教材选文之后，围绕某一主题展开进一步的写作。

（二）写作借鉴类整合式课例

1. 功能定位：阅读为写作提供文本形式和写作技法的借鉴。

该整合式课型在我国有着优秀的传统。由于"在我国漫长的封建社会中，以文章取仕。读书人读经，是为了写文章。读，是一种手段，是为写服务的"，因此，阅读教学长期是写作教学的附庸，似乎教阅读就是为了写作。可以说，在国内提到"读写结合"，大多情况下会被认为是这类以写为主的读写结合。

2. 读写结合点：句、段、篇的文本形式和各种写作技法。

这类读写结合的"读写结合点"是可资写作借鉴的"文本形式"或"写作技法"。在这方面，一线教师已经有过卓有成效的探索。以丁有宽为例，他明确提出了"读写结合"的教育思想，在阅读教学过程中，一边进行扎实的字、词、句、段、篇的教学，一边进行对应性的仿写训练，开发了七条读写对应关系：阅读的解题——作文的审题和拟题；阅读的概括中心——作文的表达中心；阅读的分段、概括段意——作文的作文提纲；阅读学的分清课文内容主次——作文的详略得当；阅读的捕捉中心段——作文的突出中心；阅读的品评词句——作文的遣词造句；阅读中的观察事物——作文的观察方法。并按照写作的知识体系形成一个序列："四素句"——四种句群（连续、并列、总分、概括与具体）——四种结构段（连续、并列、总分、概括与具体）——六项写作能力（审题、立意、选材、组材、修改、观察）——自作自改能力。

另外，人教版高中语文教材比较注意这方面的开发，如必修2《游褒禅山记》课后练习："课文第三段中，作者由古人'求思之深而无不在也'才能有所得的事实，引起了深入思考。依他看来，'求思'应具备哪些条件？其中哪个条件起决定作用？试查阅有关资料，联系王安石的政治活动，写一篇短论，陈述你的观点。"

3. 读写结合的形式。

写作借鉴类读写结合的课型经常采用的读写结合形式有以下两类：

一是仿写。即教师从阅读文本中提取值得借鉴的文本形式要素或写作技法要素，通过教师的讲解示例，学生再来模仿写作。其基本的教学流程是“寻找仿写点——讲解与示例——仿写与运用——评价”。鉴于此类教学实践比较丰富，此处不再赘述。

特别需要提醒的是，这种教学形式要重视“讲解与示例”阶段。在这一阶段，教师一定要为学生明确指出“文本形式要素或写作技法要素”，避免含混笼统的“请你仿写”。比如仿写“假如我是一只鸟，我也应该用嘶哑的喉咙歌唱”，教师就要明确指出“假如我是”的后面要选择美的形象，“我要”的后面应“用一行动寄托某种情感愿望”，并给出示范：“假如我是一只蝴蝶，我要用疾飞的翅膀舞动”。其次，还要重视仿写之后的“评价”阶段，教师要有具体到位的点评。

二是“写—读”教学。即学生带着写作任务进入阅读，在阅读过程中全方位吸纳写作所需要的各种文本形式要素和写作技法要素。这种借鉴类读写结合的教学形式，相对于“仿写”而言，有几个优点：其一，学习动机更加强烈，因为预先告知学生阅读后要写一篇什么样的作文，会有效激发学生的学习积极性；其二，写作的目标更加明确，因为有了写作的任务，学生更加积极地提取与写作有关的元素；其三，阅读的质量也得以提高，因为学生为了将阅读材料用到作文中，会把符合作文要求的信息进行主动加工、转换、记忆。这样，学生在完成作文的同时，又深化了对课文内容的理解。其基本的操作流程是：布置作文任务——提供可资借鉴的阅读材料——围绕作文任务研读阅读材料，提取写作相关的要素——写作。比如学习人教版必修 2 第三单元写人记事的散文可设计如下“写—读”教学过程：

第一步：布置作文任务

回忆身边的朋友和亲人，写一篇写人记事的散文。

第二步：明确要研究的文章

鲁迅《记念刘和珍君》；巴金《小狗包弟》；梁实秋的《记梁任公先生的一次演讲》。

第三步：围绕作文写作任务，设计研读的要求。

（1）在你的写人文章中，你准备如何开头？研究一下上述三篇文章，看看它们是怎样开头的，你最喜欢哪一种开头？尝试确定自己文章的开头。

（2）上述三篇文章的写作顺序是怎样的？你准备选择怎样的写作顺序？

（3）上述三篇文章都通过具体的事件来表现人物的性格，它们分别选取了哪些事件？你选择的事件是什么？

（4）上述三篇文章在刻画人物的时候都用了哪些手法？你喜欢哪些手法？你希望在自己的作文中用到哪些手法？

（5）你还比较欣赏上述三篇文章中的哪些写作技巧？你的文章适合采用哪些技巧？

二、着力于“读”的整合式课型

着力于“读”的整合式课型是指借助写作来促进阅读的“读写结合”教学课型。该课型中的“写作”为“阅读”服务，即通过写作来更彻底、清晰、明确地领会作品，“阅读”是最终的学习目标。这一功能定位突破了“阅读促进写作”的常态思维模式，指明了“写作具有促进阅读”的功能。这一理解不仅是对“读写结合”理解的深化，也是对写作功能认识的深化：写作不仅具有“表情达意”的交际功能，还有“促进阅读”的认知功能，写作本身是一种很好的学习方式，可以贯穿到包括阅读在内的语文学科教学中。

根据写作对阅读的促进作用，又可以进一步细分为：理解体验类读写结合、归纳整理类读写结合。

（一）理解体验类读写结合

1. 功能定位：写作能促进学生对文本内容和主旨的理解体验。

这类读写结合中的“写作”，是为了帮助学生更好地理解文本的关键字、重点句、空白点，更深刻地体验文本内涵、把握文本主旨。

2. 读写结合的“结合点”：文本重点字、词、句含义和文本主旨。

这类读写结合教学中，“读”和“写”的结合点选择是文本重点字词句的理解和文本主题，一般不考虑文本形式和写作技能方面的“写作教学价值”。

在这方面，国内各版本的语文教材大多给予比较明显的提示，以人教版为例，课后的很多“小练笔”实际就是该类型的读写结合设计，如《记梁任公先生的一次演讲》课后研讨与练习：“你在本单元学了几篇写人记事的散文，可以归纳总结一下你的阅读体会。下面提供一些思路（也可另找思路），请你就其中一个思路，对这几篇课文进行综合探究：找准人物的特点，尤其是主要特点；选取最能表现人物特点和文章主题的材料，综合运用多种写作方法；语言各具特色。”

3. 常见教学形式。

一是“随文练笔”。即在阅读教学的过程中，遇到关键字、词、句时，停下来设计“联系自己的实际，写一写你是怎样理解的”之类的小练笔，促进学生对文本的理解和体验。如前所述，语文教材上的练习题为开展“随文练笔”提供了很多方便。但在实施这类小练笔时，教师要避免简单、粗浅地“写一写”，建议教师要善于为学生创设练笔的情境，并为学生提供必要的写作支持。

二是移情补充、续写。即在阅读教学中，请学生与文本中主人公“移情”，让学生以文本主人公的身份来体验和感受文本的内容，并通过写作传递出来。比如人教版必修 2 中的《囚绿记》可以设计为“假如你是文中的‘紫藤萝’，请你以她的口吻叙述你被一个陌生房客囚禁的过程”。

三是变体改编。即在阅读教学过程中，为了促进学生更好地理解把握文本内容，可以让学生变换一个文体来改写原文。比如《氓》的练习设计：“结合文意展开你的想象，请把课文改编为一幕现代话剧。”

四是写读后感。即在对文本进行整体、全面的阅读之后，充分抒发自己的阅读体验。这是检验、推动阅读质量的重要手段，实践中已被教师广泛运用，此处不再赘述。

（二）归纳整理类读写结合

1. 功能定位：写作有助于高效归纳整理文本信息，掌握有效阅读策略。

这类读写结合中的“写作”，是为了帮助学生有效提取、梳理、概括文本信息，理清思路脉络，并掌握相应的阅读策略。

2. 读写结合的“结合点”：文本信息的归纳整理和思路脉络的梳理。

这类读写结合教学中，“读写结合点”主要放在文本信息的归类整理和思路脉络的梳理，一般不考虑文本内涵和主旨的理解体悟，也不考虑文本形式和写作技法的“写作教学价值”。比如《游褒禅山记》课后研讨与练习：“这篇文章在记游的基础上偏重说理，记叙和议论紧密结合，前后照应。试仿照表中第 1、4 段的形式，填出第 2 段的记叙与第 3 段的议论前后照应的语句以及第 3 段的结论。”

3. 常见教学形式。

归纳整理类读写结合教学的关键是开发行之有效的、能帮助归纳整理文本信息的写作形式。常见的教学形式有：

一是画结构图、线索图、提纲、表格等。这类教学形式在常规语文课堂中也经常使用，能有效地帮助学生把握文本信息、掌握文本结构和行文脉络。

二是学习填写读书卡、学习笔记等，教学生学会填写读书卡、学习笔记，不仅有助于学生归纳整理文本信息，也有助于学生掌握有效的学习方法。对于刚接触这些写作形式的学生而言，每一个学习工具都需要一段时间的学习和熟练，建议教师先有一个“扶—放”的过程，明确讲解基本操作要领，再结合具体文本进行教师示范，之后慢慢放手让学生独立填写和制作。

三是概括、缩写、多角度叙述、分类集锦等。这类教学形式旨在通过概括缩写、视角转换、分类等写作活动，对文本信息进行“再加工”和“深加工”，这是对文本信息进行的更高级别的归类整理。

“概括缩写”是对文本信息主要观点的简要概括，要求学生能够对文本信息进行“系统关照”。

“多角度叙述”是指从不用的角度概述课文，要求学生能够对文本信息进行熟能生巧的“变通性把握”。

“分类集锦”是对一篇或多篇的文本信息进行分类归纳，要求学生能够按照某一标准对文本信息进行分类归纳整理，以加深对文章内容的理解和把握。

三、着力于高考的整合式课型

着力于高考的整合式课型是指借助“阅读”和“写作”的共同配合，来完成某一任务的读写结合课型。该课型中，阅读和写作有着深度的融合，“读写结合”进一步深化，既不是“以读促写”也不是“以写促读”，而是读写即时交互作用，共同参与意义建构，共同完成某一任务。这一类型的读写结合，极大地推进了读写结合的深度和广度，打破了我国传统“读写结合”徘徊在“以读促写”和“以写促读”之间的二元分离格局。

该类课型又可细分为“运用类读写结合”和“研究性读写结合”。

（一）运用类读写结合

运用类读写结合，是指在某一交际语境中（读者、目的），为了完成一定的任务，创造性运用原有阅读文本的读写结合类型。比如：“请为某少年期刊写信推荐《三字经》，推荐信要写出《三字经》为什么比较适合青少年阅读，争取劝说杂志社刊用。”在这里，为了推荐《三字经》，学生要在阅读《三字经》的基础上，根据要求进行写作加工，创造性运用原有阅读文本。

1. 功能定位：创造性运用原有阅读文本。

这类读写结合的主要功能是：基于一定的语境和任务，创造性地运用原有阅读文本，激活阅读文本的实用价值和功能，避免学生死读书、读死书。仍以《三字经》为例，还可进行如下教学设计：假如你在参与“青少年应该如何吸取传统文化的精髓才能健康成长”的讨论话题，读了《三字经》以后，你会持一个什么样的观点？你会选择《三字经》中的哪些材料来支持你的观点？把你的观点和支持材料写出来。在这一设计中，情境化的写作任务引领学生灵活运用所阅读的文本。

2. 读写结合点：特定的交际语境和任务。

如上例所述，在这类读写结合中，制约和联结“读写结合”的关键是特定的交际语境和任务。离开了特定的交际语境和任务，原有阅读文本就失去“焕发活力”的可能空间和机会。

3. 读写结合的教学形式：情景模拟。

该类读写结合的教学形式主要是“情景模拟”，即创设交际语境（读者、目的）和交际任务，促进学生创造性运用原有阅读文本。比如人教版必修5《中国建筑的特征》的研讨与练习：“你一定很熟悉家乡的房屋建筑吧？说说这些建筑在哪些方面保留了中国建筑的传统风格，在哪些方面又表现出现代风格。”

该类读写结合教学设计因为加入了交际语境和任务，与传统的“变体改写”相比，写作目标更清晰、写作动机更强烈、写作形式也更生动有趣，与多元开放的生活世界有着更紧密的联系，更能激发对原有阅读文本的创造性运用。

（二）研究性读写结合

研究性读写结合，是指基于相关文本材料的阅读思考，完成特定的研究任务后，再撰写成文。在这里，学生不仅要从阅读材料中获取素材，更主要的是要基于阅读产生自己的观点和看法，然后才能撰写成文。这种读写结合具有鲜明的研究性学习特点，体现了阅读与写作之间更为深刻的融合，是“读写结合”解决现实问题的真实形态，与“以写促读”和“以读促写”显然不是一个层面。这类读写结合在我国的公务员考试中运用得较多，在高考中也有部分涉及。

1. 功能定位：能借通过阅读相关材料，完成研究话题，撰写成文。

即阅读是开展研究性学习的重要手段。学生应该能基于研究需要，搜索、阅读相关文本，展开思考，撰写成文。

2. 读写结合点：特定的研究话题。

这类读写结合中，制约和联结“读写结合”的关键是特定的研究话题。现行教材中也有所涉及，比如人教版必修3《一名物理学家的教育历程》课后研讨与练习：作者关于鲤鱼“科学家”的幻想十分有趣，如果我们以动物的眼光来观察人类，是不是也很有意思呢？假如有一位动物（狗、猫、鸡、燕子等）“科学家”，专门研究人类的某些行为，它写了一篇科普文《人类行为之谜》。你替这位动物科学家做一回代笔人怎么样？在这里，不仅要通过“阅读”获取一定的写作资料，还要进一步研究思考，提炼出关于“怎样介绍”的观点。这种读写结合因为加入了“研究”成分，就与信息重组类的“读写结合”有所区别。

3. 读写结合的教学形式：研究性学习。

该类读写结合的教学形式主要是开展“研究性学习”，即围绕研究话题，搜集相关阅读材料，开展研究，最后得出研究结论、撰写成文。在这里，为了凸显研究性学习中的“读写结合”特点，此处的“研究”主要依托各种文本的“阅读”展开，以强化学生“从文本中寻找支撑分析、思考和研究的资源”的能力；而研究的结果主要采用“写作”形式呈现，以培养其实用性写作能力。但是具体的阅读和写作可以设计成学生喜闻乐见的形式。可结合课文内容设计，如《动物游戏之谜》，可以设计研究话题如下：关于人类从事体育活动、艺术活动的最初目的，现在有种种理论，大家也莫衷一是。请你搜集资料，写一段文字，介绍一下专家们的看法，同时也谈谈你的想法。很显然，这类“阅读”的文本范围是多元、松散、开放的，这类“阅读”的过程伴随着深度的思考研究，支撑后期的写作。因此，这类“读写结合”的难度高于其他类别的“读写结合”，最能彰显“读写结合”的深度和广度。而恰恰这类读写结合，也是最逼近真实生活世界所需的读写结合形态，有助于学生获取工作和生活所需的读写能力。

整合式课例：《林黛玉进贾府》

且说黛玉自那日弃舟登岸时，便有荣国府打发了轿子并拉行李的车辆久候了。这林黛玉常听得母亲说过，他外祖母家与别家不同。他近日所见的这几个三等仆妇，吃穿用度，已是不凡了，何况今至其家。因此步步留心，时时在意，不肯轻易多说一句话，多行一步路，唯恐被人耻笑了他去。自上了轿，进入城中，从纱窗向外瞧了一瞧，其街市之繁华，人烟之阜盛，自与别处不同。又行了半日，忽见街北蹲着两个大石狮子，三间兽头大门，门前列坐着十来个华冠丽服之人。正门却不开，只有东西两角门有人出入。正门之上有一匾，匾上大书“敕造宁国府”五个大字。黛玉想道：这必是外祖之长房了。想着，又往西行，不多远，照样也是三间大门，方是荣国府了。却不进正门，只进了西边角门。那轿夫抬进去，走了一射之地，将转弯时，便歇下退出去了。后面的婆子们已都下了轿，赶上前来。另换了三四个衣帽周全十七八岁的小厮上来，复抬起轿子。众婆子步下尾随至一垂花门前落下。众小厮退出，众婆子上来打起轿帘，扶黛玉下轿。林黛玉扶着婆子的手，进了垂花门，两边是抄手游廊，当中是穿堂，当地放着一个紫檀架子大理石的大插屏。转过插屏，小小的三间厅，厅后就是后面的正房大院。正面五间上房，皆雕梁画栋，两边穿山游廊厢房，挂着各色鹦鹉、画眉等鸟雀。台矶之上，坐着几个穿红着绿的丫头，一见他们来了，便忙都笑迎上来，说：“刚才老太太还念呢，可巧就来了。”于是三四人争着打起帘笼，一面听得人回话：“林姑娘到了。”

【技巧借鉴点】

1. 以中心事件命题。

文章的标题既是小说的中心事件，又是贯穿小说的线索。

【前勾后连点】

高中课本中既是中心事件，又是行文线索或重点的题目还有《烛之武退秦师》《荆轲刺秦王》《林教头风雪山神庙》《曹操献刀》等。

2. 精彩纷呈的人物出场。

王熙凤的出场可谓颇具匠心。为了塑造这一在贾府中有着得天独厚的特殊地位的人物形象，作者先是让几乎所有的人物先后出场，给王熙凤的出场准备了很好的人物背景，上有贾府的塔尖人物贾母，中有邢夫人、王夫人等贾府中的重要人物，下有贾府中的孙子辈主儿以及各个等级的男女奴仆；也给林黛玉认识王熙凤准备了一个较为充分的心理背景，让林黛玉以自己的独特感受见识这一人物，让读者借助林黛玉的眼睛初步全方位地了解这个人物，也为后面进一步展示这一人物性格作铺垫，揭示了其性格产生的原因和条件。这为我们借助人物的出场塑造人物形象，提供了很好的范例。

黛玉方进入房时，只见两个人搀着一位鬓发如银的老母迎上来，黛玉便知是他外祖母。方欲拜见时，早被他外祖母一把搂入怀中，心肝儿肉叫着大哭起来。当下地下侍立之人，无不掩面涕泣，黛玉也哭个不住。一时众人慢慢解劝住了，黛玉方拜见了外祖母。——此即冷子兴所云之史氏太君，贾赦贾政之母也。当下贾母一一指与黛玉："这是你大舅母；这是你二舅母；这是你先珠大哥的媳妇珠大嫂子。"黛玉一一拜见过。贾母又说："请姑娘们来。今日远客才来，可以不必上学去了。"众人答应了一声，便去了两个。

不一时，只见三个奶嬷嬷并五六个丫鬟，簇拥着三个姊妹来了。第一个肌肤微丰，合中身材，腮凝新荔，鼻腻鹅脂，温柔沉默，观之可亲。第二个削肩细腰，长挑身材，鸭蛋脸面，俊眼修眉，顾盼神飞，文采精华，见之忘俗。第三个身量未足，形容尚小。其钗环裙袄，三人皆是一样的妆饰。黛玉忙起身迎上来见礼，互相厮认过，大家归了座。丫鬟们斟上茶来。不过说些黛玉之母如何得病，如何请医服药，如何送死发丧。不免贾母又伤感起来，因说："我这些儿女，所疼者独有你母，今日一旦先舍我而去，连面也不能一见，今见了你，我怎不伤心！"说着，搂了黛玉在怀，又呜咽起来。众人忙都宽慰解释，方略略止住。

众人见黛玉年貌虽小，其举止言谈不俗，身体面庞虽怯弱不胜，却有一段自然的风流态度，便知他有不足之症。因问："常服何药，如何不急为疗治？"黛玉道："我自来是如此，从会吃饮食时便吃药，到今日未断，请了多少名医修方配药，皆不见效。那一年我三岁时，听得说来了一个癞头和尚，说要化我去出家，我父母固是不从。他又说：'既舍不得他，只他的病一生也不能好的了。若要好时，除非从此以后总不许见哭声；除了父母之外，凡有外姓亲友之人，一概不见，方可平安了此一世。'疯疯癫癫，说了这些不经之谈，也没人理他。如今还是吃人参养荣丸。"贾母道："正好，我这里正配丸药呢。叫他们多配一料就是了。"

【前勾后连点】

高中语文必修教材中的场面描写还有《荆轲刺秦王》中“易水送别”的场面、“秦廷搏斗”的场面；《包身工》中包身工“起床”“早餐”、劳动等场景；《老人与海》中老人与鲨鱼搏斗的场景等。

3. 浓淡相宜的人物刻画。

写黛玉。有对其性格特征的总体概述——“因此步步留心，时时在意，不肯多说一句话，多行一步路，唯恐被人耻笑了他去”；也有对其具体表现的描述：婉言谢绝邢夫人挽留她吃饭，坚决不坐王夫人让她坐的贾政之位，贾母房中用饭时为座位十分推让，贾母和贾宝玉问到念书之事时的不同回答，见到宝玉时对似曾相识之感的不同反应。

另外，从不同人的视觉——众人眼中、熙凤眼中、宝玉眼中——多角度表现这一人物形象。

绘熙凤。从语言（如“先闻其声”类、称赞黛玉类、悲转喜类、问长问短类以及安置黛玉、回应王夫人等）动作、神态、肖像、服饰等多个角度进行描写。写出了王熙凤的泼辣刁狠、权谋机变、见风使舵等个性特征。

描宝玉。正侧结合，贬词褒用，欲扬先抑，寄寓理想。先有黛玉母亲的揶揄之说，后有王夫人的伤心贬抑，给黛玉以“惫懒”。

一语未了，只听后院中有人笑声，说：“我来迟了，不曾迎接远客！”黛玉纳罕道：“这些人个个皆敛声屏气，恭肃严整如此，这来者系谁，这样放诞无礼？”心下想时，只见一群媳妇丫鬟围拥着一个人从后房门进来。这个人打扮与众姑娘不同，彩绣辉煌，恍若神妃仙子：头上戴着金丝八宝攒珠髻，绾着朝阳五凤挂珠钗；项上带着赤金盘螭（chī）璎珞圈；裙边系着豆绿宫绦，双衡比目玫瑰佩；身上穿着缕金百蝶穿花大红洋缎窄褃（kèn）袄，外罩五彩刻丝石青银鼠褂；下着翡翠撒花洋绉裙。一双丹凤三角眼，两弯柳叶吊梢眉，身量苗条，体格风骚，粉面含春威不露，丹唇未启笑先闻。黛玉连忙起身接见。贾母笑道：“你不认得她。她是我们这里有名的一个泼皮破落户儿，南省俗谓作‘辣子’，你只叫她‘凤辣子’就是了。”

黛玉正不知以何称呼，只见众姊妹都忙告诉她道：“这是琏嫂子。”黛玉虽不识，也曾听见母亲说过，大舅贾赦之子贾琏，娶的就是二舅母王氏之内侄女，自幼假充男儿教养的，学名王熙凤。黛玉忙陪笑见礼，以“嫂”呼之。这熙凤携着黛玉的手，上下细细打量了一回，仍送至贾母身边坐下，因笑道：“天下真有这样标致的人物，我今儿才算见了！况且这通身的气派，竟不像老祖宗的外孙女儿，竟是个嫡亲的孙女，怨不得老祖宗天天口头心头一时不忘……”

“懵懂”印象，并以“蠢物”视之。最后才有宝玉的正式出场，听到的宝玉和看到的宝玉判若两人，令黛玉“大吃一惊”，似曾相识，颇生好感。对这个人物的描写，先侧面，后正面；先铺垫，后出场；先贬抑，后褒扬。至于《西江月》判词，似贬实褒，寓褒于贬，为的是寄寓作者理想。

4. 寓意深邃的环境描写。

小说的环境描写，其典型性值得玩味。

提供人物活动、情节展开场景，显示贵族日常生活情景的豪华奢侈；象征具有特殊人际关系的贾府及其中人物的地位身份；彰显人物个性和生活情趣。

【前勾后连点】

1. 小说《装在套子里的人》，先是用标题高度概括别里科夫这一形象的总体特征，然后在文本当中写别里科夫把自己装进套子，也要把别人装进套子；把自己的服饰穿戴、住事言行装进套子，还要把自己的思想和别人的思想、行为、言语装进套子。小说从多角度、多层面具体体现其“套子”特征。

2.《孔乙已》《祝福》综合运用肖像、动作、神态、语言、细节等多种手法塑造人物形象。

“……只可怜我这妹妹这样命苦，怎么姑妈偏就去世了！”说着，便用帕试泪。贾母笑道：“我才好了，你倒来招我。你妹妹远路才来，身子又弱，也才劝住了，快再休提前话。”这熙凤听了，忙转悲为喜道：“正是呢！我一见了妹妹，一心都在她身上了，又是喜欢，又是伤心，意忘记了老祖宗。该打，该打！”又忙携黛玉之手，问；“妹妹几岁了？可也上过学？现吃什么药？在这里不要想家，想要什么吃的、什么玩的，只管告诉我；丫头老婆们不好了，也只管告诉我。”一面又问婆子们：“林姑娘的行李东西可搬进来了？带了几个人来？你们赶早打扫两间下房，让他们去歇歇。”

说话时，已摆了茶果上来。熙凤亲为捧茶捧果。又见二舅母问她：“月钱放过了不曾？”熙凤道：“月钱已放完了。才刚带着人到后楼上找缎子，找了这半日，也并没有见昨日太太说的那样的，想是太太记错了？”王夫人道：“有没有，什么要紧。”因又说道：“该随手拿出两个来给你这妹妹去裁衣裳的，等晚上想着叫人再去拿罢，可别忘了。”熙凤道：“这倒是我先料着了，知道妹妹不过这两日到的，我已预备下了，等太太回去过了目好送来。”王夫人一笑，点头不语。

当下茶果已撤，贾母命两个老嬷嬷带了黛玉去见两个母舅。时贾赦之妻邢氏忙亦起身，笑回道：“我带了外甥女过去，倒也便（biàn）宜。”贾母笑道：“正是呢，你也去罢，不必过来了。”邢夫人答头了一声“是”字，遂带了黛玉与王夫人作辞，大家送至穿堂前。出了垂花门，早有众小厮们拉过一辆翠幄（wò）青绸车，邢夫人携了黛玉，坐在上面，众婆子们放下车帘，方命小厮们抬起。

3.《记梁任公先生的一次演讲》从正面（外貌、肖像、神态、语言、行动、心理、细节）和侧面（环境烘托，他人衬托、对比，他人评价、感受等）进行描写，以突出人物形象。《包身工》中贬词褒用。

4.《林教头风雪山神庙》对风雪的描写，既渲染了气氛，推动了情节，又烘托了人物，还预示人物处境（社会环境）之恶劣，深化了小说的主题——官逼民反。

【写作训练点】

1. 通过几件小事，从不同的角度，表现一个人的开朗乐观的性格特征，不少于500字。

2. 综合运用语言、动作、神态、肖像等描写方法，塑造自己熟悉的一个人物形象，不少于500字。

3. 从正面描写和侧面描写两个角度，塑造一个做事执着、倔强的人物形象，不少于600字。

4. 描写一段自然环境，表达某种情感，不少于200字。

拉至宽处，方驾上驯骡，亦出了西角门，往东过荣府正门，便入一黑油大门中，至仪门前方下来。众小厮退出，方打起车帘，邢夫人搀着黛玉的手，进入院中。黛玉度其房屋院宇，必是荣府中花园隔断过来的。进入三层仪门，果见正房厢庑（wǔ）游廊，悉皆小巧别致，不似方才那边轩峻壮丽；且院中随处之树木山石皆在。一时进入正室，早有许多盛妆丽服之姬妾丫鬟迎着，邢夫人让黛玉坐了，一面命人到外面书房去请贾赦。一时人来回话说："老爷说了：'连日身上不好，见了姑娘彼此倒伤心，暂且不忍相见。劝姑娘不要伤心想家，跟着老太太和舅母，即同家里一样。姊妹们虽拙，大家一处伴着，亦可以解些烦闷。或有委屈之处，只管说得，不要外道才是。'"黛玉忙站起来，一一听了。再坐一刻，便告辞。邢夫人苦留吃过晚饭去，黛玉笑回道："舅母爱惜赐饭，原不应辞，只是还要过去拜见二舅舅，恐领了赐去不恭，异日再领，未为不可。望舅母容谅。"邢夫人听说，笑道："这倒是了。"遂令两三个嬷嬷用方才的车好生送了姑娘过去。于是黛玉告辞。邢夫人送至仪门前，又嘱咐了众人几句，眼看着车去了方回来。

一时黛玉进了荣府，下了车。众嬷嬷引着，便往东转弯，穿过一个东西的穿堂，向南大厅之后，仪门内大院落，上面五间大正房，两边厢房鹿顶耳房钻山，四通八达，轩昂壮丽，比贾母处不同。黛玉便知这方是正经正内室，一条大甬路，直接出大门的。进入堂屋中，抬头迎面先看见一个赤金九龙青地大匾，匾上写着斗大的三个大字，是“荣禧堂”，后有一行小字：“某年月日，书赐荣国公贾源”，又有“万几宸（chén）翰之宝”。

5. 请调动自己的生活积累，写一段你所熟悉的场景，如军训、上操、运动会、下课等。

【多维解读点】

角度一：阐述“性格”“命运”

性格即命运。林黛玉的命运，从主观上分析是她天真、率直、多愁善感的个性造成的。也许，她过于注重细节了，到头来竟在无奈中香消玉殒，留下千古遗恨。

角度二；阐述“气质”“修养”

林黛玉是一个才女，从小聪慧、灵敏、饱读诗书，这就使得她美丽的外表下，散发出一种独特的才女气质。

角度三：阐述“活出尊严”

黛玉美丽，聪慧又品质高洁，孤高自许。在礼教森严，人际关系势利而冷酷的贾府中，她深感自己寄人篱下的屈辱地位，“处处留心，时时在意”。黑暗的环境、个性的压抑，使她内心蕴积着反抗的情绪。在蔑视权势、渴望自由的思想基础上，她被贾宝玉视为从来不讲“混账话”的知己。她与宝玉的爱情带给她更多的是痛苦与眼泪。“金玉良缘”的传说，使她疑虑、忧郁，种种现实，她人前以自矜维护着自尊，把自尊作为弱者的武器，人后“不是愁眉，便是长叹”，落花和眼泪成为她悲苦命运的象征。

大紫檀雕螭案上，设着三尺来高青绿古铜鼎，悬着待漏随朝墨龙大画，一边是金蜼（wěi）彝，一边是玻璃（hǎi）。地下两溜十六张楠木交椅，又有一副对联，乃乌木联牌，镶着錾（zàn）银的字迹，道是：

座上珠玑昭日月；堂前黼黻（fǔfú）焕烟霞。

下面一行小字，道是“同乡世教弟勋袭东安郡王穆莳拜手书”。

原来王夫人时常居坐宴息，亦不在这正室，只在这正室东边的三间耳房内。于是老嬷嬷引黛玉进东房门来。临窗大炕上铺着猩红洋罽（jì），正面设着大红金钱蟒靠背，石青金钱蟒引枕，秋香色金钱蟒大条褥。两边设一对梅花式洋漆小几。左边几上文王鼎匙箸香盒；右边几上汝窑美人觚（gū）——觚内插着时鲜花卉，并茗碗痰盒等物。地下面西一溜四张椅上，都搭着银红撒花椅搭，底下四副脚踏。椅之两边，也有一对高几，几上茗碗瓶花俱备。其余陈设，自不必细说。老嬷嬷们让黛玉炕上坐，炕沿上却有两个锦褥对设，黛玉度其位次，便不上炕，只向东边椅子上坐了。本房内的丫鬟忙捧上茶来。黛玉一面吃茶，一面打量这些丫鬟们，妆饰衣裙，举止行动，果亦与别家不同。

茶未吃了，只见一个穿红绫袄青缎掐牙背心的丫鬟走来笑说道："太太说，请林姑娘到那边坐罢。"老嬷嬷听了，于是又引黛玉出来，到了东廊三间小正房内。正房炕上横设一张炕桌，桌上磊着书籍茶具，靠东壁面西设着半旧的青缎背引枕。王夫人却坐在西边下首，亦是半旧的青缎靠背坐褥。

见黛玉来了，便往东让。黛玉心中料定这是贾政之位。

"当人不能改变环境时，就去改变自己"，内中蕴涵人生哲理，不能改变他人时，就去改变自己，内里分明显出些奴才气息。而林黛玉，一个美丽、聪慧、体弱多病的小女子，寄居在礼教森严、人情势利的他人篱下，她用自己的坚强、自己的矜持维护着自己的尊严，把自尊作为弱者的武器，她不能改变他人，她也不去阿顺地改变自己。人活着就要活出尊严，人活着就要活出志气，多些骨气，少些儿奴气。

【技法归纳点】

写好肖像，以形传神。肖像描写是指描写人物的外形，包括容貌、体态、表情、服饰等。写肖像，可以抓住性别、年龄、职业、身份、经历，表现人物的特征。

写肖像，一定要学会刻画眼睛。眼睛是心灵的窗户，透过这个窗户，可以窥视人物内心的种种变化，把握人物的性格特征。

写外貌，要融入情节，体现个性。写作中的问题出在，大凡写人的作品，对人物进行刻画，一开始便从头写到脚，这样的描写千篇一律，千人一面，游离于情节之外，没有个性，没有创新，常常起不到表现性格和精神面貌的作用。

因见挨炕一溜三张椅子上，也搭着半旧的弹墨椅袱，黛玉便向椅上坐了。王夫人再四携她上炕，她方挨王夫人坐了。王夫人因说："你舅舅今日斋戒去了，再见罢。只是有一句话嘱咐你：你三个姊妹倒都极好，以后一处念书认字学针线，或是偶一顽笑，都有尽让的。但我不放心的最是一件：我有一个孽根祸胎，是家里的'混世魔王'，今日因庙里还愿去了，尚未回来，晚间你看见便知了。你只以后不要睬他，你这些姊妹都不敢沾惹他的。"

黛玉亦常听得母亲说过，二舅母生的有个表兄，乃衔玉而诞，顽劣异常，极恶读书，最喜在内帏厮混；外祖母又极溺爱，无人敢管。今见王夫人如此说，便知说的是这表兄了。因陪笑道：“舅母说的，可是衔玉所生的这位哥哥？在家时亦曾听见母亲常说，这位哥哥比我大一岁，小名就唤宝玉，虽极憨顽，说在姊妹情中极好的。况我来了，自然只和姊妹同处，兄弟们自是别院另室的，岂得去沾惹之理？”王夫人笑道：“你不知道原故：他与别人不同，自幼因老太太疼爱，原系同姊妹们一处娇养惯了的。若姊妹们有日不理他，他倒还安静些，纵然他没趣，不过出了二门，背地里拿着他两个小幺（yāo）儿出气，咕唧一会子就完了。若这一日姊妹们和他多说一句话，他心里一乐，便生出多少事来。所以嘱咐你别睬他。他嘴里一时甜言蜜语，一时有天无日，一时又疯疯傻傻，只休信他。”

黛玉一一的都答应着。只见一个丫鬟来回：“老太太那里传晚饭了。”王夫人忙携黛玉从后房门由后廊往西，出了角门，是一条南北宽夹道。南边是倒座三间小小的抱厦厅，北边立着一个粉油大影壁，后有一半大门，小小一所房室。

写好心理，倾诉心声。人物思想性格的塑造离不开内心世界的描写。可以直接写人物的内心活动，写人物怎么想，怎么感觉；也可以间接地借助人物的外部表现，如语言、动作、肖像来反映人物的内心世界。

写好行动，扣住细节，形神兼备。一个人的所作所为，是他思想性格的具体表现。行动描写生动，准确传神，达到形神兼备的佳境。写人物切忌空洞地叙说，不要下评语，写“他是一个诚实的人”“他是一个道德不好的人”“他是一个热心的人”之类的话，要用人物的言行来表现他的性格特点。

怎样才能把动作行为写得具体、生动、传神？传统的武打动作或电视镜头，往往把一种行为分解成若干部分，把一个大动作细化为几个小动作，然后分别对每一个部分、每一个小动作按一定层次进行展示或描写，使整个动作行为栩栩如生。

语言描写是塑造人物的重要手段。成功的语言描写总是鲜明地展示人物性格，生动地表现人物的思想感情，深刻地反映人物的内心世界，使读者“如闻其声，如见其人”，获得深刻的印象。

语言描写包括人物的独白和对话。独白是反映人物心理活动的重要手段。对话可以是两个人的对话，也可以是几个人的相互交谈。

语言要能显示人物的身份、职业、地位、经历，能够表现人物的思想感情，反映人物的心理活动；语言描写要性格化，符合人物的身份；语言描写要简洁、生动。

语言描写要插入动作神态。人是会说话的，所以写人的文章大多离不开语言。但写语言就只写语言，写对话就只是问什么答什么，而忽略了人们说话时带有的不同情绪、不同神态，以及各种手势、动作等，文章就不会生动形象。这样语言描写的作用也就大打折扣。

王夫人笑指向黛玉道：“这是你凤姐姐的屋子，回来你好往这里找她来，少什么东西，你只管和她说就是了。”这院门上也有四五个才总角的小厮，都垂手侍立。王夫人遂携黛玉穿过一个东西穿堂，便是贾母的后院了。于是，进入后房门，已有多人在此伺候，见王夫人来了，方安设桌椅。贾珠之妻李氏捧饭，熙凤安箸，王夫人进羹。贾母正面榻上独坐，两边四张空椅，熙凤忙拉了黛玉在左边第一张椅上坐了，黛玉十分推让。贾母笑道：“你舅母你嫂子们不在这里吃饭。你是客，原应如此坐的。”黛玉方告了座，坐了。贾母命王夫人坐了。迎春姊妹三个告了座方上来。迎春便坐右手第一，探春左第二，惜春右第二。旁边丫鬟执着拂尘、漱盂、巾帕。李、凤二人立于案旁布让。外间伺候之媳妇丫鬟虽多，却连一声咳嗽不闻。寂然饭毕，各有丫鬟用小茶盘捧上茶来。当日林如海教女以惜福养身，云饭后务待饭粒咽尽，过一时再吃茶，方不脾胃。今黛玉见了这里许多事情不合家中之式，不得不随的，少不得一一改过来，因而接了茶。早见人又捧过漱盂来，黛玉也照样漱了口。盥手毕，又捧上茶来，这方是吃的茶。贾母便说：“你们去罢，让我们自在说话儿。”王夫人听了，忙起身，又说了两句闲话，方引凤、李二人去了。贾母因问黛玉念何书。黛玉道：“只刚念了《四书》。”黛玉又问姊妹们读何书。贾母道：“读的是什么书，不过是认得两个字，不是睁眼的瞎子罢了！”一语未了，只听外面一阵脚步响，丫鬟进来笑道：“宝玉来了！”黛玉心中正疑惑着：“这个宝玉，不知是怎生个惫（bán）懒人物，懵懂顽童？”——倒不见那蠢物也罢了。

环境描写是对人物所处的具体的社会环境和自然环境的描写。其中，社会环境是指能反映社会、时代特征的建筑、场所、陈设等景物以及民俗民风等。自然环境描写包括：人物活动的时间、地点、季节、气候以及景物等。对表现人物身份、地位、行动，表达人物心情，渲染气氛都具有重要作用。

使用环境描写要目的明确——为表达中心服务，具体生动——给人身临其境之感，抓住特征——写出独具特色景物。

写好环境，以景写人。因为人物的言谈举止、神情心态只有在特定的环境中，才具有表现个性的意义。我们写人物的时候，也要注意运用环境描写，可以用环境与人物的行动肖像互相烘托。

心中想着，忽见丫鬟话未报完，已进来了一位年轻的公子：头上戴着束发嵌宝紫金冠，齐眉勒绦（tāo），外罩石青起花八团倭缎排穗褂；登着青缎粉底小朝靴。面若中秋之月，色如春晓之花，鬓若刀裁，眉如墨画，面如桃瓣，目若秋波。虽怒时而若笑，即瞋视而有情。项上金螭璎珞，又有一根五色丝绦，系着一块美玉。黛玉一见，便吃一大惊，心下想道："好生奇怪，倒像在那里见过一般，何等眼熟到如此！"只见这宝玉向贾母请了安，贾母便命："去见你娘来。"宝玉即转身去了。一时回来，再看已换了冠带：头上周围一转的短发，都结成小辫，红丝结束，共攒至顶中胎发，总编一根大辫，黑亮如漆，从顶至梢，一串四颗大珠，用金八宝坠角；身上穿着银红撒花半旧大袄，仍旧带着项圈、宝玉、寄名锁、护身符等物；下面半露松花撒花绫裤腿，锦边弹墨袜，厚底大红鞋。越显得面如敷粉，唇若施脂；转盼多情，语言常笑。天然一段风骚，全在眉梢；平生万种情思，悉堆眼角。看其外貌最是极好，却难知其底细。后人有《西江月》二词，批宝玉极恰，其词曰：

无故寻愁觅恨，有时似傻如狂。纵然生得好皮囊，腹内原来草莽。潦倒不通世务，愚顽怕读文章。行为偏僻性乖张，那管世人诽谤！

富贵不知乐业，贫穷难耐凄凉。可怜辜负好韶光，于国于家无望。天下无能第一，古今不肖无双。寄言纨裤与膏粱：莫效此儿形状！

贾母因笑道："外客未见，就脱了衣裳，还不去见你妹妹！"宝玉早已看见多了一个姊妹，便料定是林姑妈之女，忙来作揖。

场面描写就是对一个特定时间与地点内许多人物活动的总体情况的描写。它往往是叙述、描写、抒情等表达方法的综合运用，是自然景色、社会环境、人物活动等描写对象的集中表现。

运用场面描写要注意：

1. 要交代清楚场面的背景。如活动场面发生的时间、地点、环境等，这样人们才知道场面是在怎样的社会或自然环境中发生的。

2. 要在写好总体的基础上写具体。写场面时要对场面有总体概括，使读者对总体面貌有所了解，但同时也应该突出重点部分。

3. 要写出气氛。气氛是在一定环境中或感觉到的一种情绪或感情。无论什么场面，都会有气氛，如庆祝场面有欢乐气氛；比赛场面有紧张气氛；送别场面有难舍难分的气氛；等等。

写场面要有顺序。场面是由人、事、景、物组合起来的综合画面，不可能几笔就都同时写出来。因此，写场面时要安排好先后顺序。

厮见毕归坐，细看形容，与众各别：两弯似蹙非蹙罥烟眉，一双似喜非喜含情目。态生两靥（yè）之愁，娇袭一身之病。泪光点点，娇喘微微。闲静时如姣花照水，行动处似弱柳扶风。心较比干多一窍，病如西子胜三分。宝玉看罢，因笑道："这个妹妹我曾见过的。"贾母笑道："可又是胡说，你又何曾见过他？"宝玉笑道："虽然未曾见过他，然我看着面善，心里就算是旧相识，今日只作远别重逢，亦未为不可。"贾母笑道："更好，更好，若如此，更相和睦了。"宝玉便走近黛玉身边坐下，又细细打量一番，因问："妹妹可曾读书？"黛玉道："不曾读，只上了一年学，些须认得几个字。"宝玉又道："妹妹尊名是那两个字？"黛玉便说了名。宝玉又问表字。黛玉道："无字。"宝玉笑道："我送妹妹一妙字，莫若'颦颦'二字极妙。"探春便问何出。宝玉道："《古今人物通考》上说：'西方有石名黛，可代画眉之墨。'况这林妹妹眉尖若蹙，用取这两个字，岂不两妙！"探春笑道："只恐又是你的杜撰。"宝玉笑道："除《四书》外，杜撰的太多，偏只我是杜撰不成？"又问黛玉："可也有玉没有？"众人不解其语，黛玉便忖度着因他有玉，故问我有也无，因答道："我没有那个。想来那玉是一件罕物，岂能人人有的。"宝玉听了，登时发作起痴狂病来，摘下那玉，就狠命摔去，骂道："什么罕物，连人之高低不择，还说'通灵'不'通灵'呢！我也不要这劳什子了！"吓的众人一拥争去拾玉。贾母急的搂了宝玉道："孽障！你生气，要打骂人容易，何苦摔那命根子！"宝玉满面泪痕泣道："家里姐姐妹妹都没有，单我有，我说没趣；如今来了这么一个神仙似的妹妹也没有，可知这不是个好东西。"

总之，在场面描写中，人物不能是一个，对这部分要写详细、写具体，做到有点、有面。必须是很多个，并且要以一人为主，场面为辅。场面描写要为表现人物服务，为突出中心服务。场面描写少不了景物、人物的心理活动和语言。

环境描写和场面描写的区别：

环境描写指对人物所处的具体的社会环境和自然环境的描写。其中，社会环境是指反映社会、时代特征的建筑、场所、陈设等景物以及民俗、民风等。自然环境指自然界的景物，如季节变化、风霜雨雪、山川湖海、森林原野等。作用：交代时代背景、渲染气氛、烘托人物性格，还可推动故事情节的发展、映衬人物的心情、抒发作者感情等。

场面描写指对人物（往往是众多人物）在一定时间和环境中所构成的画面的描写。做到：有条不紊、主次明晰；既有全景的描述，也有细节的特写；要写出特定场合的气氛。

环境描写是描写人物活动的客观环境，是"静态"的描写；而场面描写是以人物活动为中心的"动态"描写。

写好细节，细节是指抓住生活中细微而又具体的典型情节，加以生动细致的描绘，它具体渗透在对人物、景物或场面的描写之中。它是最生动、最有表现力的手法，它往往用极精彩的笔墨将人物的真善美和假丑恶和盘托出，让读者欣赏评价。

细节描写包括语言描写、动作描写、肖像描写、心理描写、环境描写等。一篇文章，恰到好处地运用细节描写，能起到烘托环境气氛、刻画人物性格和揭示主题思想的作用。

贾母忙哄他道："你这妹妹原有这个来的，因你姑妈去世时，舍不得你妹妹，无法处，遂将她的玉带了去了：一则全殉葬之礼，尽你妹妹之孝心；二则你姑妈之灵，亦可权作见了女儿之意。因此她只说没有这个，不便自己夸张之意。你如今怎比得她？还不好生慎重带上，仔细你娘知道了。"说着，便向丫鬟手中接来，亲与他带上。宝玉听如此说，想一想大有情理，也就不生别论了。当下，奶娘来请问黛玉之房舍。贾母说："今将宝玉挪出来，同我在套间暖阁儿里，把你林姑娘暂安置碧纱橱里。等过了残冬，春天再与他们收拾房屋，另作一番安置罢。"宝玉道："好祖宗，我就在碧纱厨外的床上很妥当，何必又出来闹得老祖宗不得安静。"贾母想了一想说："也罢了。"每人一个奶娘并一个丫头照管，余者在外间上夜听唤。一面早有熙凤命人送了一顶藕合色花帐，并几件锦被缎褥之类。

黛玉只带了两个人来：一个是自幼奶娘王嬷嬷，一个是十岁的小丫头，亦是自幼随身的，名唤作雪雁。贾母见雪雁甚小，一团孩气，王嬷嬷又极老，料黛玉皆不遂心省力的，便将自己身边的一个二等丫头，名唤鹦哥者与了黛玉。外亦如迎春等例，每人除自幼乳母外，另有四个教引嬷嬷，除贴身掌管钗钏盥沐两个丫鬟外，另有五六个洒扫房屋来往使役的小丫鬟。当下，王嬷嬷与鹦哥陪侍黛玉在碧纱橱内。宝玉之乳母李嬷嬷，并大丫鬟名唤袭人者，陪侍在外面大床上。

茅盾先生在《试谈短篇小说》中说：

"一小段的风景描写甚至少到只有几句的风景描写，其目的不是为风景而写风景，即不是为了装饰，而是为渲染或衬托故事发生时的气氛，或者为了加强故事发生时人物的情绪。"

整合式课例：《林教头风雪山神庙》

【学习目标】

1. 掌握波澜跌宕法的写作结构。
2. 指导学生如何运用到记叙文的写作中。

【教学重点】

掌握波澜跌宕法的写作结构。

【教学难点】

指导学生如何运用到记叙文的写作中。

一、开门见山，直接导入

今天，我们以《林教头风雪山神庙》为例学习波澜跌宕法的写作结构。

二、明确步骤，组织学习

1. 回顾复习，梳理《林教头风雪山神庙》的叙事过程。
2. 指导学生总结。

开端：林教头沧州遇故知；发展：陆虞候密谋害林冲，林冲上街找仇人；进一步发展：林教头接管草料场，草料场被雪压塌，林冲借宿山神庙；高潮结局：风雪夜山神庙复仇。

教师启示：情节一波三折，跌宕起伏，引人入胜，扣人心弦。

3. 教师订正概念（幻灯片），波澜跌宕法的写作结构。

4. 教师设置问题：引导学生联系以前学过的课文，加深理解。以《武松打虎》为例，谈谈其写作结构如何体现波澜跌宕？

（幻灯片）《武松打虎》片段

师生总结：跳出一只大虫——躲过大虫——哨棒摔断——赤手空拳打老虎，这一波一伏，如浪撞礁石，似海波叠起，真正扣人心弦。

5. 指导学生写作。

教师提供两种切实可行的写作方法。

（幻灯片）两种方法：

（1）扣人心弦——悬念法

悬念法，是指在文章开头或文章中，设置疑团，不加解答，引起读者关注，激起读者急切地往下读的兴趣，直至读完全文才恍然大悟的一种技巧。由于人本就有追根问底的天性，而悬念法恰能把这一心理欲望激发出来。所以，悬念法是最容易取得引人入胜效果的方法之一。

（2）节外生枝——误会法

误会法，是指利用时间、地点、人为因素，故意造成人物间的误解，为情节发展推波助澜，丰富情节的戏剧性的一种表现技巧。误会法常常让本来能按常理发展的事情节外生枝，而文章就在这生枝之处显示出情节和主题的精彩。

6. 学生实践：教师布置题目：《幸福的拾荒者》。（要求：运用其中的一种方法，突出波澜起伏，第二节课交流）

【教学反思】

波澜跌宕法是记叙文写作结构的一种方式，使用非常普遍。很多中外小说都用这种写作结构，选入高中读本的记叙文很多也都采用了这种结构。《林教头风雪山神庙》运用了这种结构，学生可以找到文章的结构特点，即“波澜起伏、一波三折”等，因此，看来学生不难理解这种结构，难点在于如何运用。笔者设计了两种易于操作的方法，即悬念法、误会法。通过举课文中的例子，学生容易明白。然而，如何借助这些方法，进而提高写作能力，就成了不得不思考的问题。

就这节课而言，在方法的指导上有点单薄，学生虽然容易理解，却不容易操作，因此，这堂课的教学节奏还需调整。学生已经学过《林教头风雪山神庙》，并且非常熟悉文章结构，所以，课堂一开始可以直奔主题，让学生理出文章的结构特点，教师出示概念，指导方法。然后给学生一个简单的题目或设置一个情节，让同学们发挥想象去写，如果无法完成，可以考虑老师和全班同学参与，或者教师出示示范性的文章或片段，指导学生。这样，通过课堂指导学习，学生的印象更深刻，相互的交流也具有启发性，能带给学生很好的示范作用。

整合式课例：《寡人之于国也》《劝学》

【教学目标】

1. 通过整合《寡人之于国也》《劝学》的写作结构，梳理议论文的基本写作结构。

2. 依据议论文的基本写作结构进行提纲式作文训练。

【教学重点】

通过整合《寡人之于国也》《劝学》的写作结构，梳理议论文的基本写作结构。

【教学难点】

依据议论文的基本写作结构进行提纲式作文训练。

一、导入

今天，我们以《寡人之于国也》《劝学》为例，分别梳理其写作结构，通过整合，梳理议论文的基本写作结构，并当堂训练应用。

二、明确步骤、组织学习

1. 幻灯片出示学习任务。
2. 教师引导学生梳理两篇文章的写作结构。
3. 教师板书，师生共同总结两篇文章写作结构的共同之处。

师生总结：

第一，提出观点　　　摆事实
　　　　　　　　　　分析现象
　　　　　　　　　　直接提出观点

第二，析原因

第三，找办法，举措施

4. 应用训练。

出示作文题目：

（1）多回头看一眼

（2）缺陷的美

（3）走出呵护，展翅蓝天

学生活动：任选其一，写出议论文的写作提纲。

5. 师生交流并总结。

附（板书）

《寡人之于国也》

摆现象，议话题

析原因：好战，人民生活困苦

举措施：王道之始
　　　　王道之实　层层深入
　　　　实行仁政

《劝学》

摆观点：学不可以已

析原因：

学习的重要性　　改变原有状态
　　　　　　　　弥补不足

举措施：学会积累
　　　　坚持不懈　层层深入
　　　　专一

整合式课例：《鸿门宴》

为使学生在写作中更多地占有素材，教师让学生在假期对高中课本经典素材按要求进行了分工整理。怎样把这些学生花了心思整理出的素材转化为写作材料为我所用，需要老师的精心设计，既然素材是学生分工整理的，也应该让学生在课堂上讲素材、用素材，于是设计了这样一堂作文课。

教学内容：高中课本经典素材整理及写作实践。

设计意图：本节课是在学生假期准备素材的基础上进行的一节作文素材共享和素材运用课，目的是使学生积累素材和运用素材。

其教学过程为“素材写作角度挖掘——例文赏析——运用素材进行写作训练”。力求通过师生的融洽合作达到本节课的教学目的，真正让每个学生对写作课产生兴趣，对语文学习产生兴趣，培养学生听说读写各方面的综合能力。

一、学生讲素材

主讲人：石瑛霞、付惇林

主讲内容：项羽篇

1. 人物简介
2. 人物作品：《垓下歌》
3. 写作话题：出示项羽的诗歌《垓下歌》

力拔山兮气盖世，时不利兮骓不逝。骓不逝兮可奈何？虞兮虞兮奈若何？

齐读诗句后先让学生自由发言，后得出以下写作角度：

（1）悔恨；（2）忘记和铭记；（3）脸。

出示评项羽的诗歌：

题乌江亭

杜牧

胜败兵家事不期，包羞忍辱是男儿。江东子弟多才俊，卷土重来未可知。

齐读诗句后先让学生自由发言，后得出以下写作角度：

（1）胜败乃兵家常事；（2）胜不骄败不馁；（3）百折不挠，才能成功。

出示评项羽的诗歌：

题乌江亭

王安石

百战疲劳壮士哀，中原一败势难回。江东子弟今虽在，肯为君王卷土来？

齐读诗句后先让学生自由发言，后得出以下写作角度：人心向背是成败的关键。

出示评项羽的诗歌：

夏日绝句

李清照

生当作人杰，死亦为鬼雄。至今思项羽，不肯过江东。

齐读诗句后先让学生自由发言，后得出以下写作角度：鬼雄。

引导学生发现并挖掘《鸿门宴》中的写作素材：

（1）把握时机是成功的关键；（2）兼听则明，偏听则暗。

二、学生进行例文赏析

1. 赏析优秀例文《我能》

（1）赏读

（2）点评：运用事例“胜败乃兵家常事”（项羽反例）

2. 赏析优秀例文《题乌江亭》

（1）赏读

（2）点评：运用实例“忘记与铭记”“诚信”

三、教师领学生进行素材运用训练

1. 训练话题：走进高三

2. 学生筛选刚积累的写作素材，可运用的角度有：

（1）忘记和铭记；（2）胜败乃兵家常事；（3）胜不骄败不馁；（4）百折不挠，才能成功；（5）把握时机是成功的关键；（6）兼听则明，偏听则暗。

思维拓展：联系近日复习过的文言文，看哪些事例可用于此话题写作。

学生挖掘出的角度有：

（1）烛之武的顾大体，识大义；烛之武的胸有成竹和自信；

（2）荆轲的诚信和随机应变；

（3）樊哙的“大行不顾细谨，大礼不辞小让”；

（4）王羲之的“勤奋与专业”“创新”；

（5）苏轼的“做好人生的减法”“心胸坦荡”；

（6）王安石的“尽吾志”。

以积累的以上素材为基础，学生课下较顺利地完成了写作任务。

为较好地完成大作文，可以先让学生写随笔。现摘录学生针对本素材写的随笔：

给项羽先生的一封信

高三11班　蔡欣

项羽先生：

您好！

因平生无法与你相交为友，深感遗憾。

昔日，您披戴盔甲，骑战马，舞战旗，英勇杀敌。您的威风凛然，您的意气风发，您的智勇双全，无不见证着您是个卓越的军事家。

可惜，小女当初幼稚愚昧，见识短浅，只为听到您的一些小缺点就妄判了您，一直认为您是一个一无是处、胆小怕事、胸无大志的人。其实，您哪有我想象的那么懦弱，是我误会了您，如今我虔诚的向您道歉、赔礼。就因着您有乌江自刎一事，世人都认为您是懦弱之人，但现在我才真正知道那是误会了您。

否则哪里会有李清照的“至今思项羽，不肯过江东”呢？我想看人也好，看物也吧，应该是多角度的，正如苏轼说的“横看成岭侧成峰，远近高低各不同”。

项羽先生，小女冒昧提出我的想法，如果您再仁慈一点，就如当初放刘邦一样，也许世人会调转笔锋，不得不因您的智勇双全而大加赞美之词。毕竟过去是历史，无法改变，所以我只能改变您在我心中的形象。

一堂成功的语文课给我们的启示：

一堂语文课的成功，得力于诸多课堂元素的科学呈现，得力于教师课前的精心设计和对学情的把握。

1. 学生主体性地位被充分彰显，会活跃课堂气氛。

在课堂上，老师讲得并不多，学生发言的积极性却很高。在同学讲完素材，老师提示写作要求后，学生情绪高涨，表现异常亢奋。作为高中生，主动发言被他们视为幼稚、不好意思的事，但在本课中，同学们竟然争先恐后地谈自己对素材的理解。他们思维的火花完全被点燃，激情在燃烧。他们对素材的理解角度是独特的，语言表达是生动流畅的，可见他们的思想是有深度的，学生的个性化思维得到了充分的展现。这得益于教师有效的引导。

2. 教师有效的引导，会开启学生的思维。

学生的脑海里不是没有积累，而是不知道怎样运用，思路一旦被打开，自然会有说不完的话题。

3. 课堂要结构明晰，目标要明确。

这堂课之所以上得比较满意，得益于课前的精心设计。

4. 课堂教学要了解学情，从学生的实际情况出发，才能达到预期目的。

整合式课例：《半张纸》

【学习目标】

1. 让学生整合半张纸上记载的内容，整体感知文本，培养学生的信息检索能力。

2. 让学生扮演不同的角色，还原被“擦掉”的故事细节，培养学生的想象习作能力。

3. 将学生的习作与文本加以比照，凸显小说写法的独特巧妙之处，培养学生的对比鉴赏能力。

【学习重点】

目标 2、3

【学习难点】

目标 2、3

一、导入预设

老子把自己一生的思想浓缩为一个字“道”，孔子把自己一生的主张提炼为一个字“仁”，庄子把自己一生的追求定格成两个字“逍遥”。今天我们学习的这篇课文，作者把一个人两年中的生之艰辛、爱之甜蜜浓缩进了半张纸里。

二、过程预设

（一）走近文本，整体感知

预习检测，出示 PPT1。

请同学们罗列出小说中半张纸上记载的内容。要求：

1. 书写在半张纸上。

2. 依据小说内容，用不同颜色的笔书写（喜，红色笔；悲，黑色笔）。

3. 用时 3 分钟。

点拨提升，出示 PPT2。

“橡皮”写作

20 世纪以来小说的写作趋势是作家在小说文本中以“零度”的形态出现，即作家从小说中“隐退”。罗伯·格里耶在《橡皮》的序中写道，他之所以把小说取名为橡皮，是因为他在写小说时省略了很多，而把它们交给读者去思考，省略的部分好像是被橡皮擦掉一样。

读斯特林堡的《半张纸》，也感觉文本细节被橡皮擦掉了一些。橡皮留下的空白是给读者填充的，不同的读者有不同的想象延伸，这就是伟大作品久读不厌的原因。海明威的“冰山文体”与这种“橡皮写作”有异曲同工之妙。

（二）走进文本，切身体验

情景模拟，出示 PPT3。

请同学们展开丰富的想象，把《半张纸》中用“橡皮”擦掉的细节补充出来。要求：

1. 男同学以“那位帽子上戴着黑纱的年轻房客”的口吻还原一两个被“擦去”的典型细节。

2. 女同学以艾丽丝的口吻还原一两个被“擦去”的典型细节。

3. 100 字左右，用时 10 分钟。

写作交流，10 分钟。

（三）赏析文本，对比凸显

合作探究，出示 PPT4。

请同学们将自己的习作与小说加以对照，思考《半张纸》写法的独特之处。要求：

1. 小组合作探究，3 分钟。

2. 分享交流，7 分钟。

（四）走出文本，拓展演练

迁移训练，出示 PPT5。

阅读下面的小小说，展开你丰富的想象，把小说中用“橡皮”擦掉的细节补充出来，思考这篇小小说讲了一个怎样的故事。

丈夫支出账单中的一页

（美）马克·吐温

招聘女打字员的广告费……（支出金额）

提前一星期预付给女打字员的薪水……（支出金额）

购买送给女打字员的花束……（支出金额）

同她共进的一顿晚餐……（支出金额）

给夫人买衣服……（一大笔开支）

给岳母买大衣……（一大笔开支）

招聘中年女打字员的广告费……（支出金额）

要求：

1. 合作探究 3 分钟。

2. 分享交流 5 分钟。

三、小结（或课后作业）

1. 男同学以丈夫的口吻还原被“擦掉”的故事细节。

2. 女同学以夫人的口吻还原被“擦掉”的故事细节。

整合式课例：《我与地坛》

师：同学们，一直以来，我们把积累素材的重点放在课外，其实，我们可以从学过的课文入手，充分发掘其中的写作素材，进行整合并运用。

生：什么是素材整合？

师：你们认为呢？

生1：一个素材可以用于多个观点。

生2：几个素材为一个观点服务。

生3：可以给素材归类，就像学习诗歌鉴赏，就主题来说可以分为很多类，比如，有关“心态”“责任”“角度”等。

师：同学们说得很在理。

师：素材整合即可以对素材进行多角度思考，思考素材可以为哪些观点服务，或对不同的课文素材分主题进行整理，作为写作的素材库。

师出示幻灯片。

一、同一课文素材，多角度分析

【课本素材】

一个人，出生了，这就不再是一个可以辩论的问题，而只是上帝交给他的一个事实。上帝在交给我们这个事实的时候，已经顺便保证了它的结果，所以死是一件不必急于求成的事，死是一个必然会降临的节日。这样想过之后我安心多了，眼前的一切不再那么可怕。

（史铁生《我与地坛》）

师：这段文字说明了什么？

生：人要顺应天命。

师：为什么？

生：一个人，出生了，就无须辩论，顺其自然就可以了。生老病死，就像四季更替，是再自然不过的事了。

师：是的，年轻的史铁生悟透了生死，他的胸怀更宽广了。他知道自己需要什么。于是，他为自己代言。

生：苏轼就是这样吧！

师：何以见得？

生：苏轼经过乌台诗案以后，被贬黄州，他看淡了功名利禄，看透了生死，也铸就了苏轼顺应天命、随遇而安、随缘自适的胸襟。于是，黄州之行反而开启了苏轼的另一番别样人生。

生：我觉着还可以说感恩这个话题。感谢亲人，感谢母亲。

生：课文中有这样一段描写："当儿子久不见踪影时，她焦灼地围着偌大的地坛一遍又一遍不辞辛劳地寻找，当她默默注视儿子的身影，内心却是揣着怎样的爱惜和惶恐呢？"从中我们看到了母爱的伟大。

生：史铁生后来知道，他每次出门，母亲总是悄悄地跟在后面，怕他想不开，这样的日子不知道母亲是怎么熬过来的。

师：所以，当他想通了关于生命的意义，在写作上取得骄人成绩的时候，母亲却已经永远地离开了他。"树欲静而风不止，子欲养而亲不待"，彼时彼刻，儿子的心里该是多么愧疚与遗憾呢？

师：还有其他角度吗？

生：战胜自我，就获得了成功。曾经的史铁生徘徊在死亡边缘，失去了生活的信心。那段时间，谁都无法帮助他，为此，他的母亲流了多少泪。当有一天，史铁生想通了关于生命的意义，他重新拥有了生活的勇气，重新"站"了起来，当看到身后的母亲，更加坚定了他的自信心，他战胜了困难，就是战胜了自己，获得了成功。

师：一个人最大的敌人不是别人，而是他自己。战胜了自己，离成功就不远了。

生：人与自然和谐相处，因为自然也是人类生命的启示。

师：很有深意，解释一下。

生：文中用大量的篇幅写地坛的景色，地坛的小虫子，而史铁生就是受到自然的影响，是大自然给了他思考与顿悟。

师：是啊，那些在漫长的时光里永远挺立的松柏，祭坛石门中永恒的落日，每一天，每一年，宠辱不惊，去留无意，用一种顽强又淡泊的姿态诉说着生命的坚韧，在这生命的坚韧里史铁生找到命运的密码，在这人与自然的对话里，他揭开生命的谜底，走向豁然开朗的明天。

师出示幻灯片。

二、同一个话题，不同的素材整理

师：老师给同学们一个话题，同学们考虑适合的素材有哪些？

师：追求理想，不避艰险。

生：毛泽东主席在《沁园春·长沙》中表现他在青年时期就有伟大的理想，“书生意气，挥斥方遒。指点江山，激扬文字，粪土当年万户侯”正是他当时的写照。

生：夏瑜（鲁迅《药》）被捕入狱，但他仍没有放弃革命理想，在狱中劝牢头造反。

生：司马迁为了实现他的理想——完成历史巨著《史记》，他勇敢地选择了宫刑而活了下来，最后完成了使命。

作业：请仿照上面《我与地坛》示例，就以上素材进行多角度分析，先提炼出几个论题，再就每一个论题写一段论述性的文字。

关于作业设计

只有深入研究学生的心理特征、思想特征、学习习惯、兴趣爱好等，才能具有一双慧眼，设计出高水平的作业，从而激发学生完成任务的兴趣，提高学生的学习效率，增强学生的自我效能感，让作业“活起来”，不仅是让形式“活”起来，更重要的是让每个学生的思维与情感“活”起来。

“减负令”下的作业设计

自1955年7月教育部发出新中国第一个“减负令”——《关于减轻中小学生过重负担的指示》以来，减轻学生课业负担的话题一直未曾平息，其中，为学生作业减负引起社会各阶层关注。作业是学生检测自身知识掌握程度的凭据，也是教师掌握学生学习情况的依据，可以说，作业是学生学习生活中不可或缺的一部分，所以，减轻学生作业负担并不代表不让学生做作业，而是应该提高作业质量，即在减负的同时更应该增效。

现阶段，高中生所学课程数量多，学习压力大，而高中语文学习短期内难以有明显效果，很多学生因此不重视语文课程学习，导致的直接结果是轻视语文作业，敷衍了事。加之传统语文作业形式单一，内容重复，随意性强，应试成分明显，缺少针对性和时代性，很难调动学生的主动性、提升创造能力，在一定意义上限制了学生的个性发展。所以，在课程标准背景下，教师应及时转变观念，掌握学生情况，结合学习目标和学科特点，设计灵活、多样、高效、个性的作业，提高学生语文学习积极性，提升学生语文素养，促进学生全面发展。

一、关注个体差异，设计分层作业

孔子主张在教学中“因材施教”，是因为每个人的成长环境和个人经历不同，形成的兴趣爱好、气质性格、智能特长等也各不相同。每个生命个体都是独特的存在，每个学生都是独特的个体。教育让学生能够更好成长的同时，也应让学生自由和充分地成长，关注学生的独特性和差异性，是教学中不容忽视的一环。所以，尊重学生个体，使优秀的学生具有更大的发展空间，中等学生有相应的提升，基础薄弱的学生学有所获，则是语文教学过程应该关注的内容，由此，语文作业的设计也需要有层次性。

笔者所带的两个班级学生语文学习水平有较大的差异，一个班级学生的语文基础尚可，另一个班级学生语文基础薄弱，在布置关于人物细节描写的微作文练习时，要求基础好的班级学生综合运用写人的手法，体现对人物的细节描写；而对于基础薄弱的班级学生，则要求他们从动作描写角度体现细节描写，展现人物个性。根据班级学习实情布置作业，每个班都涌现出了相当数量的优秀作文，尤其是基础薄弱班级学生的写作自信心大增。如布置作业时对两个班级作统一要求，设置统一标准，那基础薄弱班级几乎无优秀作文可言，学生很难体会到作文学习中的成就感，也就难以培养其写作的自信。

在教授完《故都的秋》一课后，笔者设计了以下作业：（1）摘录文中四至五个名词，将它们连缀成一段话，不少于30字。（2）回顾《天净沙·秋思》，仿其格式把故都的秋景连缀成诗，表现出作者的情感。（3）古人描写秋的文字很多，请摘录描写秋的诗、词各一首，写一篇100字左右的赏析。（4）写一篇以“故乡的秋”为主题的作文（要求选择其中的两道题完成）。在学生上交的作业中，每道题都有被选择到，且每个同学都态度端正地完成了作业。

由浅入深、由易到难分层设计作业，关注学生差异性，不仅能够充分调动学生做作业的积极性，促进学生成长，而且能够使每一位学生享受到成功的喜悦，真正做到了尊重学生、尊重个性，促进学生个体的发展。

二、关注综合素养，设计多元作业

《义务教育语文课程标准（2022版）》在谈到“努力建设开放而有活力的语文课程”时指出，语文课堂“应拓宽语文学习和运用的领域，注重跨学科的学习”。当前社会，是一个对人才综合性要求越来越高的社会。教育需要关注的是学生综合素养的培养。跨学科学习可以打破原有的学习习惯和思维方式，超越单一的学科目标，让学生在多学科交融中学习，建立起各学科知识之间、能力素养之间的横向联系，以此来促进学生综合素养的整体发展。这个过程自然也有利于学生单个学科学习能力的提升。

笔者设计的以下两个作业就在学科的交融中，关注了生命的成长发展。

必修1梳理探究《优美的汉字》作业设计：

（1）认识汉字的六书，并各举三例。

（2）以甲骨文、金文、篆书的形式写出“水”“火”“山”的字形，然后以简笔画的形式画出这三个字所代表的事物。

（3）完成一幅书法作品（硬笔和毛笔均可）。篆刻社的同学完成一幅字体篆刻作品。

（4）利用电脑技术制作六书的动态演变过程，配以解说词。

必修4《父母对孩子的爱》拓展作业：

（1）收集关于“亲情”的名言名句，名家诗篇，名人亲情故事，制作成手抄报。

（2）收集关于“亲情”的古诗词、歌词，加以积累，并选择一个方面鉴赏。

（3）制作一张“父母伴我成长”的年事表。

（4）写出发生在自己与亲人之间的感人故事。

（5）你对子女在朋友圈屏蔽父母的做法有什么看法？写一篇短文。

这些作业的设计和完成，不单单需要语文学科的知识积累，也关联到书法、绘画、音乐、计算机等其他学科的知识，作业除了对语言表达能力、文学鉴赏能力提出要求，也要求学生具备相应的分析能力、绘画能力、动手操作能力等。

将语文学科作业与其他学科相结合，学生在语文学习方面的语言表达能力、感悟鉴赏能力、阅读分析能力得到长足发展，其他的逻辑思维、辩证思维和创造思维以及自主学习能力、合作探究能力也会相应得到锻炼，有效激发学生学习的主动意识和进取精神。

三、关注多元发展，设计实践作业

《义务教育语文课程标准（2011版）》提出：“语文课程是一门学习语言文字运用的综合性、实践性课程。”《普通高中语文课程标准（2017版）》指出：“语文课程作为一门实践性课程，应着力在语文实践中培养学生的语言文字运用能力。”学生作为学习的主体，必须在语文学习活动中处于主体地位，在活动中完成自我认知，实现主动发展。语文作业设计应挖掘教学中的活动因素，设计出适合学生实践的作业内容。

如在学习必修1《鸿门宴》时，布置作业让学生分析人物性格，很多学生只是从课文情节中把握人物，人物形象分析较为单一。于是笔者设计作业，让学生以小组为单位分配角色，表演《鸿门宴》中的片段。在分角色表演实践中，除了再现当时的场面，学生在表演中能够更细致地体会人物，通过细节表现人物。文中人物形象一下子变得可观可感，具体形象。由此，学生对人物的分析把握也更全面。再如学习《林黛玉进贾府》时，探究黛玉进贾府的路线，学生单纯地阅读文本很难直接形成明晰的空间感。笔者设计如下作业：请绘出黛玉进贾府的立体线路图，可以借助电脑软件。大多数学生绘制出了清晰的线路图，个别同学借助计算机展现了人物的动态路线。此外，在学习必修1梳理探究《奇妙的对联》时，笔者设计了如下实践性作业：搜集不同场合的对联各举一例，并总结对联的类型；搜集10副名联，选择感触最深的一副加以赏析；以家庭或宿舍为单位，自己组织主持一次“对联知识知多少”的联欢会。

这些实践作业，既有一定的趣味性，又有创新、灵活的特点，同时也培养了学生语文学习中的合作探究能力。语文实践性作业能够激发学生学习的积极性，发挥学生潜力，点燃学生的学习热情，为学生的充分发展开拓空间，也促进学生多元智能的发展。

四、关注学习过程，设计动态作业

高中语文学习是一个逐渐积累的过程，尤其是语文阅读中各类优秀作品阅读、整本书阅读不是一朝一夕可以完成的。在阅读作业设计中，为提升学生语文阅读积累，以月为单位，让学生编写《阅读文摘》，要求学生将阅读的经典名篇编辑成册，亲自设计书的封面并编写序和后记，还可以对自己喜欢的作品进行赏析。然后班级选择统一的时间，互相交流传阅。这种动态性作业，形式新颖灵活，既拓宽了学生阅读视野，丰富了学生的阅读量，更能体现学习过程，充盈学生的思想。

在设计“成语积累”作业的过程中，笔者采取了“5+2+x”的形式督促学生积累。“5”即周一到周五五天，教师给学生布置一个易错成语，让学生查阅工具书释义积累。“2”即周六和周天让学生自己积累两个不懂的成语。“x”即在平时生活学习中遇到不懂的成语，及时积累。每周一进行一次检查。一个学期下来，学生的成语积累量相当可观，每日积累一个成语，能够产生有效的学习效果。

互联网络普及，各种新技术层出不穷，《普通高中语文课程标准（2017年版）》要求“积极利用新技术、新手段，建设开放、多样、有序的语文课程体系，使学生语文素养的发展与提升能适应社会进步新形势的需要”，我们可以借助网络新技术的优势设计作业，实现作业动态化。例如，在写作练笔作业中让学生创建自己的博客，在博客中记录生活点滴，记录思想的闪光点，这样既实现了自由写作，也能让学生写出真实的自己，记录自己成长的过程。

动态的作业设计能够结合语文学科实际，达到有序、高效的效果。将语文课堂从课内拓展到课外，内容从有限延伸至无限，引进课外资源，不仅拓宽了学生的视野，使学生全面、客观地学习相关内容，形成分析问题的整体观，也引导学生探求解决问题的新路径，由此证明语文是人文的、与时俱进的。

总之，学生的成长是差异化、动态连续的过程，在语文作业的布置中，要围绕学习目标，结合学生的个性化、动态化特点，设计富有创意性、拓展性、开放性的优质作业，促进学生健康全面的发展。

新的作业形式并非完全否定传统作业形式。传统作业以巩固所学知识为目的，针对性强，同样具有可取之处。

作业评价是作业设计训练的有效一环。以学生为主体、教师为主导是作业评价的方向原则。新的作业形式在评价中应该改变以往以教师判断评价为唯一标准的评价标准观念，采用集体评价、小组评价、自我评价、师生互评等多元评价形式，既能发挥教师的引导作用，又能调动学生的主动积极性，让作业设计达到科学优化的效果。

五、基于“学教评一致性”的作业设计

语文作业设计是语文教学工作中的基本环节，但它从来都不是教育领域的一个小问题。作业量多质欠，以分数至上；作业内容偏重于阅读应试，重课内而轻勾连；作业形式单一，重抄录而轻实践；教师评价任务重而效率低。这些问题都直接影响着学习兴趣、教学效度。

2011 年 7 月 24 日中共中央办公厅、国务院办公厅印发了《关于进一步减轻义务教育阶段学生作业负担和校外培训负担的意见》（以下简称《意见》）。《意见》明确指示：全面压减作业总量和时长，减轻学生过重作业负担。健全作业管理机制，合理调控作业结构，分类明确作业总量，提高作业设计质量，加强作业完成指导。《意见》的出台，表明了党和国家解决学生过重课业负担的决心和魄力，也为教师进行作业设计指明了方向与要求。

如何更好地落实《意见》，在减量轻负之时，又能提效增质，作业的科学设计是必由之路。“学教评一致性”为作业设计指明了方向。

“学教评一致性”，是有效教学的基本原理。如何去遵循实施这一基本原理，一直是语文教学前沿性问题。它要求在语文课程实施中，学生的“学”、老师的“教”以及学习评价能围绕共享目标展开，实现一体化。

学生的“学”被前置，成为教学活动的首位，引导教师在设计语文教学的时候要首先考虑学生，认真关注学习过程，从学的角度安排教学、设计作业。正如加涅在《教学设计原理》中所说要“为学习设计教学”。关于“学教评一致性”的语文教学，广东省初中语文教研员冯善亮提示大家思考三个问题：学生学习要达到什么目标？为了达到这几个目标学生要完成哪几个学习任务，设计怎样的作业？教师要如何帮助，使之完成？设计科学有效的作业是“学教评一致性”中不可忽略的一环，亦是行之有效的策略。

基于“学教评一致性”的语文作业设计，目标更精效、更有趣、更科学。它应当以学习目标为引领，搭支架、明路径，追求目标和结果的统一；应突破作业范围与形式，有层次、多选择，以顺应学生的多元智能与个体性；应调整作业评价顺序与方式，多主体、重标准，以更科学的作业评价来回应作业，提高作业的效度。

（一）精效：以学习目标为引领，搭支架、明路径

基于“学教评一致性”，教师设计的作业就不只是教学的延续与补充，它需要紧扣学习目标。本质上它是为学习目标而存在的，是学生在课堂学习结束之

后，对学习目标的自主操练、内化与诊断。任何不以落实学习目标为目的的作业设置都必须予以纠正；任何与学习目标弱相关或不相关的作业都应该从作业单中删除。

笔者执教叶圣陶先生的《苏州园林》时，结合学生学情、单元提示、文体特性和本文特点等确定了学习目标：

（1）寻找关键词句，探本文的说明顺序美；

（2）斟字酌句，赏本文的说明语言美；

（3）关注构思与特色词句，读出作者的情感美；

（4）跟着课文学写文艺性说明文，提高写作能力。

与此同时，在布置作业时，笔者参考了文后的作业习题四：

用先总后分写法写一段文字，介绍你曾经游览过的一座公园或建筑。注意抓住其主要特点，有条理地进行说明。不少于300字。

该写作任务的落脚点是写清楚说明顺序与说明对象的特点，这与本课的学习目标是不一致的。斟酌之下，笔者对作业进行了修正：

“苏州园林”渐渐成为一种文化符号、建筑文化、生活理念。请寻找身边的“苏州园林”，选一个角度拍照，并有顺序地把它介绍给同学，不少于300字，可选用下列词句。

提示：映衬、重峦叠嶂、胸中有丘壑、高低曲就、任其自然、盘曲嶙峋、隔而不隔、界而未界、别具匠心、斟酌、雕镂……

稍作修改之后，写作任务的落脚点转变为有条理地说明身边的园林风景，活学活用文中好词。作业任务与学习任务是契合的，完成作业的方法与路径是清晰的，凸显了《苏州园林》作为“文艺性说明文”的写作示范意义。作业的成果从单一的文字形态，变成了综合性、图文并茂的实践作品。

立足单元设计作业，以完成单元学习目标。例如人教版语文八年级上册第一单元为“活动探究”单元，笔者及所在学校备课组在集体探讨之后决定用“项目化”方式引导学生进行学习。结合10月上旬将开展校运动会的校情，设计了项目“我的播报之旅”。项目总任务：学校要借运动会之际，在校橱窗栏与公众号推送多份《体育周刊》。三个子任务分别是完成新闻阅读、新闻采访、新闻写作，一共历时两周。为此，学生要逐步完成以下作业：

（1）请用表格梳理本单元各新闻在内容、结构、写法上的区别。

（2）结合运动会，自选角度，写“一句话新闻”两则。

（3）选择其中一则“一句话新闻”展开写，文体为通讯。

（4）仔细观察一名运动员，并用动作分解法为他写一篇特写，要考虑新闻价值。

（5）结合我校运动会，选题，并填写采访方案表、列采访提纲，完成人物采访稿。

（6）总结优秀版面的特点，组内推选作品，将学习、活动成果编成《体育周刊》。

本单元的6份作业，牢牢围绕本单元的项目任务来设计，体现了作业的序列性、应用性和支架性。作业（1）侧重于帮助学生梳理本单元出现的各种新闻文体。作业（2）（3）（4）（5）是写作实践，即通过写消息、通讯、特写、采访稿来增加体验，达到以写促读、提高新闻写作能力的目的。作业（6）是学习成果的搜集与展示，结合版面设计相关知识，突破学科界限，提高学生的语文综合能力。

围绕学习目标设计作业时，要清楚地为学生提供方法和程序支架，如“表格梳理”“动作分解法”“采访方案表”等。教师布置作业不是为了难倒学生，而是为了辅助学生学习。浙江省初中语文教研员章新其老师建议“从学习的实际考虑去设计作业，提供支架辅助学生学习。通过这些支架，可引导学生在实践中完成语言建构，提升思维能力，培养审美意识，传承多样文化”。他还指明“在设计序列性学习任务时，我们倡导研究性、实践性和探究性的作业”。以“项目化”的方式开展教学，很关键的一点是真实的情境设置。校运动会的开展，给项目化语文教学提供了契机。学生变身“小记者”开展序列性的活动，作业设计从“应试”嬗变为“生活”，这能更有效地激发学生学习、实践的兴趣，使之更投入学习过程，达到学教评一致。

此外，《义务教育语文课程标准（2022版）》中，对作业设计有如下表述：初步具备搜集与处理信息的能力，获取新知识的能力，分析和解决问题的能力；主动进行探究性学习，要在实践中学习运用语文；发展语言能力的同时，发展思维能力，激发想象力和创造潜能，关心当代文化生活，尊重多样文化，吸收人类优秀文化的营养。这些内容无疑是我们进行作业设计时最有力的理论依据。正所谓“授人以鱼不如授人以渔”，以学生学习能力的发展为指向去设计学习目标，并设计路径明晰的作业，以促进作业活动效能的提升，是新政策下教师需要思考的问题。

（二）有趣：突破作业范围与形式，有层次、多选择

“语文课程是一门学习语言文字运用的综合性、实践性课程。”语文课程的“应用性”决定了作业设计需要与其他学科联结，决定了作业范围是丰富的文字世界和更广阔的生活。基于“学教评一致性”的作业设计更强调尊重学情，考虑学生成长的阶段性、个体差异性，作业设计要层次化、多样化。

例如笔者在执教九年级上册第六单元《智取生辰纲》《范进中举》等课之前，结合本单元学习目标与学情，设计了预习作业套餐，其中（1）是必做题，（2）至（7）中至少选择两样完成：

（1）通读全文、圈划易错词。

（2）为主人公们制作名片表。

（3）围绕主人公复述故事。

（4）挑选一位你最感兴趣的人物，为他画像，并作相应人物解说。

（5）请用一个字或者一个词来概括人物形象，结合情节说理由。

（6）多角度分析主人公，两两比较，列表写出他们5个共同点。

（7）观看与选文情节对应的影视作品，与小说比较，写影评。

当时正值国庆假期，所以学生有足够的时间和资源去完成作业。做名片、复述故事、人物画像、人物列表、影评等，用自由选择的作业去激发兴趣，引导学生了解小说情节、初步赏析小说人物形象、积累学习小说的方法。它能最大程度地顺应学生的多元智能倾向和个人学习风格，使学生在学习目标的观照下各得其所，百花齐放。

针对七年级上册第六单元的综合性学习“文学部落”，笔者参考了教材编者的建议，成立了5个兴趣小组，分别是：诗歌组、散文组、小说组、寓言组、童话组。这五种文学体裁也正好是本册课文的文体。结合学生已建立的认知，各组自己确定作业形式，即探究成果展现形式。最后5组分别呈上了小型“赛诗会”“品鉴会”“说书会”“寓意猜猜猜”“演艺苑”等成果。作业成果以视频、班刊的形式留存。多选择、多层次、多形式的作业让学生的学习过程更“有趣”。

“双减”背景下，语文作业板块中亟待改进的还有名著阅读。要改变名著阅读作业的随意性和机械性，教师们需要基于“学教评一致性”原则，多设计一些突破常规的、偏实践性的、多样化的作业。例如笔者在《红星照耀中国》名著任务中设计了如下作业：

（1）班里来了一位英国插班生，请你担任长征解说员，讲述长征路上血战湘江、四渡赤水、飞夺泸定桥等经典战役。解说词用音频形式上传。

（2）用“讯飞语记”将你的解说词转化成文字，与《红星照耀中国》中的片段对比，分析一下两者语言风格的不同。

（3）请你再向同学推荐三位最具有“红色精神”的人物，列举写出他们的故事和对你的启迪。

《红星照耀中国》是纪实性文学作品，学生第一次遇到这一类文体，我们需要引导学生由一本知一类，故而设计以上三个作业，分别指向作品的内容、纪实性作品的语言特点、人物精神。用“解说词、推荐词”等方式来勾连生活实践，有利于提升学生的语言能力、辨析能力，深化感知，加强情感熏陶。作业成果分别以音频、纯文字、表格等多种形式呈现，丰富而有趣。看到学生的反馈，笔者切实感受到，勾连性与多样性是影响作业兴趣、作业效果的重要因素。笔者认为，名著作业设计不可缺少的是关注作品的现实意义、精神价值。

（三）科学：调整评价顺序与方式，多主体、重标准

1. 评价设计宜前置

基于“学教评一致性”的作业设计，还要充分重视作业评价。完善有效的作业评价才能充分发挥评价的诊断、指导、激励、导向功能。基于“学教评一致性”，评价标准的设定依据是学习目标和作业目标，它直接影响着评价功能能否达成。并且，评价的顺序也是影响作业质量的重要因素。教师一般把评价后置，讲评作业时学生才知道评价标准，这样的做法对学生既不公平，也不利于对学生学习过程的指导，没有契合“学教评一致性”教学原理。而如果把评价前置，把作业的期望细致写进作业里，就真正发挥了评价的导向作用，成为促使学生全力完成任务的动力。例如对《体育周刊》的评价标准，笔者列了表格，在学生做作业之前呈现：

星级	具体标准
☆☆☆☆	版面构思精巧、图文并茂、美观有特色 新闻类型多样，文体特征突出 视角新颖、简练平实有细节、导向正确、能给人思考
☆☆☆	版面图文并茂、美观有特色 新闻类型多样，体现文体特征 视角新颖、简练平实、导向正确
☆☆	版面整洁新闻类型多样、格式标准 写作角度普通，语言平实简洁、导向正确
☆	版面整洁；新闻类型单一；表意欠缺、主题模糊

2. 评价主体、方式更多元

传统的作业评价主体是老师，评价方式是分数、等级或评语。这种“一锤定音”式的评价使教师的评价负担大，且削弱了学生的“主体性”。基于“学教评一致性”的作业评价设计要充分对应作业目标、丰富评价视角与方式，以提升评价质量。

不同的作业，要有不同的评价主体。针对七年级上册第四单元，笔者曾设计“跨越时空的美丽——雕塑我规划，人生我思考”项目学习。其中有一个“撰写雕塑人物推荐词”的作业，评价标准是师生一起探究之后设定的：

（1）能用关键词句与修辞生动概括人物形象、事迹。

（2）能思路清楚，整散结合写，突出写人物精神或雕塑意义。

作业标准制定后，评价主体是学生自己。通过引导学生对作业过程与结果的关注，开展自评和互评活动，学生对推荐词的撰写有了更深刻的领悟。实施项目化教学，将活动设计、评价标准设计以及最后的评价都交给学生，也突出了学生的主体地位，更好地体现“学教评一致性”。

基于“学教评一致性”，我们还需要用多元的评价方式实现对学习者学习的综合性评价。除去口头、书面的方式之外，还可以将作业过程与结果转化为数据进行量化评价。对名著《水浒传》的学习，笔者设计了辩论作业，辩题是“倘若水泊梁山没有招安，与朝廷对抗，二者谁输谁赢”？在辩论之前，进行分组合作与多轮探究，并提前呈现了辩论输赢的五点评价标准，每点20分，分三个层次：需改进6分、达成10分、优秀20分。具体标准如下：

（1）能清楚立论，并从敌我双方实力角度进行有理有据的论证。

（2）能具体围绕相关人物的才能、经历、性格进行分析推理，做到论证有力。

（3）能充分结合相关背景资料、引述历史经验来论证。

（4）能抓住对方漏洞及时有礼反驳、诘问，命中要害。

（5）能思路清晰、逻辑严密、前后呼应、配合默契。

值得注意的是，量化的评价不只是一个分数，要与具体的评价标准结合，切莫“一刀切”“囫囵吞枣”。该辩论标准的制定，关注学生在记忆的基础上运用多种思维与阅读策略，引导学生对考察内容进行复现、比较、分析、判断，使之养成解决复杂问题的能力。从“关于学习的评价”走向“促进学习的评价”是作业评价的方向。

还可以对作业中的元认知和情感态度的体现与变化进行质性评价。既没有预先安排好的结构，也没有特别具体的作业标准。质性评价更关注作业成果反馈出来的信息，评价面更宽，对问题的认识也较为真实全面。

总而言之，“双减”背景下，我们要常反思自己的作业设计，切不可经验主义、本本主义。要遵循“学教评一体性”原则，设计更精效、更多样、更科学的语文作业。以生为本，尊重学情，围绕学习目标搭支架、明路径，才能“有据可依”；重视课内外的勾连，加强综合性与实践性，形式多样、评价科学，才能“瓜熟蒂落”；重视言语的建构与思维方法的渗透，重视语文核心素养的养成，才能“金石为开”。

指向深度学习的作业设计

作业是学生形成学科概念、掌握知识、获得方法技能、培养创新意识的基本学习活动形式。无论是2019年发布的《关于深化教育教学改革全面提高义务教育质量的意见》，还是2021年发布的《关于加强义务教育学校作业管理的通知》，都强调了教师自主设计作业的重要性以及作业类型的多样性。然而在教育实践过程中，作业设计这一环节最容易被忽视，因为教师容易将作业设计和作业布置这两个概念混为一谈，将作业设计理解为从教材、教辅资料中选择几道练习题，或背诵、默写、听写、抄写交替进行，抑或围绕知识点拼凑试卷。这类作业往往导致学生产生应付、抵触心理，进而影响教育教学质量，无法实现作业的促学功能和育人功能。

面对这种困境，作为全面深化教育改革、落实核心素养的重要路径，深度学习以思维提升、素质培养、自我赋能的姿态打破了这一僵局。深度学习视域下的作业设计应符合深度学习的基本特征，即联想与结构、活动与体验、本质与变式、迁移与应用和价值与评价，应强调教师的引导作用与学生主体地位的凸显，应注重学生从低阶思维到高阶思维的转换，从认知理解到实践体验的递进，举一反三解决系列问题，促使其内省化成长。

深度学习视域下的作业设计不仅要紧扣教学重点、难点，回归教材，在基础知识、基本能力和基本素养上下功夫，而且要重视学情调研下的个性化实践性、研究性作业的设计，在学习素养、价值取向上探新路。

一、深度学习视域下的作业设计模型

围绕深度学习的五个特征，从“以人为本”的教育理念出发，结合DELC（Deeper Learning Cycle）深度学习理论和深度学习能力框架，从作业设计目标建立、作业话题设计、作业活动设计、作业评价设计四方面来对作业设计模式进行构建。该模式包括作业设计准备、作业设计与布置、作业评价三个阶段，旨在促进教师通过优化作业设计，引导学生掌握学科核心知识，培养学生的创新思维意识，丰盈学生的精神品质。

（一）作业设计准备

按照时间划分，作业设计可分为平时作业设计、周末作业设计和假期作业设计。不同的时间段，作业设计侧重点不同，在校学习时段的作业设计以基础性作业设计为主，个性化作业为辅；周末作业设计兼顾基础性作业和个性菜单作业，两者并重；假期作业设计以个性菜单作业为主，基础性作业为辅。如高一、高二元旦假期时间为三天，因时间不长，可归属于周末，实施融合作业。具体可根据前期课堂练习反馈的学生知识点掌握情况和平日课堂观察确定作业设计思路。

（二）作业设计与布置

基础性作业设计的第一步是调研，根据学情布置分层作业，做到基础巩固、能力提升和思维锻炼。个性菜单作业设计的第一步是确定话题，根据话题类型和指向性，确定作业形式，采用独立完成、小组合作等形式开展 PBL 合作、研究性学习和社会实践活动等。如元旦作业设计为基础性作业和菜单式作业，基础性作业内容为语言文字运用选择题和课内文言文重点句翻译天天练，菜单式作业为文化艺术类、体育锻炼类、科学探索类、生活体验类、研究实践类、社会服务类等，由学生自由选择菜单项目，结合兴趣和能力个性化定制作业。

（三）作业评价

作业评价涵盖四个维度，第一个维度为教师评价，关注学生作业完成质量和思维水平的提升；第二个维度为生生评价，关注学生在个性化作业实施中形成的合作意识和领导力；第三个维度为家庭评价，关注家庭在学生实践类、研究类作业完成中的参与度和支持度；第四个维度为自我评价，关注学生的作业完成度、自我成长度和价值观的树立。如高一元旦文化传承类作业设计为预习《优美的汉字》，要求小组合作查阅资料，了解汉字结构特点，探寻汉字的起源，再个人选择喜欢的字体模仿创作，假期结束后，小组展示成果，阐明设计理念，对小组推荐出的优秀作品在班级微信公众号上进行投票，结合学科教师和家长的意见，选出最佳签名设计，录入班级荣誉榜单。

二、基于模型的作业设计实施例析

本文以高中语文个性化写作作业为此模型的实践运用点，从课内外书籍、生活、社会、人生等方面展开，探讨具有实践性、灵活性的个性化写作作业，引导“学生自由地表达、有个性地表达、有创意地表达”，以求“尽可能减少对写作的束缚，为学生提供广阔的写作空间”。

（一）立足教材设计作业，延伸阅读深度

对教材文本的品味，要基于文本本身的言语形式与方式、言语技巧和智慧，感受、体味、理解、认同，最终在熏陶之下实现价值认同和文化传承。教材与写作结合是为了实现学生真正的深度学习，不是教师呈现结果的机械灌输、揠苗助长，可通过教材的迁移、比较与融会贯通，让学生在文本中精思神会。

1. 作业设计准备阶段

确立作业达成目标，即帮助学生对教材深挖细品，从阅读到写作，从认知到实践，实现文本的深度学习；布置课堂定时小练习，突出重点难点；统计分析学生课堂练习错误率，做到心中有数。

2. 作业设计与布置阶段

高中语文人教版必修 4 宋词单元分别呈现了豪放与婉约派中最重要的代表人物，苏轼、辛弃疾、柳永和李清照。尽管同一派别的词人写作风格有所相似，但因其自身境遇的不同，词作亦有明显差异。在课堂教学中，通过教师的引导，学生能结合已有的古诗词素养加深对两种风格的理解，但在实践层面上的提升，还需通过作业设计实现。教师将“论苏轼的突围”“豪放与婉约词创作风格的异同”“从辛弃疾的词作谈英雄”“同一词人在不同历史时期的创作风格对比——以李清照为例”等论题通过项目式学习的形式布置给学生，重分析、重思考，巧整理、巧提炼，深入挖掘诗词意蕴与情感，激发学生高阶思维力，创造收获新的知识。

3. 作业评价阶段

分小组合作研究，形成汇报 PPT，开展读书分享活动，展示学习成果，如“壮丽、秀美的山川河流成为他们游玩、观赏以及寄托情思的对象。对于前途无望的才子来说，亲近自然更是宣泄心灵的最佳方式”，学生的表达是在交流碰撞之后形成的正确认知，既理解了文本，更发展了思维，提升了鉴赏表达与审美的能力。

（二）抓住生活灵感设计作业，感悟生命色彩

语文的外延与生活的外延相等，学生要真正发现甚至享受生活的美好，就要让作业成为他们日常生活中推心置腹的朋友，成为他们生活、成长的一部分，真实反映生活，表达他们内心深处的渴望。

1. 作业设计准备阶段

确立作业达成目标，即“我手写我口”“我手写我心”，写亲眼所见、亲耳所闻、亲身经历。

2. 作业设计与布置阶段

选择的话题可从学生亲身生活经历出发，比如开学第一次生活作业话题设计为“瞬间”，希望可以引导刚进入高中生活的同学们发现、记录、思考新学期、新环境、新面孔的新奇、美好、困惑；可兼顾学生年龄发展和学习特点，针对考试后有所倦怠和迷茫的学习现状，设计话题“生涯”，引导他们更好地探求和思考自己的未来和方向；可根据四季之美、传统节日之思，设计话题“寻”，和学生一同发现生活中的美，感悟那些震撼心灵的瞬间，一同思考传统文化的弘扬与传承；可利用假期旅行，设计话题“旅行”，教会学生在轻松愉悦的旅行中去发现意义和价值。作业类型可围绕中心话题展开对生活的观察、发现与思考，进行独立的片段式写作。

3. 作业评价阶段

开学后举行作业分享交流活动，展现学生在生活体验中观察到的自然美景以及在自然熏染中升华的情感，如学生在“约会春天”习作中写道：“她带着三月早春的清新湿润而去，歌谣里的方言质朴可爱，把千千万万娇花鸟语都唱了进去。蜿蜒的江水寻寻觅觅，流光溢彩默许了下一次相遇。”还可邀请家长参与，展示优秀作品，计入积分表。

（三）凭借经典书籍设计作业，品百样人生

优秀的书籍是人类思想精华的凝聚，培养学生良好的阅读习惯也是语文教学的重要任务之一。

1. 作业设计准备阶段

确立作业达成目标，即读写结合，激发阅读兴趣，提升写作兴趣，充分发挥学生的积极性和主动性。

2. 作业设计与布置阶段

作业话题可通过记录日常点滴阅读感悟来形成自己的阅读地图，促进思考式写作，记录下精神成长的点滴；可引导学生有意识地收集整理平常阅读过程中的困惑点和兴趣点，查阅资料，撰写研究小论文；可由教师指定阅读篇目，选取能凸显育人功能的话题，激发学生的批判性思维；可由学生自由选择师生共读书籍，投票评选出心目中的“十大书籍榜单”，注明上榜理由，再选择感兴趣的维度展开书评活动，激发阅读与写作兴趣，提高作业质量。

3. 作业评价阶段

每日推送学生撰写的阅读感悟、读书心得，推送完毕后开通线上投票通道，待线上投票结束后公示投票结果，学生可提出异议，并说明理由。针对异议文章，召开班级阅读会重新评定。如学生品《论语》后得出“儒家≠精华≠糟粕”的观点，这一观点一经上线，便引起了班级围绕“儒家文化的精华与糟粕”的热烈讨论。

（四）观照社会与人生设计作业，树立正确的价值观

1. 作业设计准备阶段

确立作业达成目标，即多关注社会热点问题和他人的人生经历，真正参与到社会中，去感知社会的真实生动，去感受生命的起起落落，树立正确的人生观、价值观。

2. 作业设计与布置阶段

可每日分享一则励志故事、一句励志金句，再设计话题“悟”，帮助学生深入思考生命的意义；可推荐一些颇具教育意义、符合学生审美兴趣的电影，根据电影主题设计话题，如关于勇敢逐梦的《勇敢的心》，关于背叛与原谅的《美国往事》等；可订阅经典综艺节目，如《奇葩说》《我们向往的生活》《朗读者》《中国诗词大会》《令人心动的Offer》等，多维度帮助学生感受文化的美、生活的真和思维的趣；可定期播报时事热评，围绕社会热点设计话题，如“新疆棉”“孟晚舟事件”等，让学生真切关注社会问题，置身于社会，担负起主人翁的责任。以观后感、影评式写作等形式进行独立作业呈现。

3. 作业评价阶段

以辩论赛、交流分享会、时事点评、书面批阅等方式开展生生评价和自我评价。如当学生从《奇葩说》詹青云的论点中得出了“死亡不再是每个人的宿命，它成了某些人的责任”的结论时，他已然开始正视生命、感悟生命。

指向核心素养的作业设计

在当前人才培养的核心素养成为关键热词的背景下，“语文核心素养”的培育，是语文课程教学目标的重中之重。基于学生核心素养的课程建构与教学实施势在必行，对语文核心素养及其内容要素的提早关注与深入研究，有助于我们更好地理解语文课程的价值取向并把握语文教改的时代脉搏。若想促使基于核心素养的语文课程教学的成功转型，就必须重构语文教学的价值体系，在加强语文教师的专业发展的同时，提升语文作业的设计水平。

因此，当我们把目光聚焦在目标取向、教学设计、学习过程、学业评价等方面的同时，更应该把目光聚焦于高中语文作业的设计，因为语文作业的设计更直接地促进学生知识的积累和能力的提升。只有设计契合语文核心素养提高的课内作业和课外作业，才能在更大的程度上助力于学生语文核心素养的提升。那么，在培育学生的语文核心素养的背景下，民族地区的高中语文作业，又有怎样的设计形式呢？

一、随笔式作业

随笔是一种写作者随性记录自己的见闻感受的一种文章样式，它可以描述山川景物，可叙述自我经历，可以表达哲理思考。语文核心素养的“思维发展与提升”里提出：“能运用基本的语言规律和逻辑规则分析、判别语言，有效地运用口头语言和书面语言与人交流沟通，准确、清晰、生动、有逻辑性地表达自己的认识”，而随笔这种形式的语文作业，对于高中生来说是轻而易举的事情，只是语文老师更应该去关注学生文字表达的准确、清晰、生动与否以及逻辑是否清楚。在很多民族地区，学生的生活经历和见闻感受比众多城区学校的学生更加丰富多彩，教师应该引导学生关注他们民族文化活动中的那些点滴和内核，将对本民族的认识和对生活的感悟熔铸在自己的随笔之中，表达自己独特的体验。随笔性的作业设计，教师可根据实际情况，每周上交一次。在批阅环节，教师首先注重学生文字表达能力的提升，其次看学生字里行间思想情感的抒发和社会核心价值观的体现，最后引导学生分享自己的写作心得，在小组交流合作或班级交流活动中发现自己的不足，提高自己的文字表达能力，从而“能通过梳理和整合，将自己获得的言语活动经验逐渐转化为富有个性的具体的语文学习方法和策略，并能在语言实践中自觉地运用”。

二、阅读共享类作业

朱永新教授在其倡导力行的“新教育实验”中提出的“让学生养成终身阅读的习惯”这一观点，深得众多一线语文教师的肯定，同时，按照北京大学温如敏教授的观点，未来的高考语文试题命制，会朝增加大学生的阅读量的方向改革。那么，在高中阶段，语文作业的设计，如果缺少了阅读，就一定是不完整的。可是，我们当前不仅面对着学生阅读时间极度匮乏的难题，还面对着学生阅读书目缺乏的问题。很多民族地区的高中学校，几乎没有一个正式的图书馆，甚至没有一套可以称之为文学读物的书籍。于是，建立“班级书屋”的形式得到了很多一线教师和领导的大力支持，可以由年级或者学校统一配置图书到各班书屋，也可以由该班教师和学生一起推荐自己所拥有的书籍到书屋，从而营造“人人出书人人阅读”的氛围，实现资源共享。

另外，有条件的学校，还可以编纂校本教材，以供师生所需。优秀的校本教材不仅是一份阅读刊物，更是学生了解自己所在地区或者自己民族文化的一个窗口。比如，昭通的部分学校，就有语文教师组织编写集中了夏天敏、雷平阳等“昭通作家群”作品的刊物，不仅紧贴学生的生活环境，还能激发学生阅读写作的兴趣，从而提升自己的审美鉴赏能力。昭阳区第二中学，在各年级语文备课组的合力之下，统一编写了一本时评类的复印类书籍。这些时评类文章，既有社会担当的使命感，又能引导学生在阅读中领悟当下任务驱动型作文的写作思路、构思方法以及观点体现等。

高中生繁重的学业和紧凑的生活节奏，使得大部分学生缺乏一定的自由时间。因此，在阅读时间的把握上，语文教师要坚持落实每周一次的阅读课，全力放手让学生去读去品。不宜做过多的阅读方法技巧的引导，应该静下心来，让学生自己去读去思考。另外，语文教师要引导学生学会做阅读笔记，并在一定时间之后，组织“阅读报告会”，让学生分享自己的阅读心得。不管是文章技法的鉴赏，还是文本主题的揣摩，抑或是对文章作者和生存的时代背景的了解，都可以是阅读报告的主题内容。如果有“同文阅读”，在我们说“一千个读者，有一千个哈姆雷特”的同时，也要引导学生抓住文本信息和文本细节，摒弃非“哈姆雷特”的东西，还原人物形象里最基本的、最核心的东西。

语文核心素养的“审美鉴赏与创造”中提出：“在语文学习中，学生是通过阅读鉴赏优秀作品、品味语言艺术而体验丰富情感、激发审美想象、感受思想魅力、领悟人生哲理，并逐渐学会运用口头和书面语言表现美和创造美，形成自觉的审美意识和审美能力，养成高雅的审美情趣和高尚的品位。”阅读共享类的语文作业，应当成为高中语文教师常规的作业设计之一。

三、阅读摘抄类作业

《中国学生发展核心素养》里强调核心素养以培养“全面发展的人”为核心，分为文化基础、自主发展、社会参与三个方面，综合表现为人文底蕴、科学精神、学会学习、健康生活、责任担当、实践创新六大素养。结合学生核心素养的培育和当前高考语文的命题内容，古诗文鉴赏和成语积累运用是传承中国传统文化的一种非常重要的考评形式。很多一线语文教师非常重视学生古诗文的背诵和成语的积累，纷纷设计了定时定量的诗文背诵和成语积累的作业形式。其实，在这之外，笔者摸索出了一种更好的阅读摘抄形式，那就是古诗词鉴赏的摘抄。学生刚入高中，要求每人必备一本《古诗词鉴赏辞典》，而且必须是上海辞书出版社或者是上海古籍出版社、中华书局出版的。然后，在高一阶段要求学生每周自由选择一首古诗词熟读成诵的同时，摘抄相关专家学者的鉴赏评价。而到了高二阶段，要求学生按照“山水田园诗”“边塞征战诗”“羁旅思乡诗”“爱情闺怨诗”等七类诗歌题材进行鉴赏摘抄。老师在检阅学生摘抄的鉴赏文字的过程中，对诗词鉴赏涉及的表达技巧、感情内涵、语言风格、结构特点等相关术语加以勾画。久而久之，学生在阅读摘抄的过程中，自己就会去欣赏评价并能积累相应的鉴赏类术语，从而助力于自己古诗词鉴赏的得分，并在长久的背诵积累中经受古诗词韵味的熏陶，“探究和发现语言现象和文学现象，丰富人文底蕴”。

四、主题探究类作业

2017年是苏轼诞辰980周年，为了纪念苏轼，各中小学开展了各种各样的活动。其中，清华大学附属小学六年级的学生完成的课题研究报告，让孩子们以一种很别致的学霸姿态走红网络，成为朋友圈人人艳羡的“别人家的孩子”。其实，这类论文或者调查报告性的作业，在高中的语文作业设计中，尤其是每个寒暑假，是很多语文名师和优秀教师作业设计的一种形式。最近几年，每逢春节，各大媒体都在刊登各种“返乡日记”，几乎已经成为每个春节的一个文化大事。不管是都市白领、企业高管，还是各路知识分子、高校学生，都在用文字记录自己的回乡经历，写出了对乡村文化日渐式微的担忧和对故乡发生巨大变化的赞美。笔者也在寒假之时，为所任教的班级学生设计了一个语文作业，那就是要学生分小组完成以“我的过年记忆”为主题的调查报告。学生们兴致高昂，按照地域就近的原则分配小组，回到家后，各小组自行约定时间，自行商量确定调查访问的对象、调查访问的问题以及小组成员之间访谈人、记录人、撰稿人等分工事宜。寒假收假回来后，在班内举行成果汇报，并投票选出优秀成果，颁发荣誉证书。

这样的语文作业设计，在民族地区，主题的选定还应关注各少数民族生存状态、节日习俗和宗教信仰等，还可以多学科合作，进一步促进跨学科知识的整合。如果明确了一个主题，解决了完成作业的客观条件上的困难，那么，学生在完成此类主题探究类作业的过程中，最终成果可以是一篇论文，也可以是一份调查报告，这对学生核心素养的培育有莫大的促进作用。因为学生在运用语言文字记录自己的采访所得、思考所得的过程中，会初步形成对个人与国家、个人与社会、个人与自然关系的思考和认识，然后在成果汇报过程中分享，激发大家共同的体悟和思考。

五、视频观赏类作业

在明确培育学生的语文素养的前提下，高中语文作业的设计形式还可以充分借助现代互联网，设计诸如“博客共写”“空间留言”和朋友圈“你说我说大家说”等形式的语文作业。同时，读图时代的到来，也促使教师把作业的形式从纸质阅读转移到视频观赏上来，比如观看《唐之韵》《宋之韵》《舌尖上的中国》等纪录片和《中国诗词大会》《中国成语大会》等综艺节目。在很多民族地区，教室里都还没有接通网络。因此，由教师定期下载相关视频资料，然后通过电子白板播放给学生观赏。有一档叫作《新闻 1+1》的新闻节目，笔者会选择比较接近高考作文命题材料的节目视频来给学生观看，看完之后，学生要用文字重新整理节目内容。通过节目观看和文字整理，学生经过了一个思维加工的过程，能够在主持人的带领下，在熟知新闻事实之后，去探究新闻事实背后的各种原因及其带来的利弊影响，同时，学生能够去思考如何避免新闻事件中非健康的言行举止和价值观念，而对那些积极良善的新闻现象，则会去思考如何继承、发扬。后来，很多学生发现，自己写作议论文特别是任务驱动型作文中的时评类作文时能够得心应手，完全得力于看《新闻 1+1》受到的启发。

从目前沿海一带已经实施的新高考政策来看，语文学科已明显成为考试成绩拉开差距的重要学科，扎实的语文核心素养的重要性日渐彰显。在我们关注民族教育现代化过程中硬件设施的改善、课程改革的实施、课程评价体系的建构等方面的同时，也要聚焦于通过作业的形式促进学生核心素养的养成。在精彩的课堂教学之余，众多的语文教育者们，更要在高中语文作业的设计方面着力，探求更适合学生实际情况和学生语文核心素养养成的作业形式。

指向语文学科规范的作业设计

高中语文作业作为高中语文课堂与教学的一个有机组成部分，其在语文教学中发挥着促进学生语文知识积累、语文能力形成、语文素养培育的重要作用。有效的高中语文作业，不仅可以巩固课堂要求掌握的知识，而且可以激发学生的语文学习兴趣，拓展阅读视野，点燃思维创造的火花。然而，受各种因素的影响，当前的高中语文作业设计仍不同程度地存在着形式单一、布置随意、评价封闭、题海训练、简单重复、重知识落实轻深度体验等问题，这些问题加重了学生的学业负担，扼杀了学生的语文学习兴趣，而且不符合新课标学科核心素养的培养要求。针对如上所述弊端，特作如下设计规范要求。

一、高中语文作业设计遵循的原则

（一）意趣性与实践性

新课标指出语文课程应引导学生在真实的语言运用情境中，通过自主的语言实践活动，培育学生的语文学科核心素养。所以，设计作业时，应当树立开放的语文教学观念，充分利用各种语文学习资源，灵活设计能激发学生兴趣的各种情境任务，让学生在情境任务完成的过程中学习语文、运用语文、提升语文。

如学完《离骚》后，可以设计如下作业：

网上有个帖子：“韩国人真可笑，竟然将端午节申遗了，他们恐怕连屈原是谁都不知道吧！”请你对这个帖子进行回复与评价。

如学完《归去来兮辞》后，可以设计如下作业：

某板块评论区展开观点争锋，有人认为陶渊明是懦夫，有人认为陶渊明是圣贤，你支持谁？请在评论区留下你的发言。

以上作业在一定程度上体现着情境任务中的趣味、实践、思维提升的理念。

（二）层次性与自主性

学生的身心发展存在着差异，承认并尊重这种差异就要在设计作业时采取分层的策略，包括难度分层与量的分层，让不同学习能力的学生都能在有弹性的作业中获得发展。这种由易到难、由简到繁、具有针对性的作业可以满足不同水平的学生的要求，在自己的“最近发展区”可以“跳一跳摘到桃子”。

比如《荷塘月色》一课，可设计如下作业：（1）完成学案中关于通感、比喻等修辞的练习；（2）摘抄十个形容词并造句，供课外练笔使用；（3）前人对文中的比喻有褒贬两方面的评价，你的看法是怎样的？（4）搜集有关写荷的文章，举行咏荷、读荷、写荷的学习活动。以上作业，学生可以自选二到三题完成。

（三）工具性与人文性

语文学科素养并不是一种孤立的存在物，以上原则强调语文作业人文性并不意味着削弱其工具性，语文素养的形成也离不开语文基础知识的深度掌握，高中语文作业应该有夯实知识型的作业，但一要注意本着“教学评”一致性的原则，设计与课堂教学目标吻合的作业；二要注意梳理中的体系化，运用中的灵活化，绝不是简单重复的机械训练。如以下这则题目：

“请名人代言”是提高广告说服力的好方法，下列四则广告标题，如单就文字意义，寻找背景相契合的古代名人来代言，则最不恰当的组合是：

A. 请庄子代言“自然就是美”。

B. 请子路代言“心动不如马上行动”。

C. 请苏秦、张仪代言“做个不可思议的沟通高手”。

D. 请司马光、王安石代言“好东西要和好朋友分享”。

这则题目是对历史人物主要思想与作为的考查，但不是死记硬背的文化常识，而是以广告语设计的形式出现，体现出情境灵活运用的特点。

二、高中语文作业设计的类型与方法

（一）知识梳理应用型

这一类型的语文作业的功能是通过巩固所学知识，夯实语文基础，做知识的积累与储备。如字词积累、篇章理解，修辞、文体、文常、文化知识积累，这些语文知识散落于教材所选课文中，设计巩固积累语文基本知识的作业，重要的是帮助学生将它们梳理成一个体系，使学生能够建立起属于自己的语文知识库，容量大，能运用。

以《鸿门宴》为例，其中有大量的文言实虚词、特殊句式等知识，可让学生选择最重要的 10 个实词义项、3 个虚词义项、宾语前置类型撰写一个文言小短文。

十篇文言文讲完，可让学生自主梳理词类活用及特殊句式的类型，并配以一篇文言文试题（翻译中含词类活用与特殊句式考点的）进行强化训练。

（二）能力训练强化型

“听说读写”四项能力的发展是语文作业设计非常重要的考量，这四项基本能力也是培育学生学科核心素养的载体，共同强调了语文学科的实践性。如果这种训练能以有意趣的人文主题进行统摄引领，往往能够取得事半功倍的效果。

如《沁园春·长沙》，可让学生搜集更多的毛泽东诗词，在精心品鉴的基础上推荐一首，并撰写推荐词，小组推选一名代表进行课前演讲。

作业的完成需要阅读的拓展、精心的品鉴、推荐词的撰写、演讲，多种能力得到训练。

（三）思维拓展提升型

新课标将“思维的发展与提升”特别提炼为语文学科核心素养的一个重要方面。语文学科涉及形象思维、灵感思维、抽象思维、辩证思维等多个方面的思维方法与思维品质的培养。

如整本书阅读《论语》学习过程中设计的作业：

（1）既然说“匹夫不可夺志”，但是，如果一个人在志向执行上有困难，是否仍然要不顾一切地坚持下去呢？

（2）试举出历史上三位能够当得起“岁寒，然后知松柏之后凋也”的人物。

（3）现代社会讲究“自我推销”，这和孔子要求的“讷言敏行”是否矛盾？

辩证思维培养意识渗透其中，学生这方面的思维品质能够得到非常好的培养。

（四）实践运用型

根据课文内容，可以设计让学生创作小品、戏剧，在组织排演中学习语文，可以制作手抄报、拍摄摄影作品、完成画作来诠释对课文的理解，充分锻炼学生用语文去解决问题的能力，不断激发学生的语文学习兴趣。

指向语言能力培养的作业设计

大教育家孔子说："温故而知新，可以为师也。"学习要时常复习，作业就是复习课文最重要的形式之一。作业是教学过程的一个重要环节，是课堂教学的延伸，是巩固知识、形成能力的重要手段，是培养学生良好学习习惯、促进学生个性发展的重要途径。

随着新课标、部编教材相继落地，培养学生能力素养仅仅靠语文课堂有限的时间是较难完成的，所以必须依靠语文课外作业来辅助配套学习，采取课内外相结合的方式，充分利用各种学习资源，积极有效地完成学习任务群，从而实现培养学生关键能力的课程目标。基于这一背景，如何利用高中语文课外作业这一重要教学环节来培养学生的关键能力成为当前亟待解决的问题。

一、高中语文作业现状堪忧

语文教育专家刘国正曾把语文作业现状概括为：脱离学生的生活实际和思想状况，只是纯粹的技巧训练；教学环节模式化、机械化，枯燥乏味；学生陷入"题海"战术，苦不堪言。同时，在各类考试的"指挥棒"下，高中语文作业更侧重于题型的模仿，忽视了对学习方法的指导，更忽略了对学生情感态度价值观的培养。

高中生对待语文课外作业的态度是厌烦的、消极的，甚至认为语文课外作业并不重要，关注分数，做语文课外作业还不如多做几道数学题来得快，使得语文课外作业成了"鸡肋"。究其原因，目前的高中语文课外作业更多强调的是教师"教"的延伸性，而忽视了学生"学"的主动性。高中语文课外作业形式单一，内容枯燥，目的性指向不明确，因而学生表现出消极态度。

因此，我们要依据语文学科特点，结合自身的教学实践，分析当前高中语文课外作业的现状，着眼于学生语言能力的培养，寻找课外作业创新设计的基本原则和创新思路，大胆地进行适合学生的创新作业设计，从培养学生的语文能力出发，实现对学生语文核心素养的培养，让学生得到全面而有个性的发展。

二、高中语文课外作业的重要性

（一）课程属性所决定

语文课程与其他课程不同，它是一门学习语言文字运用的综合性、实践性课程。我们的高中课堂一直坚持“立德树人”的育人目标，充分发挥语文课程的育人功能。语文课外作业作为语文课程教学的重要环节，应坚持语文课程的基本理念，同时承担起语文课程的基本任务。语文课外作业，不仅是语文教学的一个重要环节，也是对课堂教学内容的巩固以及教师课堂教学目标达成的反馈，帮助教师及时调整教学策略，更是促进学生全面发展的有效手段。

（二）语文核心素养所指引

高中语文核心素养作为高中语文教学的指导性教育方针，指导着高中语文的“教”与“学”，它包含语言、思维、审美、文化等四个方面，给予语文教育教学有效的指导，同时也给高中语文课外作业带来了新思路和新想法。它的全面性和系统性，使教师在设计语文课外作业时能够做到目的性和指向性明确，设计合理的作业，也会根据语文核心素养的要求对数量进行增减，真正做到为学生减负增效。语文核心素养，不仅能使教师更好地设计语文课外作业，也能够促进学生更好地完成高中语文课外作业，提高语文课外作业的效率。

三、高中语文课外作业创新设计的思路

在语文课程的学习中，学生语言运用能力的形成、思维品质与审美鉴赏能力的发展、文化的传承与理解，都是以语言建构与运用为基础，并在学生个体言语经验的建构过程中得以实现的。语文课程的学习就是一个在语言领域，不断习得语言和发展言语能力的过程，所以，语言的建构与运用是语文核心素养的重要组成部分。教师在进行语文课外作业设计时，可以通过培养学生的语言能力来带动思维的发展，提升学生的审美品位，同时通过培养学生的语言能力来推动学生对文化的理解和传承，发展学生各方面的语文能力，此外，思维能力和审美能力的发展以及文化的理解和传承也能够进一步提升语言能力。

语文课程的性质是工具性和人文性的统一。传统的语文教学过多地关注工具性而忽视了人文性，所以在语文学习过程中，学生能够很好地通过对语言材料的积累和整理，习得语言运用的规律并选择合适的表达方式准确、清晰地进行语言表达和交流，不断提升自身的语言建构与运用能力。例如，传统的语文课外作业中的读书笔记、写作、摘抄等方式都是对学生语言能力的培养，但是学生在思维、审美、文化等方面具有人文性特点的品质却没有得到很好的发展。

因而，如何在设计语文课外作业时，在语言能力的培养中关注学生的思维、审美和文化理解、传承等方面能力的培养，成为困扰广大一线教师的重要问题。基于目前的语文课外作业现状，提出了以下三种语文课外作业创新思路，并尝试提出一些具体类型的语文课外作业。

（一）在语言能力培养中促进思维发展

语言是重要的思维工具，学生在理解语言的过程中，通过对语言材料的整理和积累，锻炼提取和概括主要信息的能力，从中发现语言材料中存在的多种复杂关系，以及语言材料与自己观点之间存在的逻辑关系，从而对某一具体语言材料进行深入的专题探讨。语言能力的发展，也带动了学生思维的发展。思维导图的训练，就是以语言材料为载体，并以此来体现思维的发散和聚合，让教师更加清楚地了解学生思维能力的发展。

例如：学生在积累和整理语言材料时，通过思维导图的方式将语言材料系统而有规律地组织起来，教师透过思维导图可以清楚地了解到学生思维发展的程度。通过思维导图的模式，学生可以将复杂的语言材料简单化，抽象的语言知识可视化，提高学习兴趣和自学能力，促进学生主动学习和自我成长。这样的方式不仅促进了学生语言能力的培养，同时也带动思维能力的发展，并且这种类型的课外作业非常适合某一单元教学结束后进行，有利于学生对该单元的知识进行归纳和整理。

在学完《廉颇蔺相如列传》之后，要求学生根据自己的想象，将“完璧归赵”和“渑池之会”两个著名片段用思维导图的方式把蔺相如机智过人、视死如归的精神展现出来。运用思维导图的方式将语文抽象的概念具体化，不仅训练了学生提取语言的能力，而且有助于提高学生的思维能力。

（二）在语言能力培养中提升审美品位

语言文学作品，是我们重要的审美对象。学生可以在语言文学作品中进行审美鉴赏，感受作品中的语言、形象与情感的独特之美，跟随语言文学作品的描述来展开合理的联想与想象，依据语言文学作品传达出的思想情感来树立正确的人生观、价值观和世界观。

在阅读完众多的语言文学作品后，学生可以学会清晰地辨别出语言文学作品之间的异同，理解作品所传达出来的主题和思想内涵以及情感倾向，能够发表自己的观点和看法，或者对某一语言文学作品提出质疑，产生文学作品创作的爱好和兴趣，引发文学作品创作的欲望，积极地通过语言文学作品的形式来传达自己的思想情感，进一步追求高雅的审美情趣和审美品位。

培养学生语言能力，提升审美品位的具体操作方式有很多种，例如，整本书阅读与研讨，阅读的作品可以是课堂中学到的，也可以是教师指定的书籍，但必须是优秀经典文化作品。因为在整本书阅读的过程中，学生很容易受作者传达的思想以及写作方式影响。学生在阅读之后，会形成精神上的享受，接受正确的写作方式的指导，从而提升审美品位。针对《论语》这一经典著作，通过整本书阅读，引导学生撰写随笔杂感，开展话剧表演活动，课前五分钟对《论语》中某一经典语句进行鉴赏分析。通过以上形式，让学生在培养语言能力的过程中提升审美品位。

再如，部编教材高一上册第一单元主要学习的是现代诗歌，可以组织学生举行班级诗歌朗诵比赛，学生可以在诗歌朗诵活动中习得语言表达能力，获得诗歌鉴赏相关的知识，而且还可以在诗歌的熏陶中改编诗歌甚至创作诗歌，无形之中提升了自身的审美能力，提高了语文核心素养。

（三）在语言能力培育中推动文化传承

语言文字，不仅是文化的载体，也是一种文化现象，更是文化的重要组成部分，所以学习语言文字的过程其实就是文化获得的过程。学生在阅读语言文学作品时，可以深入探析我国不同时期不同地域的文化现象和特征，理解地域间的文化差异，产生文化的继承和创新意识，不断在文化的熏陶中产生对优秀文化的独特见解。在阅读外国语言文学作品时，能够理解中国与外国在文化观念上的差异，积极主动地吸收先进文化。

教师在进行语文课外作业设计时，可以开展诗词大会，欣赏一场戏曲表演，阅读中外经典文学作品等活动，无论学生参与的是哪一种形式的文化体验，都要借助语言文字这个载体。通过语言介绍，学生才能领略到中外优秀文化，才能在优秀文化中不断提升自身的语言能力。

例如，在学习完《一滴眼泪换一滴水》《西厢记》之后，可以让学生回家观看《西厢记》改编的戏曲作品或者《巴黎圣母院》电影版，带领学生进行一次文化体验，感受语言文化的魅力，接受经典文化的洗礼，让学生在课文学习和影视表演中获得对民族文化的认同感和自豪感，其实这也是在语言能力的培养过程中推动文化传承的一种方式。

在语言能力的培养过程中，以语言建构与运用为基础，着力促进思维发展，提升审美品位，推动文化传承，进一步带动语言能力的发展，形成一种互相促进、共同提升的良好局面，让高中语文核心素养的四个方面都能得到充分的培养，实现学生的全面发展。

因此，在进行高中语文课外作业设计时，要充分利用这一点，拓宽语文课外作业设计的领域，打破传统僵化的设计理念，创新思路，开展积极有效的作业设计活动，让学生参与进来，选择自己真正喜欢的作业类型，充分体现学生的主体性。此外，还应采取文本型作业和实践型作业相结合的方式，让学生对语文课外作业产生兴趣，解决目前语文课外作业存在的问题，让学生积极主动、高效地做语文课外作业，从而实现对学生语文核心素养的培养。

指向评价体系的作业设计

新的语文课程标准的颁布，为高中语文作业评价注入了新的理念：语文课程应致力于学生语文素养的形成与发展，着眼于学生整体素质的提高，为学生的终身发展奠定基础。所以，在进行作业评价时，在充分发挥学生主体地位的前提下，既要关注学生对知识的掌握和能力的提升，也要关注学生做作业的过程，以及这个过程中学生情感、态度、价值观等方面的变化。不仅要发挥作业评价的检查、诊断、甄别功能，更要发挥其激励等功能，让作业评价散发出迷人风采，赢得学生对语文作业的青睐，激发他们对语文作业的兴趣，从而更有效地提升他们的语文成绩。

一、评价主体多元化

新课标提出语文课程评价一方面要尊重学生的主体地位，指导学生开展自我评价、促进反思，另一方面要鼓励同伴、家长等参与到评价之中，使评价成为学校、教师、学生、同伴、家长等多个主体共同积极参与的交互活动。作业评价作为课堂教学过程中的一部分，也需要改变以往那种以教师评价为主的单一评价方式，重视学生的主体参与，评价主体也要根据作业的内容变得多元化，教师、学生、家长等都可以参与进来。

首先，重视学生的自评。笔者在调查过程中发现，很多学生认为作业评价是老师的事，跟自己没多大关系。这是长期以来教师在作业评价中“一人独唱”造成的结果，学生完全意识不到自身在作业评价中的作用。苏霍姆林斯基在《给教师的建议》中说道：“只有能够去激发学生进行自我教育的教育，才是真正的教育。”在新课标的作业评价体系中，教师要帮助学生树立作业评价的主人翁意识，让他们从心底重视作业，培养他们的自主能力和评价能力。对语文作业的自我评价能力主要反映在学生对自己的作业的反思上。学生通过反思，明确自己在作业中的收获、作业中存在的不足、学习得失的原因，思考学习应采取的跟进措施。

其次，重视生生间、小组间、师生间的互评。新课程理念倡导“自主、合作和探究”式的学习方式，所以在进行作业评价时，也可以采用学生与学生之间、教师与学生之间的互评，让师生在合作与探究的氛围中去商讨作业评价的标准，然后再去评价作业。在高中的语文课堂中，经常会有古诗词鉴赏、文言文翻译、课堂小作文之类的作业，这类作业的完成需要发挥学生的创造性思维，做出的作业肯定具有差异性。对于这样没有标准答案的作业，如果教师让学生之间采用合作和探究性的评价，既可以使学生在评价他人作业的过程中完善自己对问题的理解，也可以让学生发现他人和自身的不足，真正地培养学生主动探索的主体意识。

重视家长、社区的评价。在新课改的背景中，越来越多的语文教师开始重视学生的口语交际作业、社会实践性作业，而教师一人又无法对每个学生都进行全面、客观、及时的评价，这就需要发挥家长和社区的优势，及时地对学生的这类作业给出自己的评价。

二、评价方式多样化

《高中语文新课程标准》中提到：“课程评价有多种方式，每一种方式都有其优势和局限，都有适用的条件和范围。学生发展的不同侧面有不同特点和表现形式，对评价也有不同的要求。”所以教师对学生的语文作业进行评价时，也要采取多样化的评价手段，既要有形成性评价，也要有终结性评价。教师在作业评价中还要注入自己的情感，在作业评价中与学生进行无言的交流，充分尊重学生的作业成果，多写些有针对性的评语，充分尊重学生的个性差异，为他们创设一种个性化的评价机制，提升他们对语文学习的信心和兴趣。

首先，综合运用形成性评价和终结性评价。对于学生语文试卷类的作业，为体现公平，可以采取终结性评价，不管答对答错，每个人都只有一次机会。对于平时的作业，诸如课堂小练笔、随堂训练、周记等，教师则可以让学生根据自己作业的情况进行多次修改后然后给出形成性评价。而对于学生的一些实践综合型作业，则需要综合运用形成性评价和终结性评价，既要评价学生观察问题、分析问题的能力，也要评价学生口语交际、写作的水平。

其次，重视评语的作用。在高考无形的压力下，很多语文教师都把教学的重点放到课堂教学上，不愿意花时间在学生作业的评价上，对学生的劳动成果根据对错很随意地给出一个分数或等级，很少写评语或根本就不写，忽视评语在师生交流中的作用。这种状况会让学生很没有成就感，认为自己费心做出的作业没有被尊重，从而降低了学生做语文作业的兴趣。教师如果能充分认识到评语的作用，花一些时间针对学生的作业写一些个性化、针对性强的评语，会给学生带来一种被尊重、被重视的感觉，他们也会重视教师的评语，重视教师针对自己作业给出的评价，从而真正地发挥作业评价的反馈、激励功能。

最后，采用面评的方式。笔者在调查中发现，绝大多数的语文教师在进行作业评价时都是在办公室，很少有人跟学生面对面地进行作业评价。事实上，经过实践证明，教师把对学生作业评价的地点由办公室搬进教室，对学生的作业进行面评，是有很多好处的。一方面可以拉近师生之间的距离，让学生看到教师批改评价作业的辛苦，从而重视教师对作业的评价；另一方面，师生在面评的过程中可以及时交流，了解学生的思考过程和真实想法，对学生的作业给出准确而真实的评价。

三、评价标准的人性化

《普通高中语文课程标准（2017 版）》中提出“高中语文课程要充分发挥其促进学生发展的独特功能，使全体高中学生获得应该具备的语文素养，关注学生的个体差异，并为学生的不同发展提供更大的学习空间”。这就要求我们在进行高中语文作业评价时，要抛弃以往那种绝对化的评价标准，在保证公平的前提下，适当地做出一些调整，对学生的作业评价采取层次性、整体性和发展性的标准，尽可能地让学生在作业评价中都有成功的体验，提升学生对语文作业的兴趣。

首先，采取层次性的评价标准。通常情况下，普通高中的一个教学班会有几十个学生，由于个性心理、语文基础、解题技巧等方面存在差异，他们的语文作业质量也会相应地呈现出良莠不齐的状况。针对这种情况，我们可以适当地调整评价标准，对于基础比较好的学生，教师可以采取高标准，而对于基础较差的学生，教师则可以在允许的范围内适当地放宽一些，对他们多采取鼓励、激励性评价，发现他们的闪光点，增强他们对语文作业的自信心。

其次，采取整体性的评价标准。学生在做作业的过程中，要充分调动自己的大脑，根据自己掌握的语文知识和技巧来解决问题，并在做作业的过程中，投入一定的情感和态度，侧面反映自己的价值观。所以，教师在对学生的作业进行评价时，要采用整体性的评价标准，既要关注他们智力方面的表现，还要关注他们的情感、态度和价值观。例如，在一次作文课中，教师发现一位学困生内容写得很凌乱，但字却写得很漂亮，教师在评价时就应该多鼓励，可以写上这样的评语：“你这一手漂亮的字看着真让人赏心悦目，老师很喜欢。你如果能按照事情的起因、经过和结果把这篇作文重新修改一遍，老师相信内容也会和你的字一样让人赏心悦目的。”

最后，采用发展性的评价标准。学生语文素养的形成，随着他们语文基础知识和语文经验的增加、视野的不断扩大，一般呈现出螺旋式上升的趋势，这要求教师对学生的评价也要采取发展性的评价标准。如评价学生对同一篇文章或古诗词的理解，在教师讲之前和讲之后、在高一和高三阶段的标准都应该是不同的，是发展变化的。

四、评价内容多样化

新的语文课程标准的颁布，为高中语文作业评价注入了新的理念：语文课程应致力于学生语文素养的形成与发展，全面促进学生的整体发展，学习不再是传统的“巩固和消化所学的知识，并使知识转化为技能、技巧”，也不是仅仅为了应付考试，除了“知识与能力”外，更注重“过程与方法”“情感态度与价值观”，这就要求语文教师在进行作业评价时，也要在“三个维度”下进行。

首先，评价学生在语文作业中所达到的语文学习水平。学生做作业的过程，就是运用自己已经掌握的语文知识和语文技能、充分调动自己的思维来学习新知识、掌握新技能的过程。在高考选拔功能影响还很大的今天，教师对高中学生语文作业的评价，仍需关注学生基础性知识和技能的掌握。比如，在近十几年的高考题中，统统都涉及了名篇名句的默写、文言文语法等知识，这些知识和技能都可以通过语文教师对平时作业的严格评价而获得。

其次，评价学生做作业的过程和方法。新课程理念倡导教师在进行作业评价时，不仅仅关注结果，更主要的是要关注学生做习题过程中的所作所为、所思所想，以及学生如何在做题的过程中将其升华为艺术创造的过程。语文教师在对一些探究型、实践型作业进行评价时，一定要更注重对学生做的过程和方法的评价，学生在做作业的过程中展现出来的搜集资料、推理判断、分析综合的能力比最后得出的结论更为重要。

最后，评价学生在做作业过程中形成和表现出来的情感、态度和价值观。学生在做语文作业的过程中，都会不自觉地将自身的兴趣、爱好、情感、态度等表现出来，所以语文教师在对学生作业进行评价时，不仅要注重学生的智力因素，还要注重学生在作业中体现出的各种非智力因素。

总之，教育关注的是学生的全面发展，学生语文素养的全面提高提升，评价的目的是促进学生均衡而有个性的发展。新课程理念下的高中语文作业评价，摒弃了以往作业评价中的弊端，从评价主体、评价方式、评价标准、评价内容四个方面进行改革，促进学生对语文学习的主动参与，激发他们对语文作业的兴趣，调动学生学习语文的积极性和主动性，提升语文作业的质量，也在无形中促进了教师的专业化发展。

劳动节作业设计课例

一

日本作家山下英子的著作《断舍离》提出“断舍离”的概念，就是通过由外向内，不断清理自己的东西，把不需要的东西扔掉，把已经没有价值的东西扔掉，只保留对自己重要的东西。通过舍弃，清理自己的物品，腾出空间，然后迎接新事物的到来，让自己的身心变得轻松起来。

你可以在一个浪漫的午后，播放着音乐，让自己的身心安静下来，静静地整理自己的物品，顺便也“清理自己的人生”，把自卑丢掉，把痛苦丢掉，把迷茫丢掉，把恐慌丢掉……把一切阻碍你自信昂扬地走在阳光之下的负面情绪都丢掉！相信你一定会有别样的收获的！

二

家庭，是家人付出劳动最多的地方，父母亲人，总是用自己的身躯为我们支撑起遮风挡雨的大树。

那么，请你为他们颁发你亲手制作的奖章，为他们的付出鼓掌。同时，请为他或他们撰写一则颁奖辞，80 字左右。你的家人，一定会为拥有你这么懂事孝顺的孩子而骄傲！

三

这个世界，伟人如太阳一般熠熠生辉；但是，更多的是平凡如星辰的普通劳动者，他们靠自己的双手，创造了我们这个精彩纷呈的世界。

请你选择一位平凡人，记录其平凡的小事，重点描摹其劳动的身影和细节，完成一篇 700 字的大作文，题目自拟。

四

罗马诗人维基尔说过："这个世界的每一块土地都留下了劳动的印记。"在这些印记里，有很多跋涉的身影，有很多浸着风雨的劳作和迁徙，一晃而过的熟悉，我们往往在别人发现了、定格了，才惊呼于那份个性的存在和记录。

请你走出家门，拍摄一张贴近生活、展现劳动印记的照片，并为这张图，配上一段介绍词。

五

春光明媚，去大自然中踏青吧！

如何挽留住春天？用你的眼睛拍照，用你的笔，记录春天的诗行吧！发挥你的观察力和想象力，写一首关于"春天"的小诗。

六

一个人的阅读史就是一个人的精神成长史。趁着假期，拿起一本好书，让你的灵魂畅游世界。

根据你的年级和实际情况，可参考以下阅读任务，选择其一：

（1）初一：《海底两万里》：绘制行程路线，展现主要内容，包含航行日期、途经海域，概括所见奇观和重要事件。

（2）初二：《钢铁是怎样炼成的》：完成初读，概括章节情节。

（3）其他推荐：《小王子》：制作星球卡片，包含人物、特点和情节，可配图。

七

劳动的意义在于，付出了并有所收获。"五一"劳动节，可以积极参与劳动，向其他人学习一项劳动技能，在忙碌中升温家人间的感情，体会耕作的辛苦与意义，实现自我价值，寻找和体会平凡劳动中的点滴快乐，以自己的实际行动来践行"劳动是青春最美的颜色"。

请你自拟题目，创作一篇不少于600字的作文，分享你在"五一"期间学会的一项劳动技能和在劳动中的收获。

八

未来你想从事什么职业？长大后，我想做什么？我能做什么？我适合做什么？这不是凭空想出来的，而是在主动观察、体验和品悟中生成的。

利用假期，采访一下父母或者身边其他的劳动者，观察一下身边人的职业状况。也可以去他们工作的场所看一看，做点调研。请采访 2~3 人，完成下列 2~3 张采访卡片。这会使你对职业规划有更真切的理解，为你的未来种下一颗梦想的种子。

采访卡片	
职业	
工作年限	
他们认为，在自己的工作中最需要的能力 / 技能是什么	
他们认为，在自己的工作中最需要的品质 / 精神是什么	
他们有什么工作感受	
请你和他们交流一下：他们在工作中的表现对你（目前的学习和将来的职业规划）产生了怎样的影响	

九

师生对诗，各美其美，美美与共，是一件无比诗意美好的事情。

××× 公众号里有很多诗歌（以下只是部分诗歌链接推荐，大家也可以直接在搜索里搜“诗意情怀”），诚挚邀请大家来对诗，在留言板以“××× 来对诗 + 诗歌内容”的格式留言提交。希望借这个机会，我们都能像海德格尔所说，“诗意地栖居”在这个世界里。

十

关于读书、关于成长、关于人生、关于世界、关于学校、关于教育等的认识，老师一直行走在执着探寻真理的路上，在这条路上，有你们相伴，无比幸运，让我的思考更加深刻了几分。

老师想与世界谈谈，但更想和你们谈谈，我把自己的思考写了下来，见以下链接：

（1）随笔杂谈丨谭嘉慧：吹灭读书灯，一身都是月

（2）随笔杂谈丨回望来时路，纯粹扑满怀

（3）献给怡雅的散文诗丨春风刚够吹动凌霄花

请你选择让你有思有悟的文章，留言表达你的思考，至少 200 字。老师期待看到你的思想火花肆意绽放、你的灵魂拔节生长、你的真情畅达涌动。

作业设计课例：《雨霖铃》

一、作业所对应的教学内容、教学目标解析

《雨霖铃》是人教版高中语文必修4第二单元中的内容。

这个单元学习宋词，需要通过反复吟咏来欣赏几位大家的名作，在诵读与品析中不仅要使学生了解宋词的基本特征，体会其声律之美，还要在理解作品内容的同时，运用联想和想象，领悟其中情与景浑然交融的意境，进而培养学生鉴赏古典诗词的能力。

柳永是宋代婉约派词人的代表，通过学习《雨霖铃》这首词使学生感知婉约派词作的主要特征；运用联想和想象，领悟情景交融的意境，理解“景中见情、缘情设景”的艺术特色。从银川市开展“推进课堂变革”活动以来，老师们都在努力尝试将课堂还给学生，结合所带班级为美术生的特殊学情，设计“缘诗作画，由画解诗”的作业。在理解词作内容，为词配画，赏画品诗的过程中培养学生独立思考、合作探究的能力。整个学习过程基于文本，结合特长，既有知识的传递和情感的交流，也有思维的训练和审美能力的提升。

二、作业设计展示

国学大师王国维有言：“一切景语皆情语。”景由情生，因此，诗人常常缘情择景（物），借景（物）抒情。请你通过查找资料，了解婉约派代表词人柳永写作该词的背景，自读《雨霖铃》理解这首词的思想内容及情感，并为这首词配画。

画作要求：1. 画作不小于A4纸大小。2. 素描、水彩（水粉）等形式不限。3. 发挥合理想象，作品能通过有形的外化的“景”或形象来表现词人无形的内在的“情”。

三、作业设计说明

任务一：查找资料，了解婉约派

代表词人柳永写作此词的背景。

【作业目标】

学会“知人论世”是鉴赏古代诗歌的一种有效途径。

【设计意图】

联系诗歌产生的背景和根源，结合诗人的生平，可以帮助学生深入理解古诗词的内容，提高诗歌鉴赏能力。

任务二：结合课下注解，自读《雨霖铃》

理解词作思想内容，把握词人情感，感知情与景的关系。

【作业目标】

能够鉴赏“景语”，通过“蝉、长亭、兰舟、柳、月”等意象体味凄清意境，感知词人的离情别绪，学习融情于景的手法。

【设计意图】

品味语言，通过意象感知意境、形象和情感，有自己的独到的情感体验和思考。培养学生初步鉴赏古诗词的能力。

任务三：结合你对这首词作思想内容及情感的理解，为这首词配画

【作业目标】

通过画作展示学生对该词不同角度的理解和赏析。

【设计意图】

大多数诗词中情感的表达都离不开景物描写，结合学生特点，让他们将眼见之景用画笔展现出来，通过笔下之景来展现诗词内容，营造意境，表现情感。这个过程体现着语文核心素养中的“审美鉴赏与创造”。

任务四：次日课上师生共同赏画品文

【作业目标】

通过画和词理解“景中见情、缘情设景”的艺术特色和虚实结合的艺术表现手法。

【设计意图】

学生从意象、意境、情感、技法等方面欣赏画作的同时，鉴赏词作内容。更容易激发兴趣，引发讨论，有助于提升鉴赏诗歌能力。这个环节体现了语文核心素养中的“思维发展与提升”“语言建构与运用”和“文化传承与理解”。

【作业困难分析】

困难：展示的画作不能完全准确展现词作思想内容，营造凄清意境，表达词人的离愁别绪。

原因：（1）在理解方面，学生对词作思想内容及情感的把握不准确，对写作技巧的把握不准；

（2）在构图方面，不能灵活地运用白描、细描、点染等方法塑造形象、营造意境、表现思想内容。

办法：在次日画作展示和欣赏的过程中，通过学生的讨论，教师的引导，准确把握词作思想内容，提升鉴赏古诗词的能力和绘画技巧。

【创新点】

结合我校艺术生（美术）特点，创新作业形式和课堂教学形式，由学生用画作展现诗词内容，体现自己独到的理解和感悟；在欣赏画作的同时更能激发学生的兴趣，引发讨论，促使学生细读文本，深入鉴赏文本，从而激发其鉴赏古诗词的兴趣，提升鉴赏能力。

【作答解析】

（一）

学生见解：该画面表现的是“离别后”的情景，但内容不够准确。

（1）“月亮”，不应为“满月”，应为“残月”。

（2）“长亭”，送别时是在“长亭”，词人想象离别后的情景是“杨柳岸”，词人应该处于残月下的杨柳岸边，刚刚酒醒，一副怅然失意的样子。

借此可以明确词作内容包括“离别时”和“离别后”的情景，离别时的内容是实写，离别后的内容是想象之景，应为虚写，因此写作手法应是“虚实结合”。而那别后的“残月”更能衬托词人与佳人离别后形单影只的孤寂、凄清、伤感。

（二）

学生见解：该画面表现的是“离别时”的情景。但个别细节处理也存在争议，如：

（1）“对长亭晚”中的“晚”字是“傍晚”的意思，画面中应该把“月亮”换成“晚霞”或突显“骤雨初歇”后的天空情景，云雾中若隐若现白色调的“月”，更能渲染“离别”的凄清意境。

（2）从“兰舟催发”看，船上应有两个人：一是船夫，一是词人。

（3）船上的“两只鸟”，更像渔民养的“鸬鹚”，解读诗词可以发挥合理想象，那么是否可以将这两只鸟儿置于树上或空中，也可以在水中画鸳鸯，以鸟儿的双宿双飞来反衬词人与佳人之间离别的愁绪。

因此，依托文本，在赏画的过程中，学生也自然而然地完成了对词作内容、情感、技巧的品析，同时画作中的缺憾也能提示他们在鉴赏文本时不仅要有审美趣味，更要有严谨的态度。

假期作业设计课例

近几年，通过区域层面对各高中学校的调研了解，我们发现，学校对教师的考核大多体现在课堂教学上，而对于假期作业设计的考核机制、考核要求并不多，这就导致一些教师在设计假期作业时往往重数量而轻质量。另外，学校还没有从课程建设的高度对待假期作业设计，教师也没有真正意识到设计假期作业是整个教学过程中的一个重要环节并将它纳入自己的学期教学计划之中，所以导致假期作业设计的质量不太理想。

当然，目前已有不少学校的语文老师对学生假期作业的设计有了一些明显进步。他们已经意识到语文假期作业是语文课堂教学的延伸与补充，是语文课程动态的生长性延伸，也是实施素质教育进行课程改革的重要载体，更是促进学生语文认知、能力、素养、人格、情感全面协调发展的重要途径。因此，他们在设计语文假期作业时已不再只注重基础知识和基本技能的训练，不再只停留在摘抄好文、整理教材知识点、背诵古诗词等书面语言积累的层面上，而是根据校情、生情、学情特点，加强对学生自主性作业、实践性作业和探究性作业的设计。

但毋庸置疑的是，还有一些语文老师没有真正理解、落实与体现二期课改“以学生的发展为本”的理念，也没有把语文学科能力、学科知识及背后的思维方法融入假期作业设计中，所以他们的语文假期作业设计往往显得比较随意和无序。要么是粗放经营、大而无当、漫无边际要求学生阅读多少部古今中外文学名著，布置一些背诵古典诗词文言的口头作业，使学生望而生畏，无处下手，或流于形式主义而收效甚微；要么是细而又细，重在书面表达作业，停留在“为了考试而作业”的功利层面，让学生做大量的试卷、练习和题目，写好几篇命题作文，显得繁多而单一，不仅缺少对学生素质和能力的培养，缺少让学生深入思考的空间，也容易让学生失去“攻关”的耐心，感到枯燥乏味，疲于应付，而且根本谈不上系统性和计划性，效益低下，难以达到教师预期的目的。另外，这些假期作业在假期结束上交给语文老师后，往往得不到认真的批改，多数是流于形式，老师或草草写一个“阅”字、打一个“勾”，或粗略根据学生完成作业的情况评出一个等级，作业就被原样退回甚至不再返回给学生。多数老师不做反馈评价，即使有反馈评价，也只是不痛不痒说几句，学生没有什么感觉。长此以往，绝大多数学生对此类语文假期作业消极应对，甚至出现潦草乱写、抄袭答案甚至找各种理由不做完的现象，这样的语文假期作业就完全了失去意义。

高中语文是一门工具性和人文性兼具的重要学科，它注重的是体验、感悟和实践。而假期对高中学生来说非常宝贵，它是学生学习的继续而非学习的中断。所以，他们除了必要的身心休息、走亲访友外，仍需腾出一些时间来学习，或发展自己的兴趣，提升自己的能力。当然，假期的学习与在校期间的学习是有差别的。在校期间学习受时间和空间的限制较多，而假期学习相对有较大的自由度。因此，语文教师在假期作业设计上要努力落实与体现二期课改“以学生的发展为本”理念，注重全面培养学生的听说读写能力，除了必要的知识梳理、复习巩固等传统作业外，更多的应该是形式新颖、贴近学生、实践性强、知行合一的创新作业，能够体现出语文教师的指导性、引领性作用和学生的自主合作探究意识，体现出语文学科的语文味和人文味。具体来说，笔者认为这主要体现为以下几个方面。

一、设计多样化的自主性假期作业，体现学生个体的选择性

高中学生的语文基础有较大差异。语文教师要根据学生的实际水平设计出不同层次的作业，既可避免好学生“吃不饱”，也可避免学困生“吃不了”。设计多样化的自主性假期作业的前提是：语文教师要承认并尊重学生的这种个体差异，充分认识到发挥学生自主性的重要性。教师设计这种假期作业，如同给学生的假期作业开了一个“自助餐”，让不同水平的学生可以根据自己的能力、兴趣和需要，自主选择作业。

比如推荐学生假期阅读书目。语文教师可以把假期阅读书目分为必读书目和选读书目。必读书目的数量不能太多，以两本为宜，以保证学生阅读的质量。教师要让全体学生明确具体的阅读任务与读书笔记要求，以保证监督落实作业设计的可操作性。而选读书目一般在 4~5 本，多一点也无妨，主要是鼓励那些学有余力的学生阅读。当然，教师推荐阅读书目的思路有很多：可以是“后顾式”，即从上学期语文教材文本涉及的经典作家作品中精选几部进行“补充式”阅读；可以是“前瞻式”，即提前推荐几部与下学期语文教学相关的作家作品，以“预习式”先睹为快，也为下学期的语文教学做好铺垫；也可以是经典作品，或是当下文化名人推荐的作品，只要适合学生当下阅读，有利于他们健康成长即可。开学后学生上交自己的读书笔记，教师要认真对待，认真批阅，要善于发现学生的闪光点，给不同层次的学生以真诚的肯定和热情的鼓励，选择其中的优秀作品在课堂上交流或在班级里展示，让学生获得成就感和愉悦感，激励他们继续努力。

二、设计专题化的合作性假期作业，体现学生小组的协作性

《基础教育课程改革纲要》指出："要充分利用课本外的资源，来引导学生投身社会实践，培养学生的能力，促进主动发展。"教师设计专题化的合作性作业，有利于培养学生收集和处理信息的能力、分析与解决问题的能力和交流、合作能力。

以高中语文新教材为例，每册教材的附录部分都有"综合学习"（从高一上到高二上包括"综合实践"与"专题研究"，从高二下到高三下只有"综合实践"），它体现了教材编写者的良苦用心，希望语文教师能够积极引导学生去做一些探究合作的活动。但一直以来，教师在正常教学时段内，因语文课课时紧、任务重，主观上不太重视，而忙于"耕种"数理化和英语的学生们也没有时间和精力来查询资料、合作探究，所以多数情况下这些合作活动都未能得到很好的落实。这其实是教材资源的一大浪费。而假期正好可以成为师生"补习"的良机，所以语文教师要积极指引和组织学生根据自己的兴趣和基础选择好课题进行合作学习，可以借助网络和学校图书馆等各种资源，进行诸如"优雅的汉语""流行语与社会文化现象""上海建筑与海派文化""传统节日与民俗文化""中国的'世界遗产'之文化意蕴""楹联""走近杰出的科学家""中国古典诗歌中的意象""我所敬慕的作家"等课题的探究合作活动。

当然，这类假期作业的设计仅仅立足语文教材是不够的，语文教师还要超越语文教材，指引学生回归生活、关注生活、参与生活。比如鼓励学生以小组的形式结伴去参加各类社会实践活动：到"模拟型家庭"探访孤寡老人，发掘身边的公益善举，走访先进模范人物，到社区当一回学生报人，去辅读学校和小朋友们做快乐游戏，甚至有机会可以与体育运动员"零距离"交流等。学生在这样的活动中会获得合作、交流、分享的快乐，感受到自己的人生价值，而且把自己参与整个过程和获得的真实感受用文字记录下来，是非常有价值的。

三、设计趣味化的探究性假期作业，体现学生个体的创造性

语文教师在设计假期作业时，要明确学生实践和研究的重要性，要明确《上海市中小学语文课程标准》中"课程目标"第 8 条所说的"能运用网络平台查找资料，研究问题，进行人际交流；在各项语文实践活动中，培养合作意识和独立研究的能力"。还要明确中外心理学家们所一致认为的"在人的心灵深处，都有一种根深蒂固的需要，就是希望自己是一个研究者"。为此，语文教师在设计假期作业时，一定要注意趣味性和探究性，能够由课内向课外和生活延伸拓展，让

学生自主研究，挖掘自身的创造潜能，开发自身的多元智能，并且在学习研究过程中获得成功的体验和创造的快乐，不断地成为个性健全发展的人。

比如“回家乡看看”。现在越来越多的高中学生向往城镇的生活，也正在慢慢淡忘自己的“根”，所以语文教师可以通过设计“回家乡看看”的假期作业，让学生看看自己的老屋及周边的环境，或和家人、邻居交流彼此的生活感受，寻回儿时的生活场景记忆，拍下一些照片，写下自己真实的感悟文字，加深对“家乡”这个词的理解。这个作业不仅契合学生的探究心理特点，而且贴近学生的真实生活。通过这样的作业，学生在生活、做人和写作上都会获得一定程度的提升。

比如“编写家谱”。即学生通过查阅各种资料以及和父母长辈亲人的交流编写一份家谱。学生对这个作业会充满强烈的好奇心和探究欲，会投入极大的热情。当然，学生通过查阅资料、整理资料、访谈、交流、思考和提炼，完成这个作业后，会在心中产生一种家族文化认同感和使命感。

比如“走访名人故居写报告”。语文教师要鼓励学生在假期里不要“宅”在家里，而是走出家门，走进小区，走向社会。事实上，每个镇区或多或少都会有一定的文化资源，学生可以充分利用。通过走访一处名人故居（可以是文化界或政治界等方面的名人），阅读一本有关这位名人的书，完成一份有关这位名人的研究小报告（内容包括人物的生平经历、主要成就以及自己对这位名人仰慕的理由），学生可以从名人身上汲取到精神力量，感悟到优秀品质，为自己未来的人生树立标杆。

当然，在假期里，为了让学生提高自己的听说能力和思想认识水平，开拓自己的知识眼界和文化视野，明白“语文的外延就是生活的外延”的道理，语文教师不妨在设计假期作业时推荐一些视听类的节目，比如“新闻夜线”“焦点访谈”“艺术人生”“百家讲坛”“走进科学”“佳片有约”等。

如今，高考语文命题越来越重视对学生积累和整合能力的考查，越来越突出时代感，贴近学生的生活实际。小到语文基础知识和语言表达题，大到作文题，在选取语言材料时都注重“从生活中来”，这些材料有利于引导学生关注社会、关注人生，开阔知识面，提高文化素质。而现在的学生所处的时代和社会环境以及所接受的教育都是开放的，国家倡导创新人才培养的呼声也日益强烈，语文教师要意识到假期作业设计的重要意义，不能停留在以前的传统做法上，按部就班设计那些大而无当、机械的、低层次的假期作业；也不能只是停留在口中说说“以学生的发展为本”的理念，而在实际的假期作业设计中却没有很好地体现出来。

高中语文假期作业设计是一门科学，更是一门艺术，需要语文教师潜心学习研究语文课程标准，领会其理念、要求、任务和目标，能够根据校情、生情、学情特点，结合地域文化、时代要求和学科特点，设计出有个性、有特色的创新作业，让学生在假期作业中能够积极主动地参与和建构知识，认识自我、完善自我、超越自我，在获得语文知识、提高语文素养和综合能力的同时，获得成功的快乐体验和读书做人境界的提升。

古诗文作业设计课例

一、教材版本及单元

部编版八年级下册第三单元综合性学习“古诗苑漫步”。

二、适用年级

八年级。

三、设计目标

（一）分层作业，符合学生发展特点。让每个学生都能参与其中，都能有所收获。

（二）兴趣选择，创设诗词赏析的良好气氛，调动学生的学习兴趣，初步形成系统的鉴赏诗词的方法。

四、题型题量时长

（一）题型：口头作业、书面作业、手工制作作业。

（二）题量：共 4 小题，其中必做 2 题，选做 2 题。

（三）时长：总时长 35 分钟，必做题 15 分钟，选做题 20 分钟。

备注：必做和选做中的书面作业大概 20 分钟，口头作业 5 分钟，手工制作作业 10 分钟。

五、作业内容、设计意图及亮点分析

（一）必做作业

1. 作业内容：

（1）选择自己喜欢的古诗词2~3首诵读或吟唱，通过调整语气、语调、轻重音和节奏，吟诵出感情。

（2）选择自己感兴趣的一类或一首古诗，制作诗词卡片或写一篇评论性文章。

2. 设计意图：

第一项作业以读为主。解读诗歌，读是基础，古典诗词极具画面感，所以非常适合学生进行诵读练习。朗读是学习诗歌的入门阶段，吟诵或者吟唱是传统的诗歌诵读形式，是诗歌原本的样子，二者都是学习古典诗词的有效方法，可以让学生在读中形成一种语感，进而赏析诗歌，在诵读中体会情感，实现以“诵”促赏的目标。

第二项作业以写为主。对古诗词进行深入研究，呈现形式是写一篇研究报告或者品诗笔记。让学生从过去单纯的理解一首诗转变为关注一类诗的创作思路或者主题的表达。学生的选择多样，并且从中提炼了一个主题去阐述自己的观点，从而体会并归纳古诗词的鉴赏方法，进而提高写作能力。

3. 效果与亮点分析：

笔者精选了《归园田居》《天净沙·秋思》《江城子·乙卯正月二十日夜记梦》《破阵子·为陈同甫赋壮词以寄之》《念奴娇·赤壁怀古》《将进酒》等诗词供学生诵读练习，这些诗词或是表现田园生活的闲适，或是表现羁旅途中的孤独心酸，或是抒发对亡妻难以释怀的思念，抑或是表达壮志未酬的愤懑与无奈……正是因为他们情感各异且极具画面感，所以非常适合学生进行诵读练习。为了成为一个优秀的朗读者，学生需要根据诗词的内容调整自己的语气、语调、语速、轻重音和情感状态等，当然这些无疑都是朗读的必备技巧。刚开始学生真的不会，没什么兴趣，觉得自己读不好，但慢慢地，孩子们就会找到技巧，明白读诗要读出画面感，读出情感，实现了在诵读中赏析诗歌，在诵读中体会情感。通过吟唱《赤壁》《关雎》，营造了研究诗歌的情境，学生对吟唱这种方式感兴趣，也就对古诗词更感兴趣，这也是传承古典文化的一种责任。

朗读或是吟唱，都是诵读学习古典诗词的有效方法，学生在读中形成了一种语感，知道怎么去把握抑扬顿挫，怎么去体现诗人的情感，达成了在诵读中赏析诗歌，在诵读中体会情感，以“诵”促赏的目标。

另外，学生有意识地运用多种有效的古诗词研究方法。特别是以下五篇作品很具有代表性：《田园中一抹灿烂的阳光》《意象对诗人情感表达的作用研究——以羁旅诗为例》《关于爱情诗的美学初探——以〈关雎〉〈蒹葭〉为例》《听闻边塞》《怀古诗研究报告》。还有很多主题性研究也很有特色，例如，发现田园生活的自然美、人情类、心灵美；从时代角度看唐宋战争诗的区别；爱情诗中传递情感的方式探究等。这些文章都是学生的原创，不管写的程度如何，都是他们思考过后的结果，在赏析诗歌和写鉴赏性文章的过程中，学生逐步发掘出诗歌中常见的抒情方式。同学们总结了很多有效的诗词研究方法，例如：知人论世，抓关键的字词句，寻找古诗词中意象、意境和情感表达之间的关系，比较古诗词之间的异同点，想象与联想的方法等。这些方法，无疑为学生今后的古诗词品析起到了很好的引领作用。

（二）选做作业

1. 作业内容：

（1）结合自己生活体验，创作一首古诗词。

（2）文化创意类作业，以诗入画，以诗入乐，以诗入文，古诗词手工制品……

2. 设计意图：

原创作业是希望学生们通过自主创作诗词，积极研讨，不断地修改自己的用字、押韵以及情感的表达，在和同学的讨论中不断地迸发出新的火花，在创作与书写中，感受诗词的魅力。

文创作业是希望学生能够综合性地运用古典诗词的元素，拓展思维，进行一些有创意的活动，例如：以诗入画，以诗入乐，以诗入文，古诗词手工制品……发挥创造力。

3. 效果与亮点分析：

会品诗的人一定要会作诗，学生自主创作诗词，积极研讨，不断地修改自己的用字、押韵以及情感的表达。在创作与书写中，他们感受到了一种满足感，教师将创作的古诗词誊写在纸上装饰班级文化墙，顿时给班级增添了几分古色古香。将原创作品制作成册，形成专属诗集，作为留念，这一定是一份青春的记忆。只要学生敢于去写就好，哪怕他就是会仿写，有点意象，把心情写了出来，也是好的，不需要提更高的要求，否则他们可能会有畏难情绪，语文就是学生的一种诗意的栖居，读诗念诗写诗，少年正当时。

文创作业结合学生的兴趣爱好设置。古典诗歌往往注重表现一种画面感，特别是田园诗，既有自然之美，又有人情美，给人一种悠然闲适之感。善于作画的同学，他们选择了陶渊明的《饮酒》和《归园田居》，以诗入画，在绘画过程中再次体会陶渊明的悠然闲适，物我合一。

自古以来，古诗词与音乐密不可分。爱好音乐的学生以唱的形式表现古诗词仿佛更符合他们的兴趣爱好。有的同学唱了较为流行的《知否，知否》，将古诗词与现代流行歌曲相结合，让古诗词“新起来”。

喜欢写作的同学以诗词入文进行诗词改写活动，读写结合，例如，学生把读过的元稹的《离思》改编成了一篇美文，这样的改编在抓住意象特点的基础上，充分发挥自己的联想与想象，去渲染意境，表达情感。在这个过程中，学生感受到了古诗词之美，提高了自己的写作能力。

另外，让学生思考如何在手工艺品中融入古诗词的元素。学生的作品多样，创意不断，有杜甫的草屋模型，有古风的书签、笔筒、手机壳、收纳箱，有为自己创作的诗配水墨画，有隐含着古诗词的灯笼，有古典的布制花，还有渴望和平的小船……这些都是孩子们创新意识的体现，更寄托着他们对中国古典诗词的热爱。

六、作业实施效果评价与改进

此次作业设计是针对部编版八年级下册第三单元综合性学习“古诗苑漫步”设计的，这是一次语文的综合性学习活动，丰富多样。作业设计力求分层设计，兴趣选择，满足不同层次不同兴趣的学生需要，符合学生发展特点。让每个学生都能参与其中，都能有所收获。同时，也要在作业中注重培养学生的语文学习素养，特别是提高学生的古诗词鉴赏能力，掌握鉴赏方法。作业设置或朗诵、吟唱，或评论、原创，或进行文化创意活动……让学生自主选择适合自己的作业，在完成作业的过程中感受中国古典诗词文化的魅力，品读经典，点亮人生。

必选作业以“读”“诵”为主。每个学生都可以完成，可操作性强。解读诗歌，读是基础，古典诗词极具画面感，所以非常适合学生进行诵读练习。朗读是学习诗歌的入门阶段，吟诵或者吟唱是传统的诗歌诵读形式，是诗歌原本的样子，二者都是学习古典诗词的有效方法，在诵读中赏析诗歌，在诵读中体会情感，实现以“诵”促赏的目标。

另外，在“读”“诵”的基础上，对所读诗词进行简单的评论。基础稍差一点的学生可以用搜集资料，制作诗词卡片的方法鉴赏诗词，就其中一个句子具体分析。语言组织能力较强的学生可以自己命题写一篇评论性的文章。学生从过去单纯的理解一首诗转变为关注一类诗的创作思路或者主题的表达。学生的选择多样，可以从中提炼一个主题去阐述自己的观点。

选做作业以“创”为主，这是在完成必做作业的基础上进行的能力的提升。学生们通过自主创作诗词，积极研讨，不断地修改自己的用字、押韵以及情感的表达，在和同学的讨论中不断地迸发出新的火花，在创作与书写中，感受诗词的魅力。另外，学生能够综合性地运用古典诗词的元素，拓展思维，进行一些有创意的活动，例如，以诗入画，以诗入乐，以诗入文，古诗词手工制品……发挥创造力，进行古诗词文创实践。此项作业结合学生的兴趣爱好设置，善于作画的同学，选择了陶渊明的《饮酒》和《归园田居》，以诗如画，在绘画过程中再次体会陶渊明的悠然闲适，物我合一；爱好音乐的学生以唱的形式表现古诗词，符合他们的兴趣爱好；喜欢写作的同学以诗词入文进行诗词改写活动，读写结合，感受古诗词之美，提高自己的写作能力。

但在实施的过程还有一些需要改进的地方。

1. 要做好作业前的准备工作，把工作做细。例如，做好古诗词的分类和初步的讲解，便于学生更好更深入地理解作业中涉及的古诗词。另外，可以提前准备一个资料包，给学生提供完成作业时所需资料的便利条件，避免搜集到一些不准确的资料。

2. 作业的评价要做细，不能粗枝大叶地评价，要结合学生的具体完成情况进行指导，以便于改进。

3. 创新作业评价形式，不仅可以老师评价，也可以是学生互评、家长评价等，推动家校合作。

4. 建立学生的作业档案袋。给每个学生设置一个作业档案袋，提高学生对作业的重视，同时也便于老师进行过程性评价，体现学生的学习成长过程。

后　记

本书从文本阅读如何有效指向课堂学习，以“自主、合作、探究”理念下的当堂作文序列化写作，以文本阅读与写作训练整合式学习，以“减负令”下语文作业的设计等四个方面，以及学生与教师两个层面为中职普高班语文教师的“教”与“学”“读”与“写”提供了有益的借鉴。在编写本书的过程中，部分课堂教学案例的设计参照了互联网上一些教师的有益探索，因篇幅所限，不能一一列举。参与编撰本书的人员分工和具体字数为：李金文策划，撰写字数占全书的1/3以上；王义荣撰写的字数在12万字以上。限于编者水平，加之时间仓促，纰漏在所难免，敬请广大读者批评指正。

编者

2022年7月